图1　爱因斯坦出生时，他的家人觉得他的头很大，很奇怪。医生让他们相信他的身体会康复的。有一次，他的祖母向他父母抱怨，说他太胖了

图2　爱因斯坦直到三四岁才会说话。当他开口说话时，他的第一句话是在晚餐时抱怨汤太热。当被问到之前为什么不说话时，他回答说："因为到现在为止，一切都井然有序。"

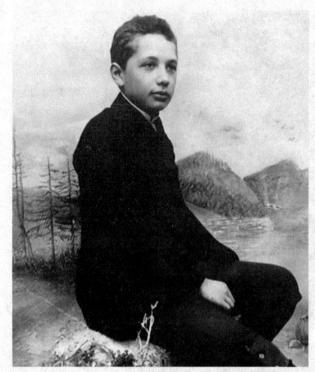

图3　14岁时的爱因斯坦。直到9岁，爱因斯坦在讲话前都会想清楚自己想说什么。他喜欢在脑子里先练习句子，直到把它们说对为止

图4　1896年，爱因斯坦和他的同学在瑞士阿劳的一所州立学校学习

图5 当爱因斯坦和米列娃·玛丽克的婚姻失败时，他给了她一份维持婚姻的规则清单。名单上要求她做他的女佣，但不要指望他对她有什么好感和关心。几个月后，她离开了他。五年后他提出离婚

图6 爱因斯坦以教学学位毕业，但不能在大学受雇。1902年，他在伯尔尼专利局找到一份工作，工作了7年。这份工作很无聊，给了他很多时间来研究他的理论

图7　爱因斯坦与第一任妻子分居时，和他的堂姐爱尔莎陷入了浪漫的关系，并以她对他的忠诚而闻名。她还充当守护员，会吓跑那些不受欢迎的访客

图8　1905年，爱因斯坦的奇迹年。他发表了四篇不同的学术论文，巩固了他关于相对论原理的理论，其中包括一篇包含著名的质能方程$E=mc^2$的论文

图9　爱因斯坦在1905年提出了相对论和光子（光量子）假说

图10　1911年，爱因斯坦和其他世界顶级物理学家在布鲁塞尔参加
第一次索尔维会议

图11　1920年，爱因斯坦和后来获得诺贝尔物理学奖的尼尔斯·玻尔在一起

图12　爱因斯坦喜欢抽烟。他认为吸烟有助于保持冷静和客观的判断。虽然他后来根据医生的建议戒烟，但并没有放弃烟斗。他经常把烟斗叼在嘴上

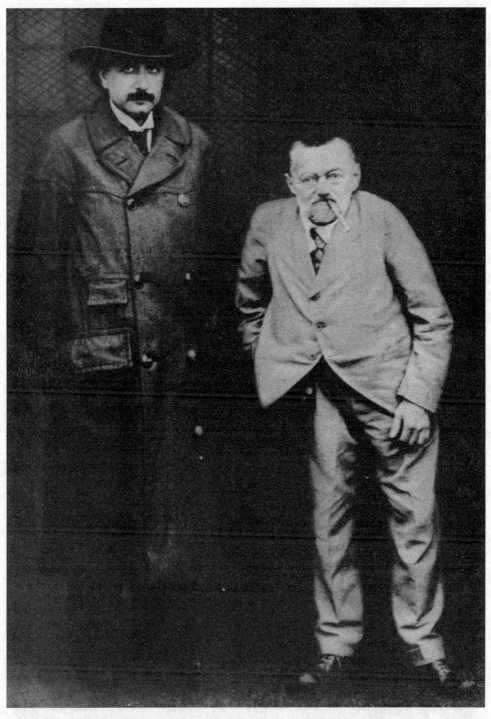

图13 1921年，即将获得诺贝尔奖的爱因斯坦拜访了为通用电气工作的数学家和电气工程师查尔斯·施泰因梅茨

图14　爱因斯坦从未因广义或狭义相对论获得过诺贝尔奖。1921年，他因在光电效应方面的研究而获奖

图15　1923年，爱因斯坦和唐纳德·门泽尔（天文学家）、乔治·伯克霍夫（数学家）在哈佛天文台，孩童为卡尔·沙普利

图16 1927年，爱因斯坦等科学大师参加第五届索尔维会议

后排左起：皮卡尔德 亨利厄特 埃伦费斯特 赫尔芩 顿德尔 薛定谔 费尔夏费尔德 泡利 海森堡 福勒 布里渊

中排左起：德拜 克努森 布拉格 克莱默斯 狄拉克 康普顿 德布罗意 波恩 玻尔

前排左起：朗缪尔 普朗克 居里夫人 洛伦兹 爱因斯坦 朗之万 古伊 威尔逊 里查森

图17　1930年7月，爱因斯坦在柏林郊区欢迎印度哲学家、诺贝尔文学奖得主泰戈尔

图18　1931年，罗伯特·伍德、普朗克和爱因斯坦在柏林德国物理学会的一次会议上为迈克尔逊庆祝

图19　迈克尔逊的实验帮助爱因斯坦发展了相对论。1931年，爱因斯坦到访加州理工学院时，感谢迈克尔逊（左二）说：“如果没有你的工作，这个理论今天只不过是一个有趣的推测。”

图20　1931年，五位诺贝尔奖科学家能斯特、爱因斯坦、普朗克、密立根、劳厄在一起

图21　德国一家纳粹杂志刊登了一份敌人名单，爱因斯坦被列为"尚未被绞死"，纳粹政权还专门投入5000美元的赏金要他的人头

图22　希特勒在德国掌权后，爱因斯坦先后逃亡比利时、英国，直到在美国找到了安全的地方。1940年，美国第32任总统罗斯福授予爱因斯坦美国国籍

图23　移居美国后，爱因斯坦成为全美有色人种协进会（NAACP）的积极成员，并勇敢地公开反对美国的种族隔离

图24　1935年，爱因斯坦参加哈佛大学毕业典礼

图25　1939年8月2日，爱因斯坦给罗斯福总统写信，建议研制核武器，防止德国抢先掌握原子弹技术，曼哈顿计划由此诞生

图26　爱因斯坦准备参加曼哈顿计划前

图27 爱因斯坦和曼哈顿计划的领导者罗伯特·奥本海默

图28 爱因斯坦是个天才小提琴家。他5岁开始上音乐课，13岁发现莫扎特的小提琴奏鸣曲后，就爱上了音乐。他的小提琴被昵称为"丽娜"，他说他一生中最大的快乐来自小提琴

图29　爱因斯坦和他的学生在一起总是非常自然质朴

图30　1952年，爱因斯坦获得了出任以色列总统的机会。他拒绝了这个提议，坚称自己没有资格

露出舌头的爱因斯坦"达达主义"照

（爱因斯坦72岁生日前，他被摄影师包围。因厌倦了假装微笑，他便伸出舌头。爱因斯坦为一名记者在其中一张照片上签名。这张照片在拍卖会上以74324美元成交）

世界上最难以理解的事情就是世界本身是可以理解的。

——阿尔伯特·爱因斯坦

Biography of Einstein

爱因斯坦传

〔德〕菲利普·弗兰克⊙著

武璐娜⊙译

台海出版社

图书在版编目(CIP)数据

爱因斯坦传 /（德）菲利普·弗兰克著；武璐娜译
. -- 北京：台海出版社，2022.8
ISBN 978-7-5168-3320-9

Ⅰ.①爱… Ⅱ.①菲… ②武… Ⅲ.①爱因斯坦（
Einstein, Albert 1879-1955）—传记 Ⅳ.
① K837.126.11

中国版本图书馆CIP数据核字(2022)第101495号

爱因斯坦传

著　　者：	〔德〕菲利普·弗兰克	译　　者：	武璐娜
出版人：	蔡　旭	封面设计：	同人阁·书装设计
责任编辑：	魏　敏		

出版发行：台海出版社
地　　址：北京市东城区景山东街 20 号　　邮政编码：100009
电　　话：010 — 64041652（发行，邮购）
传　　真：010 — 84045799（总编室）
网　　址：www.taimeng.org.cn/thcbs/default.htm
E-m a i l：thcbs@126.com

经　　销：全国各地新华书店
印　　刷：永清县晔盛亚胶印有限公司
本书如有破损、缺页、装订错误，请与本社联系调换

开　　本：787mm×1092mm　　1/16
字　　数：197 千字　　　　　　印　张：20
版　　次：2022年8月第1版　　印　次：2022年11月第1次印刷
书　　号：ISBN 978-7-5168-3320-9
定　　价：68.00 元

目 录

第一章　青少年时期的爱因斯坦以及他的培养之路

1．家庭背景 ……………………………………………… 2

2．童年时代 ……………………………………………… 5

3．慕尼黑的高中时代 …………………………………… 8

4．学术兴趣 ……………………………………………… 10

5．逃离慕尼黑 …………………………………………… 12

6．求学苏黎世 …………………………………………… 15

7．任职专利局 …………………………………………… 17

第二章　爱因斯坦之前的物理学观念

1．哲学自然观 …………………………………………… 22

2．中世纪的有机物理学 ………………………………… 23

3．机械观物理学和哲学 ………………………………… 25

4．牛顿力学中的相对性原理 …………………………… 27

5．以太：物理学中的假设 ……………………………… 29

6．机械观物理学中的中世纪思想残留 ………………… 30

7．对机械观哲学的批判 ………………………………… 32

8 . 恩斯特·马赫：物理学一般定律是以简洁形式观察结果的总结 ……… 34

9 . 亨利·庞加莱：物理学的一般定律是人类思想的自由创造 ………… 36

10. 实证主义和实用主义运动 ……………………………………… 38

11. 19 世纪末的科学观 …………………………………………… 40

第三章　物理学新纪元的开始

1. 伯尔尼的生活 ………………………………………………… 45

2. 哲学兴趣 ……………………………………………………… 46

3. 相对论的基本假设 …………………………………………… 49

4. 爱因斯坦两大假设的推论 …………………………………… 51

5. 时间的相对性 ………………………………………………… 54

6. 其他物理概念的相对性 ……………………………………… 60

7. 质能等价性 …………………………………………………… 61

8. 布朗运动理论 ………………………………………………… 63

9. 量子理论的起源 ……………………………………………… 65

10. 光子理论 …………………………………………………… 67

第四章　爱因斯坦在布拉格的时光

1. 成为苏黎世大学教授 ………………………………………… 71

2. 任职布拉格 …………………………………………………… 74

3. 布拉格的同事 ………………………………………………… 76

4. 布拉格的犹太人 ……………………………………………… 79

5. 小说中爱因斯坦的性格 ……………………………………… 82

6. 爱因斯坦教授 ………………………………………………… 85

7. 狭义相对论 …………………………………………………… 87

8. 重力对光线传播的影响 ……………………………………… 90

9. 告别布拉格 …………………………………………………… 93

第五章　爱因斯坦在柏林

1. 索尔维会议·······98

2. 维也纳之行·······100

3. 柏林之约·······102

4. 在柏林学术圈中的地位·······105

5. 柏林的同事·······108

6. 柏林的学生·······111

7. 一战爆发·······114

8. 一战中的德国科学·······115

9. 战时生活·······117

第六章　广义相对论

1. 万有引力新理论·······123

2. 四维空间的意义·······126

3. 实践检验理论·······129

4. 宇宙难题·······130

5. 检验理论的探索·······132

6. 验证相对论·······136

7. 公众态度·······138

第七章　公众人物爱因斯坦

1. 爱因斯坦的政治态度·······144

2. 战后德国的反犹太运动·······146

3. 犹太复国运动·······148

4. 和平主义者爱因斯坦·······150

5. 反对爱因斯坦运动·······155

第八章　爱因斯坦的欧洲、美洲和亚洲之行

1. 荷兰之行 ……………………………………………………………… 164

2. 捷克斯洛伐克之行 …………………………………………………… 166

3. 奥地利之行 …………………………………………………………… 170

4. 相邀美国 ……………………………………………………………… 173

5. 美国人的接待 ………………………………………………………… 175

6. 英格兰之行 …………………………………………………………… 183

7. 爱因斯坦塔和拉特瑙谋杀案 ………………………………………… 186

8. 法国之行 ……………………………………………………………… 190

9. 中国、日本、巴勒斯坦和西班牙之行 ……………………………… 194

10. 诺贝尔奖与苏联之行 ………………………………………………… 197

第九章　原子物理学的发展

1. 爱因斯坦执教柏林 …………………………………………………… 201

2. 原子结构 ……………………………………………………………… 203

3. 原子力学 ……………………………………………………………… 205

4. 玻尔的互补性原理 …………………………………………………… 208

5. 爱因斯坦的科学哲学观 ……………………………………………… 210

6. 统一场理论 …………………………………………………………… 213

第十章　德国的政治动荡

1. 爱因斯坦的 50 岁生日 ……………………………………………… 217

2. 帕萨迪纳客座教授 …………………………………………………… 221

3. 德国大学的种族清洗运动 …………………………………………… 223

4. 敌视爱因斯坦 ………………………………………………………… 227

5. 欧洲的最后几个星期 ………………………………………………… 235

6. 爱因斯坦对服兵役的看法 …………………………………………… 239

第十一章　作为政治武器和政治目标的爱因斯坦理论

1. 科学理论与政治意识形态·····················245
2. 亲法西斯解释··························247
3. 因理论中的犹太思想受到抨击··················248
4. 爱因斯坦的苏联哲学态度····················253
5. 爱因斯坦理论中的宗教观点···················258

第十二章　爱因斯坦在美国

1. 高等研究所··························262
2. 入职高等研究所························265
3. 研究所的活动·························267
4. 难民学者···························273
5. 爱因斯坦的宗教态度······················276
6. 原子时代的开端························285
7. 普林斯顿的生活························288

第一章

青少年时期的爱因斯坦
以及他的培养之路

1.家庭背景

在爱因斯坦的记忆中，他家世世代代都住在德国西南部斯瓦比亚的一个小村镇里，以做小商、小贩和工匠为生，所以从来没有人注意到他的智商超群。当别人问及他的祖先时，爱因斯坦这样说道："那个年代所有人的思想都被禁锢，他们无法施展自己的个性，所以很难出类拔萃。"

德国西南部的这一背景对于理解爱因斯坦的性格形成尤为重要，斯瓦比亚与法国相隔，与阿尔萨斯毗邻。在日常生活中，斯瓦比亚人喜欢沉思、讲求实际，热衷于各种艺术和娱乐活动以及哲学和宗教冥想，厌恶任何形式的体制及秩序。他们与冷静、务实、注重秩序和习惯被统治的普鲁士人不同，也与朴实、快乐甚至有些粗俗的巴伐利亚人不同。

这些人性格上的差异在方言中体现得淋漓尽致。斯瓦比亚话旋律优美，像潺潺流水淙淙作响，而普鲁士军官和统治阶级则截然不同，他们说话时声震如山，就像是在吹军号。斯瓦比亚人的言语既不像柏林人一样愤世嫉俗、不满于世间万物，也不像牧师和教授们那样能言善辩，华而不实。

爱因斯坦去过很多国家，所以他对自己家乡的方言不是很熟悉，甚至完全不会讲，但他讲话时这种娓娓道来、温和友善的感觉还是可以体现出斯瓦比亚的语言背景。他还略带一些瑞士口音，这与德国西南部的方言有关，但是听上去略显生硬。

爱因斯坦的第二任妻子和他来自同一个地方，听她讲话时仍然可以听到这种真诚的、令人愉快的斯瓦比亚方言。她总是叫他"Albertle

（阿尔伯特）"，她把"土地"读作"landle"，"城市（斯塔德特）"读作"Stadtle"。每样东西都有一个小小的后缀"le"，这让她讲的方言变得更加柔和亲切。

爱因斯坦的祖先是犹太人，但是这对他的影响并不是很大，在他父母那个时代，斯瓦比亚小镇上犹太人的生活方式与其他居民并没有太大差异。他们不再坚持那些复杂的习俗与惯例，因为那些习俗阻碍了他们与他人的亲密交往，随着这些壁垒慢慢消失，他们也不再是单独的族群。这些地区的犹太人生活与柏林不同，柏林的犹太人生活富裕、受过教育，自己发展了一种特殊的柏林文化群体。在斯瓦比亚的小镇上这些都不存在，这里的犹太人和其他居民一样，他们生活平静，和谐地融入当地人的生活中，远离了城市的喧嚣。

在当时先进人士的眼中，阅读《圣经》和其他有关犹太人教义的书籍不再是真理的唯一来源，《圣经》读起来就像其他的美文和启迪文学作品一样。在犹太人家里，德国古典作家和先知被视为指导道德和行为的导师。席勒、莱辛和海涅与传道者所罗门和《约伯记》一样受到尊崇。尤其是弗里德里希·席勒，他的美德、几近《圣经》般的悲悯和对人类大爱的颂扬深受犹太人推崇，也是儿童教育的重要组成部分。他是斯瓦比亚人，所以他和爱因斯坦算是近亲。在爱因斯坦家族中，这种对席勒和启蒙运动的崇拜，对年轻一代的培养起了很大作用。在爱因斯坦父母和祖父母那个年代，德国籍的犹太作家伯托尔德·奥尔巴赫是斯瓦比亚犹太人生命和智慧的代表。尤其在1840~1870年间，他更加活跃。他是第一个描写黑森林农民日常生活的作家。现在来看，这些黑森林的故事可能有些过于理想化和虚假，但在当时的人看来这是一个可喜的贡献，后来还被用作抵制"柏林地沟文学"的砝码，认为是犹太人对德国文学的独特贡献。

还有一件必须要讲的事情，1871年以后，由于普法战争，普鲁士成为德国主导力量，对德国人的性格产生深刻的影响。大多数德国部落的统一以及强大的德意志帝国的复辟并不是由知识阶层所发起的，却是很多学者们的愿望，但是他们的希望就如斯瓦比亚诗人乌兰德所言："新德国的皇冠会抹上一滴民主的油。"但后来这个梦想化为泡影，斯麦并没有带来一滴"民主油"，而全是铁血政策，他的治国之道遭到德国所有先进知识阶层反对。新的德意志帝国没有保留优秀的传统文化，也就是说曾经孕育了席勒、歌德、莫扎特和贝多芬等名人的斯瓦比亚文化、莱茵文化和奥地利文化这样的背景已经不复存在。统治者来自东方部落，包括那些通过征服、日耳曼化和消灭部分斯拉夫土著居民而在土地上定居下来的人，还有那些被征服部落的后裔。这样压迫者和被压迫者相融合，指挥和服从相得益彰。

这种情形使德国上下的知识分子，尤其那些上了年纪、注重文化的人们，位于一种模棱两可甚至有点难堪的处境。新统治者立竿见影的政策让他们不得不承认这确实比他们自己所推崇的更有效，但是他们还是厌恶武力，讨厌秩序。他们向往艺术和科学，极度反感生活里这些空洞、机械的安排。虽然他们不喜欢新主人，却要被迫钦佩甚至在某种程度上模仿那些人。面对普鲁士军官，德国学者感到自卑，他们把自己局限于自己的世界里，远离统治阶级，但他们从心底里是听从指挥的。

犹太人的内心也充满矛盾。他们一方面佩服新统治者有力的统治手段，但是在私下，他们会教授自己的孩子犹太教经典和德国古典时期的传统知识。在公开环境中，他们又会尽量让自己的思想和行为符合新统治阶级的规则。

只有那些足够坚强，不为表面成功而沽名钓誉，不因失去自由和文化氛围而屈服的人，才有可能坚守自我，不畏强权，不屈从于当时的主流趋势。我们接下来会看到，青年时期的爱因斯坦就是这样的。尽管后来他经常与德国主流趋势发生冲突，但他对斯瓦比亚家园及其人民始终保持着某种依恋。

2. 童年时代

爱因斯坦于1879年3月14日生于乌尔姆（巴伐利亚州）。然而他出生一年后，全家搬到了慕尼黑，所以这座城市对他一生产生的影响不大。之后一年，他的妹妹出生，此后他再没有其他兄弟姐妹。爱因斯坦在慕尼黑度过了他的青春时期，这里是德国南部的政治和知识中心。因此这家人从犹如世外桃源般的乌尔姆搬出来，过上了更都市化的生活。他们住在郊区的一个小屋，四周花园围绕。爱因斯坦的父亲赫尔曼·爱因斯坦有一个小型电化厂，赫尔曼的哥哥也住在这里，帮他经营这家工厂。父亲负责经营，父亲的哥哥负责技术。

赫尔曼·爱因斯坦乐观积极、热爱生活，他并不擅于经商，所以经常会遭遇失败，但这些失败并没有影响他对生活的向往。他的生活方式和世界观与当地人差不多。工作结束后，他喜欢和家人一起去慕尼黑周围的乡村游玩，那里风景优美，他们一起领略山川湖泊，感受大自然的浪漫，玩累了就住在舒适宜人的巴伐利亚小酒馆里，享用甘醇的啤酒、美味的萝卜和香肠。传统犹太人都有阅读启迪文学的喜好，但他只保留了对德国诗歌的热爱，尤其是席勒和海涅的。在他看来，犹太人的饮食惯例和其他习俗只是一种古老的迷信，在他家里没留下任何痕迹。或者简单来说，这些古老习俗本身已经消失了，有一些只是因为融入了人道用法而得以留存。每周四，爱因斯坦一家会邀请一位贫穷的犹太学生共进午餐，这名学生来自俄罗斯，他们的这种行为其实是对安息日的一种延续。同样，他们开始阅读席勒充满道德悲悯的戏剧和诗歌，以此来代替阅读《圣经》的习惯。政治上，像大多数人一样，爱因斯坦的父亲害怕占统治地位的普鲁士人，但钦佩新德意志帝国，包括总理俾斯麦、将军莫尔克和老皇帝威廉一世。

爱因斯坦的母亲是保玲·科赫，她风趣幽默，很有艺术天赋，偏爱严肃的古典音乐。她那个时期物质条件非常匮乏，所以她对自己和孩子们的稳定生活感到满意。她在音乐中获得了许多快乐和慰藉，晚上工厂的工程师们来家里拜访时，她通常会弹琴助兴。最重要的是，她喜欢德国古典音乐，尤其是贝多芬的钢琴奏鸣曲。

爱因斯坦的叔叔与他们一家人生活在一起，比起他父亲，叔叔对高雅的精神生活更感兴趣，他是一位受过教育的工程师。爱因斯坦从叔叔那里找到了学习数学方面的最初动力。

毫无疑问，这样一个乡村的、半田园式的环境发源地对爱因斯坦的整个心理发展意义重大。他从来没有彻彻底底在城市生活过，所以他一开始去柏林的时候有点担忧，后来去纽约时也是。这种态度直接关系到他的艺术品位和言行，在现代柏林人看来，他的这种特质略显古板。爱因斯坦表示自己喜欢德国古典文学和音乐，但是当时柏林的知识阶层宣布这种品位已经过时。爱因斯坦喜欢席勒的作品，然而席勒在20世纪的柏林文化中显得格格不入。

总之，爱因斯坦小时候并不是神童，他甚至很晚才学会说话，当时他的父母都开始担心他是不是不正常。幸好他后来开口说话了，但是始终沉默寡言。保姆经常和孩子们一起开心地玩游戏，他从不参与。爱因斯坦的女家庭教师甚至给他起了个绰号，叫佩特·朗威尔，意思是"无聊之父"。他不喜欢任何像跑步、跳跃这样的剧烈体育运动，可能因为他觉得自己太弱不适合这些活动。从一开始他就不爱跟同龄人玩，终日沉浸于沉思与冥想。

大多数国家的孩子都非常喜欢从军，尤其是在俾斯麦和莫尔克统治下的德国，这可以说是一种神话般的荣耀，但爱因斯坦就是不喜欢当兵。士兵们在慕尼黑街头游行，鼓声与笛声震耳欲聋，这是德国军队的特征。配乐使人兴奋，节奏引人注目，连音质都催人奋进。蹬蹬的马蹄声传入各家各户，街道上孩子们也热情参与，刻意跟上士兵们的步伐。但是每次小爱因斯坦跟父母一起路过这样的游行队伍时，他就会哭鼻子。在慕尼黑，父母经常会跟孩子说："将来你长大了，也要参加军队游行。"大多数男孩都因被激励而更加向往这样的前景。可爱因斯坦对他父母说："等我长大了，我可不想成为这样可怜的人。"当大多数人看到这种活动节奏带来的快乐时，在他眼中都是士兵们受到的压迫，游行就是想把人变成机器。

这时爱因斯坦显然展示出了他最鲜明的特质之一：他十分憎恶统治阶级对平民的压迫，痛恨压迫者把人变成机器人，而不让其随心发展自我。另外，尽管知晓宇宙自然规律，但他仍觉得有更伟大永恒的自然规律存在。孩童时期，他只能以传统宗教的形式理解它们，并被这些仪式与戒律所吸引，因为他觉得这就是宇宙的真正法则。他父亲总是嘲笑宗教，这使他很生气，他认为这种嘲笑源于一种不和谐的、拒绝服从永恒自然法则的思想。爱因斯坦一生憎恨人类专制法则，但热爱自然法则，这也解释了后来许多世人为什么认为他的行为奇特和矛盾。

当时德国小学是以教派为基础的，学校由宗教团体的神职人员管理。由于慕尼黑大部分是天主教徒，所以大多数学校自然是这个教派。爱因斯坦的父母名义上可能信奉犹太教，但并不愿意把孩子送到犹太教学校，一是附近没有这种学校，二是学费昂贵。他的父母甚至觉得，把孩子送到天主教学校会让他与非犹太儿童接触更亲密，所以爱因斯坦上的是天主教小学，他是班上唯一的犹太人。

小爱因斯坦并没有因此感到不开心。由于宗教传统不同，人们自然会有一点陌生感，这无疑是次要的，他没有与同学建立亲密友谊，主要还是因为他的性格。

爱因斯坦定期接受天主教的教导，从中获得了极大的乐趣。他把这门课学得很好，当天主教同学不能立即回答老师的问题时，他还能帮助他们。爱因斯坦没有任何反对犹太学生参与天主教教学的意见。有一次，老师上了一节有点奇怪的实物教学课，带来一颗大钉子，告诉学生："耶稣被钉在十字架上时用的钉子就像这样。"他突然想起来耶稣受难就是因为犹太人，所以就没继续往下说了。学生们并没有觉得因为这个就要改变与爱因斯坦的关系。然而爱因斯坦发现这种教学方式相当不合时宜，它让人回想起与之相关的野蛮行为，让他意识到对野蛮行为的生动描述不会加剧对它的反感，反而会唤醒潜在施虐倾向。

年轻时的爱因斯坦对宗教的感情很特别，在他看来，在学校里学到的天主教和他在家里熟悉的犹太教所剩无几的传统之间没有明显区别。这些元素融入心底，让他感受到了宇宙的规律，并通过各种符号来表现这种和谐。他对这些符号的判断，都是基于它们的审美价值，而非它们作为"真理"符号的意义。

然而总的来说，爱因斯坦认为学校跟军营相差不大，是一个受组织管制，锻炼个人机械压力的地方，不给他们发展自我留任何余地。给学生材料让他们机械学习，着重灌输服从和纪律。老师讲课时，学生必须正襟危坐，不许讲话，除非回答问题。学生们很少单独向老师提问，更不会私下聊天。

即使在爱因斯坦9岁上小学最高年级的时候，他仍然说话不流利，无论说什么都要经过深思熟虑后才能表达出来，他做事尽责，不造谣、不撒谎，而被同学们称为比德梅尔（意思是"诚实的约翰"），他被认为是一个和蔼可亲的梦想家。还没有证据显示他的特殊天赋时，他母亲偶尔说："也许有一天他会成为一个伟大的教授。"但也许她的意思只是说，他可能会成为某种"怪咖"。

3.慕尼黑的高中时代

10岁时，小爱因斯坦从小学进入慕尼黑的路易波尔德高级中学。在德国，10~18岁的孩子都在高级中学度过，这段时期对青少年的智力发展起决定性作用。他们以学习古希腊罗马文化为基础，这些学校为青年人提供普通教育，因此他们大部分时间都在学习拉丁语和希腊语语法。学生们教条般地学习这些复杂科目，几乎没有时间真正了解古代文化。对大多数教师来说，这种教学也困难得多。据说要训练思维，学习一种或两种复杂语言的语法必不可少，否则智力很难提升。然而对于渴望学习宇宙规律的爱因斯坦来说，尤其厌烦机械式的语言学习，这种教育就像普鲁士军队用的方法，在那里机械式地通过毫无意义的命令来重复执行。

而后当谈到他对学校的印象时，爱因斯坦常说："小学教师就像中士，高中老师就像中尉。"威廉二世时期的德军中士因对普通士兵粗暴野蛮的行为而臭名远扬，众所周知，当军队完全听命于他们时，就会受到残酷虐待。另外，中尉属于上层阶级，不与这些人直接接触，而是间接来实现他们对权力的渴望。因此当把老师比作中士和中尉时，他认为老师的工作就是给学生灌输知识和强制他们遵守体制秩序。在学生眼中，老师不是更年长、经验丰富、可以帮他们处理生活中各种问题的朋友，而是他们畏惧的上级，并试图尽可能服从他们来让自己好过点。

爱因斯坦有位高中老师叫鲁斯，他努力向学生们介绍古文化精神，还展示了这些古代思想对古典德国诗人和现代德国文化的影响。爱因斯坦对一切艺术都有强烈的感情，正是这种感情使他离世界上那些被隐蔽起来的和谐社会更近了一步。他对德国古典作家席勒、歌德以及莎士比亚产生了浓厚兴趣。《赫尔曼与多萝西娅》是歌德在政治最动荡时期写的一部半浪漫、半伤感的爱情小说，这本书深深刻在了爱因斯坦的记忆里。在这所高中，没有完成作业的学生放学后会在老师监督下留校。爱因斯坦觉得普通教育枯燥无味，这些额外的时间在学校更是一种折磨。但是被鲁斯老师留校监督时，爱因斯坦乐于受到惩罚。

他记得很清楚，在所有机械式的操练中，他有时会在艺术氛围中度过一个小时。这堂课的记忆在他脑海中活灵活现，但他从来不会停下来思考这会给老师留下什么印象。多年之后，爱因斯坦已经是苏黎世一名年轻教授，经过慕尼黑时想起了他唯一的老师，于是想去拜访他，在他看来这个老师看到他的学生也成了老师会很开心。但是爱因斯坦去鲁斯的住处时，衣着随意，这是他一贯的风格。鲁斯不记得有哪个学生叫爱因斯坦，也不明白这个衣衫褴褛的年轻人找他做什么。老师以为这个人自称是他以前的学生，目的是向他借钱。很明显，他从未想过有学生会来拜访他仅仅是想要表达教育之恩。可能他的教学并没有爱因斯坦记忆中那样好，也许那只是爱因斯坦想象出来的。但无论如何，这次拜访让爱因斯坦觉得非常尴尬，所以他赶紧溜了。

4．学术兴趣

爱因斯坦5岁时，父亲给他看了一个小型指南针。无论怎样转动罗盘，铁针总是指向同一方向，这种神秘特性让他印象非常深刻。虽然看不见什么东西让指针移动，但他认为在空间里一定存在某种东西能吸引并使物体朝特定方向转动。这正是爱因斯坦后来对真空神秘性沉思的感受之一。

随着他慢慢长大成人后，阅读科普书籍使他对自然科学越来越感兴趣。俄罗斯犹太学生周四在爱因斯坦家吃饭时让他注意到了亚伦·伯恩斯坦的《自然科学大众丛书》，那时这些书深受大众热爱。这些书讲述了动植物的相互依赖、起源假设，还讨论了恒星、流星、火山、地震、气候和许多其他的话题，处处与自然相关。不久，爱因斯坦也成了毕希纳《力与物质》等书的书迷，该类书收集了当时的科学知识，并将其组织成一种完整的宇宙哲学概念。

如今来看，毕希纳《力与物质》这类书太肤浅，我们不禁会想那时像爱因斯坦这样能够独立思考的年轻人怎么会被这些书打动。如果我们有历史感和正义感，我们应该问问自己，最近有哪些书可以与那些早期作品相提并论。这时我们就可以拿出詹姆斯·金斯爵士《神秘的宇宙》等书。可能一个真正带有批判性的人都不敢说毕希纳的书比同时代类似作家的书肤浅。但不管怎么样，我们找到了一种对科学结果有益的通俗表述以及一种相当模糊的哲学解释，人们可能会接受这种解释，也可能不喜欢。

爱因斯坦不是因为学校教育而对数学产生兴趣，而是在他家里从叔叔那里第一次了解到代数才开始的。"这是一门快乐的学科，"他告诉爱因斯坦，"当我们的目标猎物还没抓到时，我们称之为x，暂时继续猎杀它，直到装进我们自己的腰包里。"在这样的引导下，爱因斯坦在解决简单问题时，乐于用想出的新方法来解决问题，而不会循规蹈矩。

令他印象最深刻的是大约12岁时，他第一次得到一本系统的几何书，这本书是一门新科目的课本。刚开始和大多孩子一样，对学校新科目充满好奇，在老师枯燥无味地讲授课本之前，他已经开始自己钻研，一旦开始，便停不下来。每条论述的清晰阐述和证明，以及图表和论证之间的紧密联系，都让他感到直白而井然有序，这是他从未遇见过的。他突然发觉这杂乱的世界也有了一种可遵从的秩序与美丽。

自爱因斯坦6岁起，父母就坚持要他上小提琴课。很不幸他不喜欢这门课，因为老师把教学生演奏当作例行公事，所以最初在他眼中这就是学校之外的另一种强迫罢了。然而大约13岁时，他开始了解莫扎特的奏鸣曲，并爱上了那种独特的优雅。他知道自己的技巧不能展现音乐本质美，无法与这些演奏的乐曲相提并论，因此他一再试图在演奏中表现出它们轻松、无忧无虑的优雅。这样由于他努力尽可能清晰地表达一种特定的情感，而不是通过技术练习，他获得了拉小提琴的某种技能和对音乐的热爱，这一点伴随了他一生。他在阅读几何书时所体会到的那种深沉的感情，也许只能同他14岁时第一次参加室内音乐表演时的经历相比。

14岁的爱因斯坦还在读毕希纳的书，但他对宗教的态度已发生了重大变化。小学时接受天主教的教导，中学时他接受了为此教派学生提供的犹太教的教导。宗教老师对所罗门的《箴言》和《旧约》中伦理道德部分的论述让青年时期的爱因斯坦深受触动。这段经历给他留下了不可磨灭的印象，使他对《圣经》传统的伟大伦理价值有了深刻信念。另一方面，爱因斯坦知道不管学生们是否感兴趣，都会被强迫去犹太寺庙参加宗教仪式。他觉得这跟强迫士兵在阅兵场上操练或是强迫学生解开巧妙发明的语法难题是一样的。在他看来，仪式习俗不再是人类在宇宙中地位的诗意象征，而是这越来越多的迷信习俗阻碍了人们独立思考。爱因斯坦一生都厌恶犹太教或其他宗教传统习俗，也不喜欢参加宗教仪式。他不想让自己与自然法则的关系被安排在某种机械式的秩序之下，所以他下定决心高中毕业后离开犹太教，也不再加入其他任何宗教团体。

5.逃离慕尼黑

爱因斯坦15岁时发生了一件事，这件事改变了他的一生。他父亲的工厂遭遇破产，商业陷入危机，必须离开慕尼黑另谋出路。父亲天性乐观，移民去了一个更快乐的国家——意大利，他们在米兰定居，随后在那里建立了一个类似的企业。但是父亲想让爱因斯坦完成高中学业，于是将他留在了慕尼黑。那时德国中产阶级都认为一个受过教育的人必须有高中文凭，因为这张文凭是上大学的敲门砖。学习某些课程是另一个专业学习的基础前提，像其他人一样，爱因斯坦被迫完成高中课程。

爱因斯坦在数学上远超同学，但在古典语言上就相差甚远。他感到很痛苦，因为他必须把精力放在不感兴趣的事情上，而他学习这些课程只是为了应付考试。当父母把他留在寄宿学校时，他更加不满了。同学们坚持让他参与各种体育活动，他们完全不顾他的感受，有时很强人所难，态度也十分蛮横，让他觉得自己像个局外人。他可能对所有人都很友好，但很明显对组织和学校的精神持怀疑态度，让很多人觉得不安。

随着他独立思考的能力逐渐增强，他越发不能忍受现有的高中教学方法。尽管他与人交往温文尔雅，但他一直顽强捍卫自己的知识生活，不让任何外来事物染指。他无法忍受机械性的记忆，宁受惩罚也不愿重复自己死记硬背也不能理解的东西。

独自忍受半年痛苦之后，爱因斯坦想要离开学校跟父母一同去意大利。对爱因斯坦来说，慕尼黑充斥着冷漠、死板的普鲁士精神，而意大利是色彩斑斓的，那里的人爱好音乐、艺术，生活自由自在，像一个人间天堂般吸引着他。他制订了一项计划，使他至少能逃离学校一段时间，也还能继续学习。由于他的数学知识远远超过高中水平，所以他希望即使没有文凭也能被外国理工学院录取。可能他还认为，只要离开德国，一切都会好起来。

他从医生那里得到一份证明，证明上说，由于神经衰弱，他必须要离校六个月，与父母待在意大利才能恢复健康。他还从数学老师那里得到一份声明，肯定他非凡的数学知识使他有资格进入高等院校继续学习。最终，他离开高中比想象中更容易。一天，老师把他叫来，告诉他如果他离开学校就好了。年轻的爱因斯坦对此十分惊讶，他问是不是自己犯了什么错。老师答道："你的存在破坏了学生们对我的尊重。"显然，爱因斯坦对这些无休止的机械式操练的厌恶，有时表现在他对待老师和同学的行为上了。

抵达米兰后他告诉父亲，他想放弃德国国籍，而他父亲依旧是德国国籍，所以情况很特殊。此外，由于爱因斯坦不能立即加入其他国籍，于是他成了无国籍人士，同时他还宣布退出犹太宗教团体。

　　起初他待在意大利是非常开心的，教堂和画廊里的艺术作品使他着迷，悦耳的音乐声和歌声回响在这个国家的每个角落。他徒步穿越亚平宁山脉到热那亚，他觉得观察人们那种自然的优雅是一件赏心悦目的事情，他们一言一行虽然普通简单，但细腻而有品位，在年轻的爱因斯坦看来，这与德国普遍的举止显然不同。在那里，他看到人们有自己的个体精神，不是缺乏天性的机器人；人们随心所欲，不受限于人为或外部的规则。在他看来，他们的行为似乎更符合自然法则，而不受任何人类权威胁迫。

　　然而这种天堂般的喜悦犹如昙花一现，现实的重担还压在他的身上，他需要有份工作。无论是在米兰还是在帕维亚，父亲的电器店都生意惨淡。尽管他生性乐观，他也不得不告诉爱因斯坦：“我不能再支持你了，你必须尽快找份工作。”此时，爱因斯坦那种几乎无法释放的压力似乎又回来了。他离开高中就是为了走到这灾难性的地步吗？他怎么能回到通往职业的常规道路上去呢？

　　爱因斯坦童年时的经历引起了他对神秘自然法则的好奇，几何书让他对所有数学类可理解的事物都充满激情，他还认为世上总有一种人类都能理解的事物。他喜欢理论物理学，还想献身此领域。之所以想研究这门学科，是因为它涉及这样一个问题：自然界中观察到的极其复杂的现象如何能归结为简单的数学公式呢？

　　由于爱因斯坦只对物理科学和数学感兴趣，实际的工作中也需要职业培训，再加上他父亲从事的也是技术职业，所以，学习科学技术对年轻的爱因斯坦来说似乎是最好的选择。此外，爱因斯坦没有高中文凭，他没法去上常规的大学，但是他认为凭借着自己卓越的数学成绩，可以轻而易举进入工业院校。

6．求学苏黎世

当时除德国外，中欧最著名的技术院校就是苏黎世联邦理工学院。爱因斯坦去那里参加了入学考试。他的数学成绩远远超过其他候选人，但他的现代语言和描述性自然科学（动植物学）的水平不够，所以没被录取。他遭受了很大打击。自从离开慕尼黑，他担忧的事情终于发生了，因为他将无法按照计划的方向继续前进。

然而，理工学院的院长对爱因斯坦的数学知识印象深刻，并建议他到瑞士阿劳市的一所不错的公立学校取得高中文凭。爱因斯坦其实对此并无兴趣，因为他担心自己再次沦为管制机构的"囚犯"，像自己曾在慕尼黑高中时那样。

爱因斯坦带着很大的疑虑和担忧去了阿劳市，但结果却让他倍感惊喜。这所公立学校的教学风格与慕尼黑的高中截然不同：没有军事化的训练，教学目的是训练学生独立思考和工作；老师们总是会和学生进行平等友好地讨论，有时还会给他们提供建议。学生不需要一直待在一个房间里，每个学科都有单独的房间，里面有仪器、标本和配件：学物理化学的可以用一些仪器进行实验；学动物学的有一个小博物馆和观察微生物的显微镜；学地理的有可供参考的外国地图和图片。

在这里，爱因斯坦和同学们相处得非常好，他不再讨厌上学。在阿劳市，他和学校一位老师住在一起，这位老师有一儿一女，爱因斯坦会和他们一起去爬山。他也有机会和人们仔细探讨公共生活的问题，按照瑞士传统，人们对此类事情更感兴趣。他逐渐熟悉了一种不同于在德国时习惯的观念。

在这所公立学校学习了一年之后，爱因斯坦获得了毕业证书，然后直接就被苏黎世联邦理工学院录取了。与此同时，他也放弃了找工作的计划。在阿劳市的经历让他明白了在一所高等学校担任物理和数学教师，既能从事自己喜爱的研究，又能过上简朴的生活。理工学院有一个专门培养物理和数学教师的部门，爱因斯坦便开始从事这项工作。

在公立学校的那一年里，爱因斯坦确信他真正感兴趣的是物理，而不是他在慕尼黑时有时认为的纯数学。他的目标是发现和理解自然规律的最简单的规则。不幸的是，当时这种物理教学在理工学院显得相当过时和迂腐。学生们只学习物理原理，然后用这些原理通过技术应用测试，所有教科书也是这样教的。几乎没有对自然现象采取任何客观方法，也没有对其背后简单而全面的原则进行逻辑上的讨论，即使物理专题也没有任何深刻思想，这就刺激了爱因斯坦去阅读伟大的研究人员在这个领域的作品。

就在这时候，19世纪末，物理科学的发展达到了一个转折点。这一时期的理论是由杰出的科学家们以激励的形式写成的。爱因斯坦当时正在研究这些物理经典理论，作者包括亥姆霍兹、基尔霍夫、玻尔兹曼、麦克斯韦、赫兹。爱因斯坦夜以继日，埋头苦读，从中他学会了在建立数学框架的艺术基础上建立物理模型。他的数学教学达到更高水平。他有个导师叫赫尔曼·闵可夫斯基，虽然是一个出生在俄罗斯的年轻人，但已被认为是那个时代较传统的数学家之一。然而，他并不是一个好讲师，爱因斯坦对他的课不是很感兴趣。就是在这个时候，爱因斯坦对纯数学兴趣全无。他认为最原始的数学原理足以用来解释物理学的基本定律，着手研究了一段时间后，他才明白，情况并非如此，即便是建构基本的物理模型也需要高度发达的数学概念来支撑。正是闵可夫斯基无趣的课程为爱因斯坦传授了这些数学公式的构想，这些构想成了未来该领域所有发展的萌芽。

在这一时期，理工学院国际声誉很高，有大量来自外国的学生。他们大多来自欧洲东部和东南部，由于政治原因不能或不愿在本国学习，因此苏黎世成了孕育未来革命的地方。爱因斯坦认识了其中一个来自奥地利的人，叫弗里德里希·阿德勒。这个金发年轻人瘦削、苍白，和其他来自东部的学生一样，全身心投入学习并对社会革命性发展有着狂热的信仰。他的父亲维克多·阿德勒是维也纳社会民主党的政治领袖，为了让儿子远离政治，所以把他送到苏黎世学习物理。

爱因斯坦认识的另一个人是来自匈牙利的年轻女子米列娃·玛丽克。然而她的母语是塞尔维亚语，她信奉希腊东正教。她的族人大部分住在匈牙利东南部，一直在与马亚尔的暴力统治作斗争。和许多来自东欧的女学生一样，她只关注自己的学业，很少有机会吸引异性注意。她和爱因斯坦都对伟大的物理学家感兴趣，他们在一起花了很多时间去研究那些物理学家。对爱因斯坦来说，思考社会总是一件令人愉快的事，更好的一点是，他可以将自己的思想用文字表达出来。尽管米列娃·玛丽克极其沉默寡言、反应迟钝，但是爱因斯坦因专注于自己的研究完全没注意到这一点。

在苏黎世求学期间的生活并不轻松，但对爱因斯坦的心智发展非常重要。他父亲的经济状况非常糟糕，无法为儿子提供任何支持。爱因斯坦每月从一位富人亲戚那里得到100瑞士法郎，但他每月必须攒20法郎来付瑞士国籍所需费用，他希望在毕业之后能尽快拿到瑞士国籍。他没有经历过真正物质上的艰苦生活，但他也负担不起任何奢侈品。

7.任职专利局

爱因斯坦在世纪之交完成了他的学业，现在他必须找工作了。当一个年轻人以非凡的科学兴趣和能力在大学或技术院校完成了常规课程后，他就很有可能担任大学教授助理而得到深造，成为独立研究者。如果他在一个有经验的人底下工作，既能学习教学，又能学到科学调查。这条道路似乎很适合爱因斯坦，于是他申请了这样一个职位。然而，那些曾经高度赞扬过他的科学兴趣和才能的教授们，根本无意让他当助手，也没有任何人跟他说过拒绝他的原因。

由于他不可能在理工院校教学，所以他面临的另一选择就是到中学去。在那里，尽管教授们给他写了很好的推荐信，他还是没找到工作。他唯一得到的是温特图尔一所职业技术学校的一份临时工作，几个月后他又失业了。

1901年，爱因斯坦22岁，已经是瑞士公民。他在报纸上看到沙夫豪森的一个提供寄宿的高中学校正在为两个男孩找家教，便申请了这份工作并被录用。就这样，他来到了莱茵河畔的这座小城，那里有著名的瀑布在附近回响，许多游客驻足观赏这一自然现象，这还是一个三星级旅游胜地。

爱因斯坦对他这份工作很不满。他喜欢塑造年轻人的思想，并试图找到一种教学方法，比他以前在学校习惯的还要更好。但是他很快就注意到，其他老师把他种的好"苗子"给掐坏了，于是他要求把两个孩子的教学全权交给他。我们完全可以想象到，管理寄宿学校的高中老师认为爱因斯坦在反抗他的权威，于是就开除了爱因斯坦。经过这件事，爱因斯坦意识到，不仅是学生，甚至教师也被普通学校的机械体制压垮变得麻木了。

爱因斯坦再次陷入困境。尽管他拥有大学文凭和瑞士国籍，他还是没有找到任何教学工作。他自己也不太清楚失败原因，可能是因为别人觉得他不是一个真正的瑞士人。以他当时的公民身份，他就是真正瑞士爱国者口中的"纸上的瑞士人"，事实上，他的犹太血统也让他很难成为一个真正的瑞士人。

这段黑暗时期里出现了一道亮光。爱因斯坦在理工学院的同学马塞尔·格罗斯曼把他引荐给了伯尔尼专利局局长哈勒。他心胸开阔、聪明，知道在任何职业中，一个人能独立思考比训练有素更重要。面试了很久，他确信尽管爱因斯坦没有任何技术方面的经验，但他是专利局一个职位的合适人选，并给了他一份工作。

　　大量事实证明，爱因斯坦迁往伯尔尼是他一生中重要的转折点之一。他有了一份固定年薪约3000法郎的工作，在那时这个薪资足以让他生活舒适无忧。他有更多闲暇时间做科研，并考虑成家。

　　爱因斯坦到伯尔尼后不久，就和他在理工学院的同学米列娃·玛丽克结婚了。她比他大些，尽管她信奉希腊东正教，但她像大多数塞尔维亚学生一样，思想进步而自由。她生性内向，在很大程度上不会与周围人亲密、愉快地接触。爱因斯坦性格迥异、举止自然、言谈风趣，这常使她感到不安。她的性格有些直率和对人严厉，爱因斯坦和她在一起的生活也并不是一直都是幸福安宁的。当他思如泉涌想和她一起讨论时，她没什么反应，所以他常常不确定她是否感兴趣。然而，一开始他还是很高兴能和家人一起过自己的生活。他的两个儿子相继出生后，大儿子以父亲的名字命名为阿尔伯特。爱因斯坦和孩子们在一起很开心，他喜欢和他们待在一起，告诉他们他脑子里在想些什么，然后兴致勃勃地观察他们的反应。

　　爱因斯坦在专利局的工作很有趣。他的工作是对所报道的发明进行初步审查。大多数发明家都是业余爱好者，而许多专业人士也无法清晰表达他们的想法。专利局的职责是为发明和发明家提供法律保护，必须有明确的阐述，说明每项发明的基本特征。爱因斯坦必须把那些写得含糊不清的专利申请更改为一个定义明确的形式。最重要的是，他还必须从描述中找出这些发明的基本概念。这并不容易，它让爱因斯坦有机会彻底研究许多新颖、有趣的想法。也许正是由于这项工作，他发展出了一种不同寻常的能力，能够立即抓住提出的每一个假设的主要结果，在科学探讨时，这种能力让他得到了许多人的钦佩。

　　对发明的痴迷也让爱因斯坦对科学仪器构造保持着浓厚的兴趣。现在仍然有一种测量小电荷的仪器，就是他在那个时候发明的。对他来说，这种工作相对于抽象理论研究来说是一种消遣，就像其他科学家通过下棋、看侦探小说来放松一样。不少数学家发现解决象棋问题很快乐，这种快乐是运动或看电影都无法带来的，这可能就是放松心情的最好的方法，不用认真对待，但仍需要一点点逻辑。爱因斯坦不爱下棋或看侦探小说，他喜欢去研究各种科技仪器，并与朋友们讨论。因此，他在朋友巴基博士纽约的公司里和一个建造X光机的著名医生共同设计了一个机械装置，这个装置一直应用至今，它能根据照明自动调节胶片的曝光时间。爱因斯坦对这些发明的兴趣不在于它们的实用价值，而在于对这种发明诀窍的掌握。

第二章

爱因斯坦之前的
物理学观念

1. 哲学自然观

任何特定时期的主流哲学自然观，都会对当时物理学的发展产生深刻影响。纵观历史，自然科学是以两种截然不同的观点发展起来的。一种称为"科学"观，该观点试图建立一个将人们所观察到的事物关联起来的体系，并由此可以获得有用的信息；另一种称为"哲学"观，该观点试图以特定历史阶段认可的学说解释自然现象。16世纪的天体运行理论是反映这两种不同观点的最佳例证。在16世纪，哥白尼认为地球绕着太阳转，此理论对于解释星体位置相互关系非常有用，但被认为"在哲学上是错误的"，原因是该思想与当时的哲学观相矛盾，后者认为地球是宇宙的中心。

在科学史上，哲学观本身在革命性发现之后也会发生变化。其中存在着两个非常突出的时期。在中世纪通过与动物和人类行为的类比，寻求对自然现象的理解。例如，以生物角度对天体与抛射体的运动进行描述，我们称其为生物观。17世纪，伽利略与牛顿在力学方面的研究，引发了首次物理学革命，从而产生了机械观，后者将所有的事物都看作是简单的机械杠杆或轮子。此观点获得了巨大成功，因此力学成为所有自然科学的模型，实际上就是所有科学的模型。在1870年左右，这种观点达到了巅峰，但此后随着物理学新领域发现的不断出现而逐渐走向解体。接着，随着1905年爱因斯坦首篇相对论论文的发表，引发了物理学第二次伟大革命。正如牛顿在生物观物理学向机械观物理学转变中发挥了巨大作用一样，爱因斯坦此后推进了机械观物理学向可称作自然的数学描述物理学的转变。

为了更好地理解爱因斯坦的思想并洞悉其矛盾性理论的命运，人们必须认识到伴随哲学自然观革命带来的巨大情感波动与政治、宗教及社会力量的干扰。正如罗马宗教裁判所因哥白尼和伽利略的研究不符合其自然观而将其斥责为"哲学上的错误"一样，世界上许多哲学家和物理学家由于其受到自身认知的限制而无法理解爱因斯坦的相对论，所以他们十分排斥相对论。在这两个案例中，斥责原因不是对观察结果的判断存在不同意见，而是新理论没有采用传统哲学所要求的类比法。

正是这种僵化、固执地坚持某种特定的解释性类比，在某些情况下阻止了揭示可以解释新近发现事实的定律。但是如果认为这种保守主义总是有害于科学进步，那将是巨大的历史偏见。应用某一特定概念是统一科学不同分支的重要手段。根据生物学的观点，生命体和无生命体之间不存在真正的鸿沟。在机械观中存在同样的情况，根据该观点，所有的生命体都从力学的观点进行描述。更有甚者，类比的普遍应用通常要求进行简化处理，因为这种简化对于那些由简单原则得出所有实验证据的理论有利。

由于我们在学校教育中被灌输了自然机械观，我们对它太熟悉了，因而我们会认为它太平凡了。当一个理论近乎平凡的时候，我们就不再理解其突出特点。因此要了解此理论刚出现时的巨大革命性影响，我们必须试着想象自己就生活在那个时代。我们将看到，机械科学观在早期的时候对多数人来说，就像今天的爱因斯坦理论一样，无法理解而且矛盾、荒谬。

２．中世纪的有机物理学

当我们观察一个人行为的时候，我们发现他的行为有时可以理解，有时却无法理解。当我们看到一个人朝某个特定方向跑去的时候，开始时我们觉得奇怪，但当我们知道那个方向在免费发放金币时，他的行为就变得可以理解。我们在明白他的动机之前不能理解他的行为。动物的行为也是如此。当一只野兔匆匆跑开时，如果我们知道它后面有一只狗，我们就会明白它为什么要跑。任何运动的目的，就是到达一个在某种程度上比其出发时更有利的位置。

正如各种生物所表现出的由其本性所决定的不同行为一样，"生物观科学"就是这样解释非生命物体的运动。对于下落的石头和升起的火焰可进行以下解释：就像老鼠在地上打洞，而苍鹰在悬崖峭壁筑巢一样，石头在地上有其合适的位置，在天上绕地球旋转的球体也有其合适的位置。每个物体都有其天然的位置，该位置符合其本性。如果把一个物体从该位置移走，它就会猛烈运动，以便尽快返回该位置。一块抛向空中的石头会以尽可能快的速度到达最接近地心的位置，这就像一只被赶出洞穴的老鼠，在那个将其赶出洞穴的动物离开后，会尽快地回到其原来的洞穴一样。

当然也可以阻止此石头的下落。在为其施加一个猛烈的外力时就会出现这种情况。根据古代哲学家的说法："医生想要治愈病人，但一些障碍可能妨碍他达到目标。"这种类比以最原始的形式表达了生物观的论点。

很显然，还存在没有任何目的的运动。它们好像没有任何目标，只是简单地自我重复，这就是天体运动，因而它们被视为更高层级的精神存在。正如低等生物竞相奔向目标并逃离危险是其本性一样，天体的本性就是永恒地重复完全相同的运动。

这种生物观的基础是希腊哲学家亚里士多德的教义。虽然这基本上是一种异教思想，但在整个中世纪时期，天主教主要哲学家托马斯·阿奎纳，以及犹太哲学家摩西·迈蒙尼德和伊斯兰教艾弗罗斯的学说对其只进行了很细微的修订。

3．机械观物理学和哲学

从生物观物理学向机械观物理学的转变最明显且在某种意义上，最为戏剧性地体现在伽利略个人身上。他没有把哥白尼关于地球运动的理论仅仅看作是一个与现实世界无关的，对所观察到的现象进行简单表述的"天文学"的假设。他大胆地对中世纪物理的基础原理质疑。

伽利略把物体沿匀速直线运动作为其思想的出发点，这是一种最容易用数学方法表示的运动。接着，他对匀加速直线运动进行了考虑：在每个单位时间内速度增加一个固定量。伽利略在这些简单形式的基础上试图理解更复杂的运动形式。特别重要的是，他发现所有下落物体及飞行物体都有一个固定的向下加速度。于是他将整个运动看作是由两部分组成：

（1）一个保持方向和初速度大小不变的运动（惯性运动）；

（2）一个具有垂直向下加速度的运动（引力作用）。

艾萨克·牛顿爵士把这个理论推广到更复杂的天体运动，进而扩展到所有物体的运动。对于所有行星的圆周运动，如地球绕太阳的运动，牛顿将此类运动分解为：

（1）惯性运动，初速度保持其方向和大小不变；

（2）太阳与地球之间的引力作用，由此地球具有一个指向太阳的加速度，其大小与"地—日"之间的距离成反比。

后来他的这些想法形成了著名的运动定律和万有引力理论。

第1定律：在没有受到外力强制改变其状态的情况下，任何物体都将保持静止或匀速直线运动状态（惯性定律）；

第2定律：运动的改变与所施加的力成正比，并在受力方向上发生改变（受力定律）；

第3定律：每个作用都会有一个相等的反作用；

万有引力定律：宇宙中每个物质粒子都会吸引任何其他粒子，吸引力的方向在两者之间的连线上，其大小与其质量乘积成正比，与彼此之间距离的平方成反比。

这些定律的惊人成功众所周知，无须赘言。这些定律构成了所有物理学、天文学及机械工程的基础。

牛顿及其同辈还推动了光学现象理论的进步。所有这些理论都有一个共同的特征：鉴于这些力学定律在计算天体运动及日常生活中的物体时非常成功，他们假定这些定律也适用于光学现象，并试图从粒子运动角度对其进行解释。在其他科学分支的所有过程也进行了类似的尝试，例如电磁、热及化学反应。对于每种情况下的特定现象，都从遵守牛顿运动定律的力学模型进行解释。

这种方法在实践中的巨大成功达到了这样的程度，即只有基于机械类比的阐述才被认为达到了令人满意的"物理上的理解"。表达与计算许多现象的任何其他方法可能"在实践中非常有用"，但没有获得"物理上的理解"。从力学过程角度解释各种现象，不久后扮演了生物观物理学在中世纪解释各种现象中曾经扮演过的角色。机械观哲学取代了生物观哲学。

然而，非常明显的是，机械观物理学最初的成功仅仅依赖其实用性，而不是任何一种哲学上似是而非的观点。惯性定律最初被提出的时候，在中世纪占主导地位的哲学观点看来，不仅不可信，而且还是荒谬的。为什么地上的普通物体，在没有动因的时候要沿一条直线运动并试图无穷尽地运动？然而这一"荒谬"的定律抵抗住了所有的反对。首先是因为它在数学上简单易懂，其次是因为基于这些定律的机械观物理学取得了巨大的成功。最终整个事情的发展发生了翻转，于是断言只有以力学模型所进行的解释"在哲学上才正确的"。机械观时期的哲学家，特别是自18世纪末以来，提出各种思想证明，不仅惯性定律不荒谬而且其正确性以理性为基础显而易见，任何其他假设都与此哲学思想不符。

　　这正是许多职业哲学家反对爱因斯坦理论的历史根源。站在这些哲学家一边的还有许多实验物理学家，他们对更普遍问题的看法并没有以他们实验室中所使用的科学原理为基础而形成。他们把自己的研究与其在大学时所学的传统哲学思想分割开来，并认为这些哲学思想是一种信条而非科学理论。

4．牛顿力学中的相对性原理

　　牛顿运动学有一点不是非常清楚，而这一点却非常重要。惯性定律认为，在不受外力的作用下，物体将处于静止或匀速直线运动状态。但"匀速直线运动"这一表述是什么意思？在日常生活中，这一点非常清晰可观：当一个台球平行于桌子边运动的时候，它就是在以直线运动。但桌子在地球上，地球绕着地轴自转并且还绕着太阳公转。对于地球以外的观察者来说，同样一个球将以非常复杂的路径运动。所以球显然只是相对于同一房间的人而言以直线运动。

　　牛顿将"绝对运动"定义为"物体从一个绝对位置移动到另一个绝对位置"，并对这一点进行了解释，然后说："'绝对'运动既不会产生也不改变，除非给该运动物体施加某种力。"所以如果我们观察一个没有受到力的作用、平行于桌边运动的台球时，该房间可看作是处于"绝对空间"中。这种遵守惯性定律的"静止"房间后来称作惯性系。如果一个房间（比如在旋转木马上），相对于"静止"房间旋转，那么在不受力的情况下该球就不能平行于旋转木马上一张桌子的边缘运动。旋转木马不是惯性系。

　　但如果第二个房间以匀速直线运动会是什么情况呢？在"运动"房间没有受力的情况下，该球将平行于桌边运动。实际上，在第一个系统中发生的匀速直线运动在第二个系统中也会发生直线运动。所以惯性定律也适用于"运动系统"，而且只要以恒定速度沿相同方向运动，不论相对于"静止"房间的速度是多大，情况确实如此。

当该球受力的时候，速度就不再恒定，并因此引入了加速度，加速度在两个系统中是相同的。因此确定加速度并独立于初始速度的受力定律，对两个系统都是相同的。因此我们无法在这个房间内通过物体的运动实验来确定房间相对于原始惯性系统的运动速度，但是根据受力定律与初始速度，我们在无须知道房间可能存在匀速运动的情况下，就可对物体的未来运动进行预测。所有相对于一个惯性系统做匀速直线移动的系统也同样是惯性系统。但牛顿定律没有说明那个物体是一个惯性系统。

在大多数实际应用中，地球自转和公转的影响非常小，因而可将其运动看作是匀速直线运动。在这种情况下，地球是一个近似的惯性系统，因而我们可以通过牛顿定律预测地球上物体的运动。在火车上、在电梯中以及在船上，只要相对于地球做匀速直线运动，情况都是一样的。无论我们是在火车上还是在船上，只要不会跳动或滚动，一个共同的经验就是我们都可以用完全相同的方式打台球。

涉及利用初始速度与受力定律预测未来运动可能性的法则，可以称作机械观物理学的相对性原理。这是由牛顿运动定律得到的推论，仅涉及相对运动，而不像牛顿定律本身那样涉及绝对运动。这种形式给出了一个肯定式论断，但也可给出一种否定式论断，因而也可这样表达：通过进行如上所述的实验，要把一个惯性系统与另一个惯性系统区分开来是不可能的。

这样这种相对性原理似乎是牛顿力学的一个特征。我们将会发现，爱因斯坦最伟大的成就就是发现了当牛顿力学不再适用时，这一原理仍然适用。他发现与牛顿定律相比，相对性原理更适合于用作物理现象普遍理论的基础。即使机械观物理学站不住脚的时候，这一原理仍然有效。

5．以太：物理学中的假设

对光学现象（如反射与折射）的解释最初给出了两个对立的理论。牛顿提出了微粒说理论，该理论将光看作是遵守运动定律的粒子流。然而同时代的惠更斯提出了光波理论，该理论将光波视为如声波在空气中振动一样，是在某种介质中的一种振动。此争议在1850年前后，由法国物理学家阿拉戈与傅科平息，他们支持光波理论。麦克斯韦的理论计算与赫兹的实验工作确立了光的振动在本质上具有电磁性质，光是因为电磁场的快速振动而产生的这一结论。

引起光传播的振动需要这种振动所在的介质。声音是因为空气中分子的振动引起的，因而真空中没有声音；记录地震的地震波，是因为地球内部物质的振动产生的；水波是因为水面上水的运动产生的。星际空间不存在物质介质，来自遥远恒星的光却传播到了地球上。根据机械观物理学，引起光传播的振动，必须存在振动所在的介质，这种介质被称为以太。

当我们把以太中光波与空气中声波的传播进行类比的时候，就带来两个问题。当一个物体，如飞机或抛射体在空气中运动的时候，由于摩擦而存在一定阻力，而且在前进过程中也会拖带一定量的空气。所以第一个问题是：是否可以检测物体在以太中的速度，就像地球绕太阳公转的速度？第二问题是：以太是否阻碍了在其中运动的物体的前进，以及是否存在拖带效应？

为了回答这些问题，必须考虑光在以太中的传播特性，因为只有通过光才能显示以太本身的存在。现在，假如一束光像宁静池塘中的涟漪扩散一样，其传播速度相对于以太应有一个固定值，并且对于任何相对其运动的观察者而言，其速度将随着传播方向及观察者与传播方向的相同或相反而增大或减小。这样，如果地球在以太中运动，且没有在绕太阳的公转过程中拖带以太一起运动的话，那么其相对于以太的速度应该可通过在不同方向测量光相对于地球的速度而观察到。

地球在以太中运动而没有对其造成影响的事实，可由星光的像差得知。地球绕着太阳公转，在地球上的观察者看到恒星传播光的方式，就像一个人在一个绕着舞台转动的平台上观看舞台表演一样。对他来说，舞台上的每件物品每年都会周期性地发生变化。天文学家们早就知道，恒星每年都会经历这种明显的运动。所以，像差现象表明以太不受地球运动的影响。

1879年，美国海军学院的迈克尔逊首次提出做一项决定性的实验，其目的是发现地球在以太中的相对运动。随后迈克尔逊在波茨坦的天体物理观测台进行了这项实验，还在那里进行了一年的研究，接着又在美国进行了重复实验。迈克尔逊是精密光学测量的杰出专家，他对实验条件的要求是：即使地球穿过以太的速度仅为其绕太阳公转速度的很小一部分，也可以得到确定性的测量结论。然而结果却出人意料，要发现地球在以太中的任何相对运动都是不可能的。

这样光的机械理论陷入了困境。像差说明地球在以太中运动而没有对其造成干扰，但迈克尔逊的实验却说明不能发现地球在以太中的行进速度。

6．机械观物理学中的中世纪思想残留

在中世纪物理学中，物体运动的特征是天体以地球为固定中心旋转。此系统代表了一种通用框架，在该框架中，一切物体都有其适当位置，而该系统内的运动就意味着相对于该框架的运动。绝对运动的问题几乎没有出现过。时间的天然测量也是由天体的周转而给定的。

乍看上去，哥白尼理论与伽利略和牛顿的力学似乎打破了中世纪的"封闭世界"，但仔细审查一下就会发现，机械观物理学中仍然保留着类似的观念。牛顿惯性定律暗含的意思是：自由运动的物体可以超越所有空间限制，但它是相对于"绝对空间"。由于绝对空间与物理定律的经验内容之前的联系难以验证，因此引入了"惯性系统"的辅助概念，然而它无法解释惯性定律为什么在有些系统中有效而在其他系统中无效。这个特性与系统的任何其他物理特性无关。所以，惯性系统仍然保留了中世纪宇宙框架的一些特点。此外在将力学定律推广到光学现象时，发现必须用以太将空间进行"物化"，以太就是真正的宇宙框架。一个实验室相对于以太的运动应该通过光学实验的方法观测到。

　　机械观时期的物理学家总是对使用"绝对空间""绝对时间""绝对运动""惯性系统""宇宙以太"等术语感到不安。牛顿本人也没有成功解释人们如何通过实际观察认识物体在"绝对空间"中的运动，他在著作中写道："发现并有效地区分特定物体与显然事物间的真实运动是一件非常困难的事情，因为那些运动所在的静止空间部分绝不是通过我们的感官所能察知的。"因此，如果一个人仍然停留在物理学范围内，就不能给出令人满意的"绝对运动"的定义。只有当上帝与其意识加入物理事实中去的时候（这对牛顿来说是不言而喻的）这个理论才会在逻辑上变得完整而无可辩驳。

　　很长一段时间，没有人确切地意识到牛顿、神学反思与其科学工作之间的实际联系是什么。人们经常认为它们之间没有任何逻辑联系，牛顿的反思只是源自纯粹的情感立场，或者是对当时神学精神的一种让步。但事实确非如此。尽管在早些时候对这一点可能还存在一些疑问，但自从发现了大卫·格雷戈里（牛顿的朋友兼学生）的日记以来，我们可以断言牛顿引入了神学假设，是为了使其空无而绝对空间的理论在逻辑上具有一种无可反驳的形式。格雷戈里于1705年写的日记中有一个关于同牛顿就此话题进行对话的条目。日记中写道："空无一物的空间充满了什么，显而易见的事实是，他（牛顿）相信上帝实际上是无处不在的。因为当物体的图像被带进我们大脑的时候，我们就能感知这些物体，所以上帝肯定对一切了如指掌，并亲临一切事物。他（牛顿）认为，由于上帝存在于空无的空间中，因此当一个物体也存在的时候上帝就在空间中。"

伯特在1925年所写的《近代物理科学的形而上学基础》一书中给出了以下正确的解释：

"当然，至少上帝肯定知道任何给定运动是绝对运动还是相对运动。神的意识为绝对运动提供了最终的参照中心，而且牛顿力学概念中的万物有灵论也是这一立场的部分原因。上帝是运动的最终发起者。所以在最后的分析中，所有相对或绝对运动都是神的能量消耗产生的结果。神的智慧认识到这样的能量消耗，由此对世界体系所施加的运动肯定是绝对的。"

通过这种对上帝拟人化的概念，就获得了对绝对运动的一个科学的、近乎物理的定义。它与所谓"上帝"消耗的能量相关联，并将一个物理系统的特性归于"上帝"，否则能量的概念不能应用于该系统。从根本上来说，这个定义意味着人们认为世界上存在着与所有其他能量不同的真正能量。机械系统消耗能量产生的运动一般只是"相对"运动，而这种选定的人所产生的运动具有"绝对"的特点。然而绝不能忘记的是，绝对运动定义的逻辑可接受性，与制造能量之人的存在密不可分。在18世纪的启蒙时代，人们不再愿意将物理定律的一部分归于上帝，但是人们忘记了牛顿的"绝对运动"概念没有任何内容。伯特在上述著作中非常恰当地写道："在18世纪时，牛顿世界观逐渐摆脱了其原有的宗教关系，他所描绘的绝对空间与时间的终极理由消失了，而留下了空洞的独立存在。"

7. 对机械观哲学的批判

到了19世纪末，人们发现了越来越多的物理现象，这些物理现象通过牛顿力学原理，只能以非常困难和复杂的方式做出解释。结果出现了新的理论，人们不清楚这些理论是否可以从牛顿力学推导出来，但作为对所观察现象的临时表达而接受。这是自然的真知，还是如中世纪物理学界所认为的哥白尼体系一样，只是一个"数学表述"？只要人们相信存在哲学证据，且根据这些哲学证据回归牛顿力学是真正理解自然的唯一可能，这些疑问就无法解决。

在19世纪的最后二十五年，对这种机械观哲学的批判态度变得越来越明显。了解这种批判，是理解爱因斯坦理论及其在我们自然知识形成过程中所处地位的必要前提。只要人们认为牛顿力学最终会建立在人类理性之上而且不会被科学进步所动摇，那么任何像爱因斯坦那样试图建立一个不以牛顿理论为基础的运动理论都必然是荒谬的。机械观哲学的批判者对土壤进行了耕作，从而使爱因斯坦可以撒上种子。

作为第一个批判者，我们需要提到光谱分析的发现者古斯塔夫·基尔霍夫。他在1876年指出，力学的任务是"完全并尽可能简单地对自然界的运动进行描述"。这意味着牛顿力学本身，只是我们日常经验中所观察到的运动现象的一种简便的表达形式而已。它没有给我们任何其他哲学意义上对这些事件的"理解"。因此他违背了牛顿力学原理对人类心灵是不言自明的普遍观点，在自然科学家和哲学家中引起了轰动。

此外，基尔霍夫认为力学只是对运动现象的描述，对光学、电学、热学等现象的力学解释（这是机械观物理的目标）成为一种被发现以规律对结果进行的最适合于力学的最简单描述。为什么采用力学这种迂回方式进行描述，而不是试着直接找到各种现象最合适的表达方式？这样牛顿力学就失去其特殊的哲学地位了。

1888年，海因里希·赫兹发现了电磁波，它构成了我们现代无线电报和无线电技术的基础，赫兹接着开始用物理理论来解释这些现象。他以麦克斯韦电磁场理论为出发点。麦克斯韦曾假设电磁现象实际上是以太中的机械振荡，从机械观物理学中得出了其基本方程。赫兹注意到，在这样做的过程中，麦克斯韦被迫设计了很难计算的机制，并发现通过电场、磁场与电荷之间的麦克斯韦方程组直接表达电磁现象更为简单。然而，对他来说这些关系不能直接来自经验，因而促使他对这些方程的逻辑特征进行探究。1889年，他发表了一个评论，该评论可视为研究物理学新方法的一个方案，这是一个最终取代了机械观的概念。赫兹说："但是，无法用经验直接证明麦克斯韦方程组。因此最合乎逻辑的是，将其看作独立于推导这些方程所使用的方法，并将它们视为一些假设，使其合理性建立在其适用的大量自然法则上。如果我们接受这一观点，我们就可以省去许多辅助思想，这些思想使理解麦克斯韦理论更为困难。"

因此，赫兹有意识地抛弃了在生物观和机械观时期被称为物理学"哲学"基础的东西。他坚持认为，只要掌握了可以计算和预测现象的规律就足够了，然而，人们在日常经验中也很难观察到这一点，所以赫兹只能对麦克斯韦方程式进行进一步思考。1889年，他提出一种新的研究物理学的思想，这种新思想最终取代了机械观的概念。

8. 恩斯特·马赫：物理学一般定律是以简洁形式观察结果的总结

像基尔霍夫和赫兹这样的物理学家对机械观哲学的批判只是以零星和只言片语式进行的。然而还有其他的批判者，他们的批判基于自然和科学任务中非常确切的概念。法国哲学家奥古斯特·孔德提出了社会学理论，即科学发展中的"形而上学"阶段已被"实证主义"阶段所取代。这意味着放弃了对应用诸如生物观和机械观之类的特定类比要求，而在此之后只能以是否以足够简单、逻辑上无可辩驳的形式对经验进行肯定性表达而对理论进行判断。

这种方法是由奥地利物理学家恩斯特·马赫发展起来的，他后来成为爱因斯坦的老师之一。马赫对牛顿力学进行了详细的历史及逻辑分析，并发现它不含任何对人类心智不言自明的原则。牛顿所做的事情就是根据几个简单原则对运动进行观察，从而可以对个体的运动进行预测。但只有牛顿原理所依据的经验是真实的，所有这些预测才是正确的。

马赫特别强调物理理论中的思想简洁与经济的要求：应根据尽可能少的原理，对尽可能多的可观察到的事实进行观察。马赫将此要求比作实际生活中的经济要求，并提到了科学原理的"经济"性质。因此马赫不要求使用特定的类比，而是坚持科学的"经济性"。

此外，马赫不仅批评哲学家试图用牛顿力学建立哲学体系，而且还对其仍保留的中世纪物理学残余进行批判。他指出牛顿的理论包含了不能以可观察量或过程进行定义的表述，如"绝对空间"与"绝对时间"。为了从力学基本定律中剔除这些表述，马赫提出了现在经常被称为科学实证原则的要求：只能使用那些可以从其中推导出可观察现象陈述的命题。

他对牛顿惯性定律的批判很好地阐明了这一要求。如果我们要通过实验来验证这一定律，我们不需要提出这样的问题：物体是否倾向于保持其相对于绝对空间的初始速度的方向？由于绝对空间无法观察，这一问题没有意义。如果我们进行傅科摆实验来证明地球的自转，我们实际上观察到，单摆不是相对于绝对空间，而是相对于天空中的固定恒星保持其振荡面。

因此，根据马赫的说法，所有绝对空间的提法都应从惯性定律中去除，应该这样表述：在没有受到外力的情况下，任何物体都会相对于恒星保持其速度大小和方向。这意味着恒星对每个运动物体产生可观察的影响，这是一种除万有引力定律之外的独立影响。对于地上物体的运动，后者的影响在实践中难以观察到，原因是引力随着相互吸引物体间距离的平方而减小，但如果将恒星看作一个惯性系统的框架，那么惯性定律将决定所有地上的运动。

9. 亨利·庞加莱：物理学的一般定律是人类思想的自由创造

由于马赫等人的批判，很明显，牛顿力学定律和其对所有物理现象的理解，并不是人类理性的要求。然而，许多科学家对马赫宣称的物理学一般定律只是对所观察事实的简单总结并不满意，尤其是对于那些按照数学思路进行思考并具有强大想象力的物理学家来说。例如，声称牛顿万有引力定律只是对行星位置观察结果的简单总结似乎不太充分。在通过望远镜观察行星位置与引力和两物体之间距离成反比之间，似乎还存在较大差距。

19世纪，物理学在这方面的批判，主要来自法国数学家亨利·庞加莱。他关于一般自然定律逻辑特征的著作，与其他类似著作相比，可能对19世纪末的数学家和物理学家具有更大的影响。他为一种新的、逻辑上令人满意的自然概念铺平了道路，他的思想也在爱因斯坦理论的被接受和讨论中发挥了突出的作用。

庞加莱的观点经常被描述为"惯例主义"。据他的观点，科学的一般命题，如关于三角形内角和定理、力学中的惯性定律、能量守恒原理等，都不是关于现实世界的陈述，而是关于如何在几何学、力学和物理学的命题中使用诸如"直线""力""能量"等词语的主观规定。因此，人们永远不能说这些命题中的任何一个是真还是假；它们是人类思想的自由创造，人们只能质疑这些规定或惯例是否合适。

此观念可以通过两个例子来进行解释。我们来讨论一下上述的几何定理：三角形的内角和等于两个直角。根据19世纪的传统，这是一个颠扑不破的命题，是人类推理的产物，同时也是关于对自然界中实际观察到事物的陈述。一方面，我们可以从几何公理（它们"对于人类心灵不言自明"）推导出此命题；另一方面，通过测量实物三角形的角度，我们可以证实这种关系。然而，庞加莱说，如果一个实际三角形是由三根铁杆组成的，并且测量结果显示，角度之和并不恰好等于两个直角，则可以得出以下两个不同的结论之一：几何定理无效，或构成三角形的铁杆不是直线。我们有两个选项，但无法通过实验确定几何定理的有效性。于是，我们可以说几何的命题是主观的规定或定义，而不是关于经验事实的陈述。它们是在我们将杆称作"直线"的条件下建立的。因此，几何定理并不是通常所说的关于空间本质的陈述，而是对诸如"直线"之类词语的定义。

根据庞加莱的观点，力学定律在某种程度上类似于几何学的命题。我们考虑一下以下第二个例子中的惯性定律。验证该定律的可能性，有赖于我们确定物体是否沿直线均匀速度运动。在我们不能做到这一点的时候，惯性定律只能通过诸如以下陈述方式进行表达："当一个运动物体没有受到外力影响时，我们将这种状态称为沿直线匀速运动。"它只是表达"沿直线均匀运动"的定义，或者根据我们在第3和第4节中的讨论，术语"惯性系统"的定义。

因此，一般原理，例如关于三角形内角和定理或惯性定律，并没有描述可观察的现象，而是对诸如"直线"或"沿直线均匀运动"术语的定义。人们需要完善这些定义，以便认识所给定的杆是否具有直线性质以及球是否沿一条直线匀速运动，而布里奇曼将其称为"操作性定义"。这些与物理定律（如惯性定律）一起，构成了可通过经验进行验证的命题体系。

这一概念认为，在科学中探究诸如"力""物质""电荷""持续时间"等物理术语的哲学意义或"本质"是没有意义的。如果允许实验验证的陈述能够从这些术语所在的命题中推导出来，那么使用这些概念就始终都是合理的。除此以外，它们没有意义。由于借助了

"力"和"质量"的术语，牛顿力学能够以简单的陈述描述非常复杂的现象，例如行星的运动，因而这些术语具有科学意义。人们无须对"力"是否可以从"机械观"的立场来解释，或者"物质"是否可以从"生物观"的观点来解释而费神。"力"和"物质"是由人类思维所构想的。

10. 实证主义和实用主义运动

马赫认为科学的一般规定律是对实验事实的简单概括，而庞加莱的观点认为它们是人类思想的自由创造，这两者似乎截然相反。但是当我们思考19世纪最后二十五年的知识潮流时，我们可以看到它们只是同一个运动（通常被称为实证主义运动）的双翼，它主要针对的是形而上学的科学基础。这种观点的支持者断言，科学一般原则的有效性不能通过显示它们与一些永恒的哲学真理一致来证明，而且他们开始探究如何通过科学本身对有效性进行判断。他们发现存在两个可能的标准，一个是经验，一个是逻辑。对于前者，由一般原理得出的可以进行观察的事实，必须得到实验证实；而对于后者，原理和操作性定义必须构成一个实际而一致的体系。对经验还是逻辑准则的强调，决定了一个人站在了这个双翼运动的哪一侧。马赫站在了经验之翼的极端，而庞加莱则处于逻辑侧的极端。所以他们之间没有冲突，只是强调了同一科学方法的两个不同方面。

在19世纪的最后二十五年，实证主义运动在中欧和西欧产生了巨大的影响。中欧的实证主义，主要以恩斯特·马赫为核心，可在维也纳和布拉格的大学中可以找到。但在德意志帝国的大学中几乎没有什么影响力，追随者也寥寥无几。在这个时期，德国完全受到各种版本康德哲学的影响，康德的哲学地位几乎达到了国教的程度。由于德语也是奥地利的主要科学语言，因此中欧实证主义在很大程度上发展成为康德哲学的批判者和对手。由于这个原因，它比庞加莱领导的法国实证主义更好战。

大约在这个时候，美国独立地出现了一场运动，其主要思想路线与欧洲实证主义相关。1878年，皮尔士发表了一篇关于科学陈述之逻辑特点的论文。与马赫和庞加莱一样，他指出，一般命题的意义不能从符合更普遍的形而上学真理导出，而必须从通过观察到的、遵守它们的事实得出。然而，与欧洲实证主义者形成对比的是，皮尔士特别强调了命题作为我们行为基础的作用。因此，人们把他的学说称为"实用主义"。他说："信仰本质上是一种习惯的建立，不同的信仰通过其产生的不同行为模式来区分。"和马赫一样，皮尔斯还对我们从小所受教育中充斥的琐碎形而上学提出了警告。他说："实际情况是，当常识或思想最初出现或出于狭隘的实践之上时，就深深地浸透着一种不好的逻辑性质，形而上学通常应用于这些性质上。"他还强调诸如"力"之类的词语只是表达事实的权宜之策，而关于其"实际性质"的任何问题都是多余且无用的。

在同一文章中，他还指出："我们是否应该说力就是一个加速度，或者它引起了一个加速度，这只是一个语言适当性的问题，与真正的意义无关，就像法语中'il fait froid'（天较冷）相当于英语中'it is cold'一样，意思相同。"

约翰·杜威在1882年发表的第一篇科学论文《唯物主义的形而上学假设》中，显示出一种与马赫非常类似的方法。他驳斥了将所有现象归结为物体运动是对自然的一种解释的观点，他说："首先，它假定了本体论知识的可能性，我们所说的本体论知识是指脱离一系列现象的存在或物质的知识……其次，它假定因果关系的真实性和真正因果关系的可能性。在主张物质引起思维时，它就认为这是一种依存关系而不是承继关系。"

在这里反对唯物主义的斗争并不是为了理想主义哲学服务，正如欧洲和美国大学的普通哲学教授一样，而是完全符合中欧实证主义的观点，这种实证主义以没有足够广泛的科学基础来反对机械观物理学。

从那时起，美国的实用主义发展成为一股强大的运动，在约翰·杜威和威廉·詹姆斯的著作中对其进行了最具特色的表达。与欧洲实证主义的发展形成鲜明对比的是，它更多地致力于人类生活问题，而不是物理科学的逻辑。然而，从纯粹的逻辑观点来看，大西洋两岸的基本趋势是相同的。中世纪的哲学解释思想与对生活至关重要之事实的实际表述形成鲜明对比，从而使其声望进一步丧失。从科学的逻辑基础出发，形而上学发展成为满足情感需求的手段。

11. 19世纪末的科学观

在机械观物理学的黄金时代，人们普遍认为，在其应用之外，存在着不可知和难以理解的领域，因为"理解"意味着"通过与一个机构类比进行表达"。1872年，德国科学家埃米尔·杜·博伊斯-雷蒙德，在其著名的"我们对自然认识的极限"讲话中，说"理解"意味着"归结到牛顿的力学定律，作为其论断的出发点，然后认为这是不言而喻的"。他指出了两个不能归结为力学的重要科学问题。第一个问题是"力在空间中作用时到底会发生什么情况"；第二个问题是"人类大脑中的物质可以思考和感受是怎样发生的"。由于这些问题的答案显然不能在机械观物理学框架内得到，他得出的结论是，存在人类知识无法触及的"无解问题"。对于这些问题，我们应该说"ignorabimus"（"我们永远不会知道"）而不是"ignoramus"（"我们不知道"）。"ignorabimus"一词成为整个时期的口号，这是科学上挫败主义的口号，它使这一时期的所有反科学势力倍感高兴。到了19世纪末，人们发现越来越多的物理学和生物学事实无法用力学定律解释或不遵守这些定律，其结果是"ignorabimus"口号很快就转化为更激进的"科学破产"口号。

各种社会事件加剧了这种理性科学思想的挫败感。科学，即以机械观物理学精神为指导的科学，曾经在18～19世纪期间使人们相信可以不断取得进展。如果人们只按照科学的教导而不是按非理性的迷信行事，那么人类就会从一切需要中解放出来。这种信仰在政治上表现为自由主义。然而，在19世纪末期，越来越清晰的是，基于科学与信仰进步的尝试未能成功地消除大批人口的经济上的痛苦，或者消除个人的心理上的痛苦。因而，出现了一种表达出对科学理论和实践令人失望的绝望感觉。这与自由主义一起，产生了新的政治潮流，它们有自己不同于机械观的科学概念。产生了一种回归中世纪生物观科学的趋势，并由此产生了极权社会主义，这成为后期各种形式法西斯主义的细胞萌芽。以卡尔·马克思为代表的另一场运动，试图将"机械观"唯物主义转变为"辩证"的唯物主义，并由此产生了20世纪的共产主义。

不可否认的是，科学仍然是技术进步的基础，但相信，像教会对哥白尼世界体系所做的那样，通过进行以下表述可以对其进行贬低：机械观自然科学只是给行为提供了一个有用的指导，但不是自然的真知。1900年左右，法国哲学家和科学历史学家阿贝尔·雷伊，对这种知识分子充满绝望的文明社会所面临的危机，进行了非常尖锐和辛辣的描述。他说：

"如果这些在历史上具有根本性解放作用的科学在危机中倒下，只留下技术意义上有用的信息，但剥夺了它们与认知自然相联系的各种价值，这必定会带来一场彻底的革命。我们归因于物理学的思想解放，就会是一个最致命的错误观念。我们必须引入另一条路线，并相信主观直觉和现实的神秘感。"

对于因机械观自然科学的崩溃而带来的这种科学危机存在两条出

路。意大利人阿利奥塔在他的著作《反对科学的理想主义反应》中，以一种非常震撼人心的方式对这种情况进行了描述：

"在这种自满的不可知论中，思想就能够安息了吗？有两种路线可以避开这种无法忍受的情况：要么转向心灵的另一种功能（除了智力），要么通过证明问题的产生是由于错误的观点和错误的科学概念，从而将其完全消除。两种路线都已经尝试过了。一方面，通过回归费希特的道德主义和浪漫主义者的唯美主义，尼采的叛逆天才为其注入了新的生命，意志作为一切价值和不受约束审美直觉的创造性源泉凌驾于智慧之上。另一方面，对力学概念的基础及其主要工具——几何直观性和数学计算——进行探索性研究。科学家自身在发现新的能量原理和超几何学概念推动下所进行的这种分析，导致在构建科学定律与原理时将重点放在积极的思维工作上。"

这里提到的第二个选项是实证主义和实用主义倡导者所持的观点。他们摆脱"科学破产"困境的方式是，宣称机械观科学所形成的问题必然导致科学进入死胡同，它没有正确定义科学的目标。那些不可获得的东西（对此提出了令人失望的"ignorabimus"解决方案），曾被认为是一个幻影，其实是一个与科学无关的幻想。通过对真正成功的科学方法的分析，欧洲的马赫和庞加莱，美国的皮尔斯和杜威等人已经表明，观察结果是否用某种首选的类比来表达并不重要，重要的是科学陈述是有用的；具体语言和为其形成的公式并不重要。因此，随着在实证和实用意义上对科学目标的定义的清晰，已经可以非常清楚地知道：19世纪末并不代表科学危机，而是科学向其目标不断进步的一个阶段，该目标就是创制用于预测和控制现象的工具。

从某种意义上说，这种具有世纪之交特征的实证——实用主义运动，属于反对高估智力作用的一系列运动。拉尔夫·巴顿·佩里教授说得很对：

"许多最复杂的反智主义形式，同时也是我们这个时代最具特色的形式，现在已被普遍称为'工具主义'，当前以美国的詹姆斯和杜威一派为代表……根据这种观点，智慧不是一种神谕而是一种实用的工具，可以通过其成功与否来判断。"

尽管如此，新运动无论称为实用主义、实证主义还是工具主义，只要有人警告不要把无意义的问题塞给知识分子，都可以看作具有反智色彩。拥趸们说，智力无法揭示现象背后的形而上学现实。但这并没有削弱智力的作用，因为谈论这样一个形而上学的现实对科学没有意义。这是无效的，只会导致混乱。现在虽然我们还不能制定出揭示一般原则的蓝图，但科学所指的"工具"的创制只能通过智力来实现。发现定律（如能量原理或惯性定律等）是天才的工作，就像创作交响乐曲一样。但是，当一般规律被阐明之后，理性的功能就是以巧妙的方法将其意义向众人阐明。只有智力才能检验原理并对其真实性进行判断，也就是说，它是否对实现科学目标具有价值。

19世纪就这样结束了，对科学揭示现象背后的终极现实之能力的信心动摇了，但取而代之的是让人感觉清醒、安慰的实证主义，科学已经变得更加灵活，并为从未梦想过的更大胆的新任务做好了准备。在智力被轻视而行动被重视的衰微期，像地平线上出现了一道银光那样出现了一个希望，那就是更敏锐的逻辑分析将在巧妙运用智力的基础上带来一种全新的科学形式。20世纪迎来了这一科学曙光。

第三章

物理学新纪元的开始

1. 伯尔尼的生活

　　从两方面来看，爱因斯坦在伯尔尼专利局任职是他人生的一个转折点。他开始从事一项能使他经济独立的工作，并用义务性的活动来充实自己的生活，同时他还建立了自己的家庭。对大多数人来说，这两种情境构成了他们生活中最重要，往往也是唯一的内容。对于爱因斯坦来说，无论是职业活动还是家庭，对他来说都没有多大意义。这些活动有时会让爱因斯坦觉得有所放松，但是他并不满足于它们。

　　从某种意义上说，爱因斯坦一生都是非常孤独的。他在音乐和数学、物理中寻求宇宙的和谐，并且一生都致力于这两个领域。只有在影响到他朝着这一目标前进时，其他的事情对他来说才是重要的。他寻找可以同他一起演奏音乐或者讨论有关宇宙的想法的朋友，然而他不喜欢和朋友们过于亲密，以免他们以任何方式干涉他的自由。他富有吸引力、坦诚、诙谐的性格使他很容易就可以结交许多朋友，但他对孤立的偏爱以及他对艺术和科学生活的专注使许多人失望，并使他疏远了一些曾经或者至少相信自己是他的朋友的人。在他的一生中，我们一再发现这种反差决定了他与周围环境的关系。

　　很久以后（1930年），他本人非常精确、清晰地描述了这种性格特征：

　　"我对社会正义和社会责任的兴趣很强烈，而我对人际交往，与男人和女人直接交往的意愿很冷淡，这两种感觉形成了强烈的对比。我是一匹单套具的马，不适合双人组合或团队合作。我从来没有全心全意地属于任何国家或州，以及我周围的朋友，甚至是我自己的家人。这些关系总是伴随着一种模糊的冷漠，随着年龄的增长，想要回归自我的意愿也越来越强烈。这种孤立有时是痛苦的，但我并不后悔因为自己的性格而不被别人理解和同情。我确实因此失去了一些东西，但我得到了补偿，因为我摆脱了他人的习俗、观点和偏见，我不想把内心的平静寄托在这种变化不定的因素上。"

虽然爱因斯坦不喜欢从别人那里寻求太多的刺激，但是他也不喜欢在不和别人接触的情况下独自发展自己的思想。为了能够畅所欲言，他常常喜欢有同伴在身边。即使在他职业生涯的早期，他也喜欢在别人身上证实自己的想法，看看他们对自己的想法有何反应。

在伯尔尼，他在这方面的主要伙伴是一位名叫米歇尔·贝索的意大利工程师。他比爱因斯坦年长一些，是一个具有批判精神和高度紧张气质的人。他经常能够针对爱因斯坦的公式提出相关的批评性评论，并且对爱因斯坦的那些新颖而惊人的思想做出有力的回应。他经常这样评论爱因斯坦的新想法："如果它们是玫瑰，它们就会开花。"在爱因斯坦和贝索的周围聚集了一小群对科学和哲学感兴趣的人，他们经常见面讨论这些问题。

2. 哲学兴趣

由于爱因斯坦主要对物理学的一般定律感兴趣，或者更确切地说，对从一些原则中逻辑性地推导出我们经验中不可预估的领域感兴趣，他很快就接触到哲学著作中通常要解决的一系列问题。与一般的专家不同，他并没有停下来询问这些问题是否属于他的领域，或者是否可以将其解决方案留给哲学家。

爱因斯坦根据两个观点来阅读哲学著作，这些观点有时是相互排斥的。他阅读一些作者的作品是因为他实际上能够从他们那里学到一些关于一般科学陈述的本质的东西，特别是关于它们与我们用以表达直接观察的规律之间的逻辑联系。这些哲学家主要是大卫·休谟、恩斯特·马赫、亨利·庞加莱，以及在某种程度上是伊曼努尔·康德。然而，康德把我们带到了第二个观点。爱因斯坦喜欢阅读一些哲学家的著作，因为他们用优美的语言或多或少地对各种事物做出肤浅而晦涩的表述，这些表述就像美妙的音乐一样，往往能唤起一种情感并引发人们对世界的遐想和沉思。叔本华显然是这一类的作家，爱因斯坦喜欢读他的著作但并不把他的观点当回事。他还将像尼采这样的哲学家包括在这一类别中。爱因斯坦读这些人的著作，正如他有时所说的那样，是为了"教诲"，就像别人听布道一样。

爱因斯坦认为对他帮助最大的是哲学家大卫·休谟，他通常被称为"苏格兰启蒙运动的代表人物"。爱因斯坦最喜欢休谟的地方在于，他的表述清晰到无可超越的程度，而且他避免了任何给人深刻印象的模棱两可的意图。休谟指出，只有两种方法可以用于科学：经验和数学逻辑推导。他是逻辑经验主义方法之父，如果形而上学的辅助概念不能通过经验和逻辑推导来建立，他就会拒绝这些概念。最著名的例子是休谟对因果关系的普遍概念以及归纳法（从几个特定的例子中推导出一般规律的方法）的批判。

当我们观察到一块石头A撞击另一块石头B并使其运动时，我们通常将这种情况表述为：石头A使得石头B运动。根据经验，我们只能确认这样一个事实：每当A撞击B时，B就开始运动。在休谟之前，人们常说这种联系是必要的。然而，在物理学中，"必要"这个词除了"有规律地联系在一起"之外没有任何意义。此外，如果我们希望把"必要"一词引申为"原因"，在另一种更高的层次上，我们所主张的东西是任何观察都不能证明的。每一次的观察都只表明当B受到A的撞击时，B的运动是否有规律地紧随其后，但从来没有人可以用这样一句话来表达："B的运动必然随着其与A的碰撞而发生。"

根据休谟的理论，解释一个现象的因果关系只意味着陈述它发生的条件。休谟的这一结论，即科学只知道自然现象和过程的规律性，而对任何超越这一规律的"因果关系"却一无所知，这对于爱因斯坦的科学思想而言具有重大的意义。后来针对爱因斯坦的许多争论，从根本上说是针对休谟的。我们将看到，他对"英国启蒙哲学"的坚持在后来被德国民族主义者用以诋毁他。它被用来把爱因斯坦的理论与自由主义的政治哲学联系起来，从而加以批判。

休谟的一些思想也出现在中欧实证主义领袖恩斯特·马赫的著作中。除了休谟，马赫是对爱因斯坦影响最大的哲学家。特别重要的是，马赫对牛顿力学中的中世纪物理学残余的批判，这在上一章的第8节已经讨论过了。马赫批评说，"绝对空间""绝对时间""绝对运动"等表述不能以任何方式与物理观察联系起来，这是爱因斯坦用自己的运动理论取代牛顿运动理论的出发点之一。在许多情况下，"马赫假设"对于新理论来说都是一个很好的出发点。根据这种"假设"，对于每一种物理现象，必须在其他可观察到的现象中寻找其发生的条件。后来，"马赫假设"帮助爱因斯坦推进了他的新引力理论。

另一方面，爱因斯坦并不特别赞同他所谓的"马赫主义哲学"，他所说的"马赫主义哲学"指的是马赫的学说，即物理学的一般定律只是实验结果的总结。爱因斯坦认为，这一概念没有充分说明一般规律无法从经验中推断出来的事实。在爱因斯坦看来，它们需要通过经验来检验，但它们的起源要归功于人类思维的创造能力。

在康德的著作中，爱因斯坦高度重视这一点。康德的主要观点是，科学的一般规律不仅包含经验的结果，还包含人类理性所提供的要素。另一方面，爱因斯坦并不赞同康德的观点，即人类自身的理性就可以产生重要的自然规律，因此有一些永恒有效的规律。爱因斯坦喜欢阅读康德的著作，因为通过康德，他了解了休谟的许多思想。爱因斯坦和康德的观点在强调人类思维的作用方面是相似的，但这种相似更倾向于情感上的相似。

3. 相对论的基本假设

在上一章第5节已经提到，迈克尔逊的实验把光的以太理论引入了一条死胡同。迈克尔逊曾试图测量地球在穿过以太时的速度，但得到的速度值为零。

这个实验的主要思想可以这样解释：我们知道，在河岸的两点之间，一个游泳者游到上游比游到下游要花更长的时间。事实上，通过测量两种运动速度，我们可以很容易地计算出游泳者和水流的速度。根据机械论观点，光线应该以与游泳者在水流中完全相同的方式穿过以太，并且在"以太流"中传播的光相对于运动着的地球的实验应该是与在河岸上对游泳者的观察相当的。因此，通过与"以太流"同向运行或反向运行的光速的测量使得我们能够计算地球通过以太的速度。然而，用这种简单的形式来验证这个基本概念是行不通的，因为光速非常之快——每秒186282英里（约合每秒30万千米）——但迈克尔逊设计了一种方法，可以比较沿着两条定义明确的路径运动的光的速度。他的方法是测量光束的时间差：光束从点S传播到与地球在以太中运动同向的镜子M，然后沿着相反方向返回S的时间，和另一束光从点S传播到垂直于运动的方向的另一个镜子N并返回S的时间，镜子N和镜子M到S的距离相等。如果机械论的观点是正确的，第一束光应该比第二束光用时稍长一些，并且利用迈克尔逊的灵敏装置测量，即使地球通过以太的速度只是地球绕太阳公转速度的一个小的部分，该时间差异也应该是可观察的。然而，这两种时间并没有明显的差异。

如果我们拒绝假设地球在以太中始终保持静止——这将与其他观测结果相矛盾——那么，我们从迈克尔逊的实验中唯一可能得出的结论就是，预测结果所依据的假设一定是错误的。然而，这个假设是光的机械理论本身。

　　爱因斯坦得出了一个激进的结论，并建议完全放弃光是以太介质中的一个过程的假设。他没有根据光的以太理论探究光和运动的相互作用的结果是什么，而是探究从实际观察中得知的光和运动相互作用的主要特征是什么。他把这些特征浓缩为一些简单的定律，然后探究如果沿着逻辑和数学链发展，可以从这些定律中得到什么。

　　迈克尔逊实验和其他人所做的类似实验表明，光学现象不能被视为以太中的机械现象，但它们确实具有与机械现象相同的非常普遍的可观测特征。这是爱因斯坦在相对论原理中发现的物质运动和光传播的共同特征。

　　正如我们在上一章的第4节中所看到的，牛顿力学包含一个相对论原理，该原理表明任何物体相对于惯性系统的未来运动可以从其初始位置和其相对于该系统的速度来预测，而不涉及任何惯性系统本身的运动。

　　现在，如果我们不考虑以太的存在，迈克尔逊实验的无效结果意味着，即使不知道以太相对于天体的速度，也可以通过实验室的实验设置来预测结果。由于对其他光学现象也可以作类似的陈述，爱因斯坦提出了将牛顿力学的相对性原理扩展到包括光学现象在内的以下形式："在不知道宇宙中实验室的速度的情况下，未来的光学现象可以从相对于在其中进行实验的实验室的实验条件中预测出来。"因此，根据爱因斯坦的理论，机械定律和光学定律之间的联系不是基于光学到力学的简化，而是基于同一个普遍规律对两者都适用的事实。

　　除了相对论原理，爱因斯坦还需要第二个原理来处理光与运动之间的相互作用。他研究了光源运动对其发出的光的速度的影响。从以太理论的角度来看，不论光源是否运动都没有区别，这是不言而喻的；光被认为是以太中的机械振动，它相对于以太以恒定的速度传播。这个速度仅取决于以太的弹性和密度。

放弃了光的以太理论，爱因斯坦不得不把这个定律重新表述为关于可观测事实的陈述。存在一个参考系统F（基本系统），光以相对于该系统的特定速度c传播。无论光源相对于基本系统F的运动速度是多少，发出的光都以相对于F的相同的特定速度c传播。这种说法通常被称为"光速恒定定律"。

通过对双星的观测，从经验上证实了光速的恒定性。它们是质量近似的恒星，它们靠近并绕着彼此旋转，并为天文学家所熟知。如果光的速度取决于光源的速度，那么当恒星旋转时，光线从靠近地球的一颗恒星到达地球所需的时间将短于光线从远离地球的另一颗恒星到达地球所需的相应时间。对两束光的分析表明，光源的速度对其没有明显的影响。

4. 爱因斯坦两大假设的推论

爱因斯坦工作模式的一个特点是，从他的基本原理出发，把所有合乎逻辑的结果推导到极限。他指出，从这些看似无害且可信的假设中，经过严格的推导，得出的结果似乎非常新颖，在一定程度上甚至"令人难以置信"。从这些结果中，他又继续其他研究，这些结果不仅看起来不可思议，甚至被说成是矛盾且荒谬的，也不符合健全的逻辑与心理学。

目前有成千上万篇论文试图向普通大众解释爱因斯坦的理论。这本书的目的不是要深入探讨他的理论的所有细节，而是要描述爱因斯坦的性格和他与环境的关系。但是，有必要在一定程度上引入他对科学发展的贡献，以便让读者了解与其他科学家相比，他攻克科学问题的方式。特别是我们应该试着理解这件事情是如何发生的，即他的理论不仅激发了物理学家的兴趣，而且也激发了哲学家的兴趣，从而间接地激发了公众的兴趣，他们对科学问题仅有些微的兴趣，却影响了我们这个时代的知识生活。

根据这两个基本假设，爱因斯坦不仅得出光的机械理论是错误的，甚至连物质对象的牛顿力学也不能普遍成立。如果我们追溯到爱因斯坦16岁时对光的性质进行推测的方式，便很容易理解他得出的这一结果了。

当爱因斯坦还是个学生的时候，他就想象过如果一个物体能以光速运动，将会发生什么了不起的事情。让我们考虑光学实验的基本系统（F）以及相对于F以恒定速度（v）运动的实验室（L）。假设在F中有一个光源（R）处于相对静止状态，一束光从中以速度c沿着与实验室（L）运动方向相同的方向传播。现在，如果实验室（L）的速度（v）等于光速（c），那么，根据牛顿力学，光相对于实验室将是静止的。在L中没有振动记录。由于光相对于L没有运动，所以在L中没有光，并且不能进行通常的反射和折射实验（图1）。

当然，可以想象的是，在这种快速运动的系统（L）中，不再存在任何普通意义上的光学现象。然而，这种情况与爱因斯坦的光学相对论原理是不一致的。因为根据这个原理，无论实验室的速度（v）是多少，所有光学实验都应该得出相同的结果。

如果我们直接比较爱因斯坦在光的以太理论领域的两个原则（相对论和恒定性）的结果，也会遇到同样的困难。我们再次考虑一个相对于基本系统（F）以光速（c）运动的实验室。假设在L中设置一面镜子用来反射在L中处于静止状态的光源发出的光束。对于L，这种反射只是光被相对静止的镜子反射的普遍现象。然而，根据恒定性原理，如果我们假设光源在F中是静止的，那么什么也不会改变。然而，由于光和镜子以相同的速度（c）在同一个方向上运动，光束永远不会被反射。光线永远不能追及镜子。因此，实验室的速度又会对其内部的光学现象产生影响，从而与爱因斯坦的相对论原理相悖。

如果我们接受爱因斯坦的两个基本假设，那么根据上述考虑就可以得出结论：实验室（L）相对于基本系统（F）不可能以光速（c）运动，因为如果这是可能的，相对性原理就是无效的。或者，由于实验室是与任何其他物质一样的物质实体，因此没有物质实体能够以光速（c）运动。

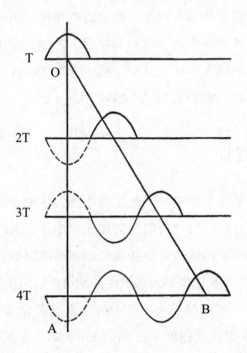

图1

　　这张图代表在以太中沿水平方向传播的光波。如果T是光的半周期，第一条线则表示在从光源R发射后的时间T时波的状态。其他的线分别表示同一波传播2T、3T和4T后的状态。如果一个设备被放置在以太中的一个固定位置，它将在随后的时刻T、2T、3T和4T时记录波的状态（沿着线OA）。这些状态由中断的线表示。它们表示振动。但如果配准装置沿波传播方向以光速运动，则沿OB方向记录波的状态，用粗线表示。很明显，运动的仪器没有记录到振动。简而言之，对于以光速运动的记录仪器来说，没有光。

　　这个结论起初看起来似乎有些荒谬。我们有理由认为，任何速度都可以通过不断地增加速度增量（即使很小）来达到。因为，根据牛顿力学定律，每一个力都赋予物体一个附加的速度，物体的质量越大，附加速度就越小。只需要让一个力（无论它有多小）在物体上作用足够长的时间，它的速度可以增加到任意大小。这种情况说明爱因斯坦原理与牛顿力学是不相容的，前者对物质实体的光速要求是不可能实现的，而后者则提供了这种可能性。

因此，在爱因斯坦力学中，光速在真空中起着非常特殊的作用。它是一种任何物质实体都无法达到或超过的速度。因此，我们发现机械现象与光学现象之间存在着密切的联系。此外，鉴于这种情况，在没有进一步限定的情况下谈论"小"或"大"的速度变得有意义。这意味着与光速相比，速度较"小"或较"大"。

5. 时间的相对性

爱因斯坦的基本原理不仅产生了与牛顿力学相矛盾的结果，它们还致使我们对"空间"和"时间"的使用发生了巨大的变化。物理学定律包含了关于现象的陈述，这些现象的影响可以通过测量棒和时钟来观察，并且可以从爱因斯坦的假设中推断出它们的很多特征。

让我们思考一下类似于上一节中的情况。实验室系统（L）相对于基本系统（F）以恒定速度（v，小于c）运动。在实验室（L）中，与光源（S）距离（d）处设有镜子（M），因此来自S的光传播到M后被反射，并且返回到S，所以光线SM的方向垂直于L相对于F的速度方向。用附加到L上的标尺测量，光线从光源（S）到镜子（M）并返回时必须传播距离$2d$，但是通过附加到F上的标尺测量的路径会更长，因为镜子（M）相对于F是运动的。令该路径的长度为$2d*$。为简明起见，用代表比率$d/d*$，该值是易于计算的。它不需要比毕达哥拉斯定理更丰富的数学知识，它的表达式是 $k = \dfrac{1}{\sqrt{1 - \dfrac{v^2}{c^2}}}$。

当v小于c时，大于1。如果v与c相比非常小，则并不比1大多少，但是当v接近c时，会变得非常大。

为了确定k对v的依赖性，我们必须考虑光从光源S传播到镜子M并返回到S所需的时间。实验室（L）中需要某种时间测量装置，例如墙上的时钟、桌子上的怀表、悬挂在天花板上的钟摆或沙漏。光从S出发至其返回的时间间隔是以时钟或手表的指针转过一定角度、钟摆产生一定数量的振荡，或者沙漏中穿过一定量的沙子所需要的时间来衡量的。时间单位是时钟或手表的任意角度，钟摆振荡的任意数量，或任意数量的沙子。

现在，光速的恒定性意味着光线传播的距离除以所用时间得到的商等于常数（c），无论光源的速度（v）是多少。如果我们用附加到L上的标尺来测量它，则距离的值是d，如果我们使用附加到F上的标尺来测量，则距离是d^*。因此，如果使用附加到L上的标尺测量时，我们用t来表示光从S传播到M再返回所需的时间间隔，当使用附加到F上的标尺时，我们用t^*来表示光从S传播到M再返回所需的时间间隔，我们有$c=2d/t$以及$c=2d^*/t^*$，因此$t/t^*=d^*d^*=k$（图2）。然而，这意味着测量结果依赖于k，因此也取决于v。实验室（L）相对于系统（F）的速度越多，光传播到镜子并返回时，时钟的指针转过的角度就越大。与钟摆和沙漏类似，振动的次数和沙子数量也越多。因此，通过测量这个时间间隔，在L中的观察者应该能够根据仅在该实验室L中进行的观察来确定速度（v）。然而，这与爱因斯坦的相对论原理相冲突。

这种矛盾源于一种基于牛顿绝对时间观念的传统假设。根据牛顿的说法，无论它们的速度如何，所有时钟、手表、沙漏和任何其他时间测量设备的功能都完全相同。特别是，实验室系统（L）中的时钟转动速率与牢固连接到基本系统（F）的时钟完全相同。如果是这样，t就必须与t^*相同。另一方面，我们从爱因斯坦的两个假设得出$t^*=kt$。这意味着时间t^*与t不同，并且其差异取决于v。由于取决于v，计时器的速率取决于其运动的速度（v）。因此，如果爱因斯坦的假设被接受，那么必须放弃传统的假设，即计时器的速率与其运动速度无关。为了建立与爱因斯坦的假设一致的光和运动理论，我们必须假设实验室（L）中的时钟比基本系统（F）中的时钟慢，这个速率取决于L相对于F的速度（v）。然后，当F中的时钟指针旋转角度（α）时，L中的时钟指针旋转较小的角度α/k；而F中的钟摆振荡n次，L中的钟摆仅产生n/k次振荡；当q盎司的沙子穿过F中的沙漏时，只有q/k盎司的沙子穿过L中的沙漏。因此，由任何连接到L上的时间测量设备测量的光从S传播到M并返回的时间间隔只取决于L的速度（v），而不是我们使用的特殊设备。

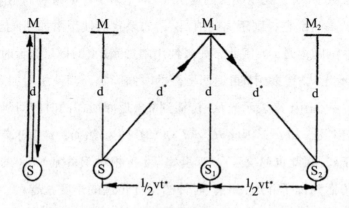

图2

光源S和镜子M以相对于以太相同速度v运动，而光自身以速度c运动。左图显示了从S射出并由M反射回S的光线。线SM是在屏幕上S和M之间运动的光线轨迹。根据相对论原理，相对时间为$t=2d/c$。右图显示了在以太中相对静止，并且不参与S和M的运动的屏幕上相同光线的轨迹。根据恒定性原则，我们得出$t^{*}=\dfrac{2d^{*}}{c}$。如果我们考虑直角三角形SM_1S_1，它遵循毕达哥拉斯定理，即$(d^{*})^{2}=d^{2}+\left(\dfrac{vt^{*}}{2}\right)^{2}$。如果我们用相对性原理的结果$d=ct/2$和常数$d^{*}=ct^{*}/2$来代入，我们得到$\dfrac{t}{t^{*}}=\dfrac{x}{\sqrt{1-\dfrac{v^{2}}{c^{2}}}}=K$。

　　因此，从爱因斯坦的两个基本假设中可以推论出一个与传统观点不一致的全新的计时器属性。一个运动的时钟，无论构造如何，其转动都会比相对静止的相同时钟慢。这是一个物理事实，可能是对的，也可能是错的，但没有任何"自相矛盾"之处。

　　爱因斯坦甚至提出了一种可以对这种论断进行直接验证的方法。

他指出原子可以用作自然时钟，因为它们发出一定频率的电磁波。这些振荡频率可以作为原子的自然时间单位，实验室中相对静止的一组原子的频率可以与另一组以较大速度运动的原子的频率进行比较。频率的比较可以通过光谱图进行。原子发出的一定频率的辐射在照片底片上形成不同的光谱线，光谱线的位置依据频率的大小排列。如果将运动原子的谱线与静止原子的谱线做轻微的低频偏移，爱因斯坦的结果将得到验证。实际上，这个实验是在1936年由纽约贝尔电话实验室的艾夫斯进行的，其结果是积极的。

当然，这种效应必须与所谓的多普勒效应区分开来，多普勒效应也是由于原子运动引起的辐射频率的变化。然而，爱因斯坦效应与原子的运动方向无关，而多普勒效应则主要取决于方向。如果原子的运动方向与阻挡光线的镜子或屏幕的速度方向相反，则偏移具有最大值。

当爱因斯坦指出人类心脏的跳动也是一种时钟，而且它的跳动速度一定也受其运动的影响时，人们被震惊了。假设一个人在F中相对静止，他的心跳速率为每分钟70次。如果这个人相对于F以速度v运动，那么他的心脏每分钟只会跳动70/k次。但必须记住，70/k是由一个固定在F上的时钟测得的。如果通过与人一起运动的时钟测量，这个时钟本身将转动得更慢，心跳将会是70次。因为相同的延迟同样影响到身体的所有代谢过程，可以说，相对于系统L运动的人的"年龄"小于停留在系统L中的人。这种情况听起来可能很新奇，但它不能充分解释这种新的物理理论给大众留下的印象。因为存在一种印象使得我们对宇宙的所有思考都受到了严重的冲击。

1912年秋天，我第一次意识到爱因斯坦的"时间相对论"即将轰动世界。当时，在苏黎世，我在维也纳的一家日报上看到了"危急时刻，数学科学界的震惊"这样一个标题。在一篇文章中，物理学教授向一位惊讶的公众解释说，通过前所未有的数学技巧，一位名叫爱因斯坦的物理学家成功证明，在某些条件下，时间本身可以收缩或扩张，有时可以更快，有时则更慢。这一思想改变了我们对于人与宇宙关系的整个概念。人来人去，时代流转，但时间的流逝仍未改变。因为爱因斯坦，这一切都结束了。时间的流动本身是可以改变的，而这是通过一个"数学"技巧实现的。对大多数人来说，这似乎是无法理解的。令有些人感到高兴的是，如此荒谬的事情都可能发生，而一向不受某些人欢迎的传统科学遭受了这样的失败。另一些人感到烦恼，认为会发生与所有常识背道而驰的事情。人们倾向于认为这是数学家们的幻想，或者是作者想要引起轰动的一种夸大其词。无论如何，令人兴奋的是，这样的事情可能会发生，我们这一代人被选中见证宇宙基础被颠覆。

这样的事情某种程度上令人兴奋，另一种程度上又荒谬可笑，它是如何归因于爱因斯坦的理论的？我们从上面的阐述已经看到，它实际上是一个关于用明确的物理装置完成的、具体的、可观察的事件的陈述。为什么人们喜欢用一种半神秘和不全面的语言来表达爱因斯坦关于物理实验的明确推论？

原因在于，爱因斯坦不仅断言了以前未知的物理事件的存在，而且还建议用最简单的语言来描述这些新现象。物理学中通常的表达方式旨在尽可能简单地呈现早已为人所知的现象。对于爱因斯坦来说，这种传统的物理语言被证明是太不方便和复杂的，无法表达新发现或预测的现象。

在普通物理学中，一个事件的持续时间是由时钟指针的转动或钟摆的摆动次数来决定的。只要人们相信这样一个机制的功能不受其运动的影响，这就是一个明确的定义。但是如果爱因斯坦从他的假设中得出的推断是正确的，那么对于相同的物理事件，通过运动的时钟可以得到不同的时间间隔。如上所述，光从光源（S）传播到镜子（M）并返回到S所需的持续时间取决于该间隔是由基本系统（F）中相对静止的时钟测量或是由实验室（L）中的一个相对于F以速度v移动的时钟测量。

为了最简明地表达这种情况，爱因斯坦提议在没有进一步限定的情况下不再说"事件的持续时间"，而是说成"相对于特定参照系的持续时间"。他指的是在这个特定参照系上牢牢固定的一个时钟的帮助下所测量的持续时间。与其他"明显持续时间"相比，物理条件并没有提供依据来优先选择其中一种测量方法，并将其描述为"实际持续时间"。因为，根据相对论原理，只要使用相对于L静止的时钟测量，在实验室中发生的特定的持续时间应该与实验室的速度（v）无关。但是，毫无疑问，人们可以被迫接受爱因斯坦的提议。人们还可以这样来描述上述情况："事件的真实持续时间是通过特定参考系统的时钟测得的持续时间。由于时钟速率被刻意改变，每隔一段时间只是一种幻觉。"除了引入一个特定的参考系统之外，这个陈述对可观察的事实表达了完全相同的含义，这在物理上是不必要的。

许多书的作者用一种看似明显而深刻但实际上毫无意义的表述来诠释爱因斯坦清晰而明确的表述："爱因斯坦说过，时间有时过得快，有时过得慢。"的确，说时间流动是一种只在一定程度上适合于描述物理现象的修辞手法。说到"更快速的流动"就是严谨地对待一个简单的比喻。如果我们区分关于新物理事件的陈述和对一种新表达方式的提议，我们就能表述阐明"时间相对性"的确切含义。它的意思是说：如果我们使用"特定参考系统的时间间隔"的表达方式，我们可以用比传统表达方式"没有指定的时间间隔"更简单的方式描述这种现象。爱因斯坦的时间相对论是语义学的改革，而不是形而上学的改革。

6. 其他物理概念的相对性

如果对用测量棒测量的"空间间隔"进行一项类似于钟表测量的时间间隔的研究，标尺的长度也必定受其运动的影响。因为我们已经熟悉获得这种结果的方法，我将不再详细说明这一点。我将只陈述爱因斯坦的提议，即相对于静止的棒，由于运动的测量棒长度发生变化，人们应该只谈论"相对于特定系统的长度"，而不是"长度"本身。

爱因斯坦基本假设的另一个结果是，相对于特定的参照系，能更好地表述"两个事件在不同的地方同时发生"。在芝加哥的观测者可以同时从距离芝加哥相等距离的两个点接收无线电信号。他会说，这些信号是同时发出的，但如果是根据传统的时钟发出的信号，那么在行驶的火车上接收相同信号的拦截器就不会同时接收到这些信号。因此，爱因斯坦提出，"同时"一词同样只能在"相对于特定的参考系"的组合中引入，这将再次推动语义学的改进。没有规范的"同时性"是一种几乎没有实际用途的表达。

根据连续性法则，对于速度接近光速的粒子，牛顿力学也必然是无效的。爱因斯坦很快发现他的假设可以用于一项非常重要的任务。它们变成了一种从物理定律中推导的工具，这些定律只适用于小速度定律，而小速度定律通常适用于所有速度。正如我们已经了解到的那样，从爱因斯坦的两个假设可以得出，牛顿力学定律不可能适用于高速运动。因为如果是这样的话，即使通过一个很小的恒定的力，也可以使一个物体逐渐加速，直到它达到光速。

爱因斯坦从该假设出发推论，对于小速度（即速度远小于光速 c），每个物体都按照牛顿运动定律运动。通过应用上述方法，爱因斯坦成功地从牛顿定律推导出高速运动定律。以这种方式可以得出一个相当惊人的结果，即物体的质量不是恒定的，如同持续时间和测量杆的长度，它取决于其速度。质量随着速度的增加而增加，当速度变得非常大时，质量也变得非常大。速度越接近光速，给定的力在实际速度中产生的作用就越小。因为这个原因，无论一个力对它的作用有多大，作用时间有多长，没有一个粒子能真正达到光速。

从电磁现象的角度出发，爱因斯坦又一次得出了电场强度和磁场强度也是"相对量"的结论。对电场或磁场强度的每一种有用的描述不仅必须包含它们的大小，还必须包含测量它们的系统。

这样做的必要性是显而易见的。当电荷在L中相对静止时，它仅具有"相对于L"的电场。由于静止时的电荷不产生磁力，因此没有相对于L的磁场。然而，当相对于F描述相同的情况时，电荷以速度v运动，这意味着有电流产生。由于每一种电流都存在一个磁力，所以说存在"相对于F"的磁场是恰当的。当然，这些场的存在是物理事实。但"相对于L"和"相对于F"而言，它们的描述是不同的。

7. 质能等价性

从同样的假设中，爱因斯坦还得出了另一个结论，起初人们很难相信它包含在其中。如果团块在动能或辐射的作用下形成团聚或分解，则团聚或分解后的团块总和比之前小。产生的能量由$E=mc^2$给出，其中m是质量损失。这一陈述可被看作是"质量转化为能量"定律。在从质量到能量或从能量到质量的转换过程中，如果不考虑质量变化带来的得失，系统的能量就无法守恒。

事实证明，这一定律对拓展我们对原子内部的认识具有重大意义。根据我们关于原子的现代概念，它由一个带正电荷的巨大的中心核组成，这个核叫作原子核，在它周围有许多带负电荷的粒子，叫作电子，它们以极快的速度环绕。原子核本身是由两种粒子建立的复杂的结构，带正电荷的质子，也就是最简单的氢原子的原子核，以及除了不带电荷，其余与质子一样的中子。自然界中发现的各种原子的区别只在于它们的原子核中所具有的质子和中子的数量不同，较重的原子含有较多的粒子，因此具有较复杂的结构。如上所述，氢是最轻的原子，具有一个简单的质子核。第二轻的原子是氦，它的原子核包含两个质子和两个中子。这四个粒子通过一定的核力而紧密地结合在原子核中。现代物理学中重要的课题之一是研究将原子核结合在一起的这些核力的强度、性质和质量。

通过测量将原子核中的粒子撬开并分开，通过它们彼此相距很远所需要的能量，就可以测量出原子核中的粒子聚集在一起的强度。这种能量被称为原子核的结合能。现在，根据爱因斯坦的理论，由于核的形成而产生的能量（E）必然表现为由于团聚而导致的质量损失。这意味着单个质子和中子加在一起的质量比这些粒子结合在一起的原子核的质量大E/c^2。因此，通过测量质子和中子在它们自由状态的质量和原子核的质量，可以获得核的结合能。我们已经对自然界中发现的许多原子进行了这样的测量，现在我们能够根据原子核中粒子结合的强度对它们进行分类。在最近关于原子人工转化研究的规划和解释中，这些结果具有巨大的价值，用质子、中子和其他类似的粒子轰击各种原子核，产生了新的原子。

爱因斯坦的质能关系也在历史上第一次使解决太阳能的来源问题成为可能。数十亿年来，太阳一直以与现在相同的速度辐射光和热。如果这些能量来自普通的燃烧，比如煤的燃烧，那么太阳现在应该已经冷却下来了。直到爱因斯坦的方程$E=mc^2$出现，科学家们才彻底解决了这个问题。光速（c）是一个非常大的数，加上这个平方，这个公式说明少量的质量可以转化成非常大的能量。因此，通过仅损失微不可测的质量，太阳能够继续辐射这么长时间，并将在数十亿年后继续这样做。质量转化为能量的实际机制发生在太阳内部正在进行的核反应中。现在人们相信它们最终归结为氢原子形成了氦核。正如我们已经知道的那样，在这种"聚集效应"中，质量丢失并发生辐射。

利用质量作为能源的这种可能性已经带来非常乐观的前景，即可能找到把储存在原子内的能量释放为质量以供实际使用的方法。另一方面，同时存在一种非常可怕的前景，即这样一个过程可能被用来制造一种破坏力巨大的炸药，一磅该炸药就能把方圆数英里内的一切彻底摧毁。四十年后，当第一颗原子弹摧毁广岛时，这种不祥的预感成了现实。

然而，对爱因斯坦来说，他的成果（无论多么巨大或者多么重要）的主要价值不在于应用。对他自己而言，他的主要成就是从相对论原理推导出$E=mc^2$定律。这符合爱因斯坦的宇宙观，即不断地为发现自然规律之间简单、合乎逻辑的桥梁而努力。从他的两个假设中得出的丰富结论构成了后来被称为"相对论"的理论。爱因斯坦发现了关于自然的丰富信息，这将在未来数十年产出知识。

8. 布朗运动理论

同年（1905年），爱因斯坦在相对论之外的两个领域发现了新的基本定律。当爱因斯坦来到伯尔尼时，他专注于光和运动的问题。但是他看到，只有从各个角度去解决问题，才能达到最终的目的。他意识到，实现目标的路径之一是研究光和热之间的关系，以及热和运动之间的关系。

人们早就知道热与分子的不规则运动有关。温度越高，这种运动就越剧烈。苏格兰物理学家詹姆斯·克拉克·麦克斯韦和奥地利物理学家路德维希·玻尔兹曼主要研究了这种不规则运动中粒子的统计行为。甚至在此之前就已经有人假定，分子的动能与绝对温度成正比。然而，在麦克斯韦和玻尔兹曼的时代，物质的分子构成仍然是一个让人质疑的假说。它可以非常简单地解释许多不同的现象，但至今还没有非常直接的证据证明这种分子的存在。此外，还不可能得到如单位体积物质中分子的数目这样一个重要数量的精确值。这个数字是由奥地利物理学家洛施密特等人估算的，但他们是基于复杂而相当间接的方法。爱因斯坦强烈地感到有必要更彻底地研究这个问题，并获得一个更直接的分子运动的证据。

人们早就知道，当悬浮在密度大致相同的液体中时，微小但显微镜可见的颗粒表现出恒定的、明显不规则的锯齿形运动。苏格兰植物学家罗伯特·布朗已经发现了花粉粉末悬浮在水中的现象，因此它被称为布朗运动。它不是由任何外部影响引起的容器振动，也不是由容器中的水流引起的，并且当水温升高时扰动强度就会增加。由于这个原因，人们推测这种运动与分子的热运动有关。根据这一观点，水分子在与微观粒子的不断碰撞中产生的动能会在随机方向上产生不规则的力，从而产生可观察到的运动。

1902年，爱因斯坦以一种简化的形式重申了玻尔兹曼的随机运动理论。现在他用这种方法处理布朗运动并得出一个惊人的简单的结果。他指出，分子动力学理论的结果也应适用于显微镜可见的粒子，例如，布朗运动中粒子的平均动能的值应与分子的平均动能相同。因此，通过观察微观可见颗粒的运动，可以获得关于不可见分子的许多有价值的信息。通过这种方式，爱因斯坦推导出一个公式，该公式表明，粒子在任何方向上的平均位移随时间的平方根而增加。1905年，他展示了如何通过测量可见粒子运动的距离来确定单位体积内分子的数量。

后来，法国物理学家佩林进行了实际观察，他完全验证了爱因斯坦的理论。随后，布朗运动现象被纳入分子存在的最佳"直接"证据之中。

9. 量子理论的起源

对爱因斯坦来说，很明显，他的相对论不能（事实上，他从来没有声明）解决光的行为的所有奥秘。爱因斯坦所研究的光的性质只涉及解决光的传播与运动物体之间关系的一组特定现象。对于所有这些问题，光可以像传统物理学一样被设定为波动的电磁过程，它以连续体的形式充满空间。根据相对论，可以假设某些物体可以发出这种性质的光，并且没有人试图分析光发射的确切过程，或者没有人研究它是否足以推导出光与物质相互作用的所有定律。

然而，对光的本质及其与物质相互作用的研究，却导致了"量子理论"的兴起，这是物理学思想的一场革命，甚至比相对论更为激进。在这个领域，爱因斯坦的天赋也对其早期的发展产生了深远的影响。为了理解爱因斯坦的贡献，我将简要描述一下在他之前的研究情况。

产生光的最简单的方法是加热固体。随着温度的升高，它开始从暗淡的樱桃红色变成明亮的橙色，然后变成炫目的白光。其原因在于可见光由不同频率的辐射——从光谱图近端的红色到远端的紫色——组成。固体发出的光的特性完全取决于它的温度，在低温下，低频波占优势，因此它看起来是红色的；在较高的温度下，较短的波长出现，并与红色混合成白色。

以19世纪物理学为基础来解释光的特性随温度变化的尝试以失败而告终，这也是物理学家在20世纪初面临的重要的问题之一。当时光的发射被认为是由带电粒子（电子）的振荡产生的，所发射的光的频率等于振动的频率。根据已经提到的玻尔兹曼统计定律，电子振荡的平均能量应该恰好等于气体分子的平均动能，因而与绝对温度成正比。但这得出了振动能量与振荡频率无关的结论，因此不同频率的光将以相同的能量发射。对加热物体发出的光进行观察，这一结论显然与之矛盾。特别是，我们知道，热的物体不会发射出大量非常短的波长的光。随着温度的升高，频率越来越高的射线出现了，但是在给定的温度下，没有观察到超出特定频率的辐射。因此，似乎在某种程度上物体一定很难发出非常高频率的光。

由于所有基于物质和电的力学理论的争论都导致了与经验相矛盾的结果，在1900年，德国物理学家马克斯·普朗克在光发射理论中引入了一个新的假设。起初，这似乎是相当无关紧要的，但随着时间的推移，它导致了一种日益革命性的结果。物理学的转折恰好与世纪之交相吻合。我将以一种略为简化的，也许是肤浅的形式简述普朗克的思想。

根据玻尔兹曼统计定律，电子在物体内振荡的平均能量等于分子的平均动能。当然，每一个分子或原子的实际能量值大不相同，统计定律只将平均能量和温度联系起来。然而，玻尔兹曼已经得出了第二个结果，这个结果决定了粒子能量在平均值附近的分布。它指出，具有一定能量的粒子的数量取决于这种能量与平均值之间的百分比。偏差越大，其发生的频率就越低。

普朗克意识到，实验结果表明，在一个物体中振荡的电子不能发出任意频率的辐射。高频辐射的缺乏表明，辐射的机理一定是这样的，在某种程度上，发射高频光是困难的。由于当时没有对这种机制的解释，普朗克推导出一个新的假设，即因为某些未知的原因，原子振荡的能量不能是任意值，而只能是某个最小值的整倍数。因此，如果将这个值称为e，那么振荡的能量只能是离散值0、e、2e……或ne，其中n是0或整数。因此，所发射或吸收的辐射必须以e的一部分的形式产生。较小的量不能被辐射或吸收，因为振荡的能量不能小于这个量。普朗克随后表明，如果想要解释一个众所周知的事实，即向更高温度的转变意味着向更高频率的转变，必须采用e的值，这些值随着振荡频率的不同而变化，事实上e必须与频率成比例。

因此他得出$e=h\nu$，其中ν是光的频率，h是比例常数，此后被称为普朗克常数，并且被发现是自然界中基本的常数之一。通过这种假设，普朗克立即能够在辐射理论中得出与观察结果一致的结果，从而克服了物理学家在该领域面临的困难。

10. 光子理论

普朗克认为他只是在阐述他的假设时对物理定律进行了微小的调整，但是爱因斯坦意识到，如果这个想法得到持续发展，就会使19世纪物理学框架严重断裂甚至要进行基本的重建。因为如果电子只能以某些离散的能量值振荡，那么它就违背了牛顿运动定律，而这些定律曾是整个机械物理整体结构的基础。

普朗克的假设只涉及光的辐射和吸收机制，他指出这些过程只能按特定的数量进行。当光在辐射点和吸收点之间传播时，他对光本身的性质只字未提。爱因斯坦开始研究光所传播的能量在传播过程中是否保留了这种离散特性。他曾经通过以下比较表达了这种困惑："尽管啤酒总是以品脱（容积单位）瓶出售，但并不意味着啤酒由不可分割的品脱部分组成。"

假设此类比可以成立，如果我们想研究桶中的啤酒是否包含明确的部分，以及若是这样，无论是一品脱、两品脱，还是十品脱，我们都可以按如下方式进行：我们取一些容器，比如十品脱瓶，然后将桶里的啤酒随机倒入这些容器中。我们测量每个容器中的啤酒量，然后将啤酒倒回桶中。我们多次重复这个过程。如果啤酒不是按分量来分的，则倒入每个容器的啤酒的平均值将是相同的。如果它由品脱的部分组成，则平均值会有变化。对于两品脱，变化会更大，而对于十品脱，变化将更大。因此，通过观察十个容器中啤酒的分布，我们可以判断啤酒桶是否包含各个部分，以及它们的大小。通过想象桶的整个内部是一个部分的极端情况，我们可以很容易地做到这一点。

封闭在盒子里的辐射情况也类似。我们可以把这个盒子想象成若干体积相等的单元格，考虑这些单元格中辐射能量的分布。如果辐射部分很大，那么单元格间的能量变化就会很大，如果它们很小，这些变化就会很小。根据经验分布规律，紫光比红光的变化更大。爱因斯坦由此得出结论，紫光由几个大的部分组成，而红光由许多小的部分组成。精确的计算表明，这些部分的大小一定是$h\nu$。因此，爱因斯坦发现，不仅辐射的发射和吸收是离散的，光自身也必须由一定的部分组成。此后，"光子"这个名字就被赋予了辐射量子。

爱因斯坦从理论上推导出来的这个结论，能够通过一个实验验证。已经为人所知的是，当光线照射到某些金属上时，电子会被释放出来。电子是物理学中的基本粒子，带有负电荷并构成原子的外层。1902年，德国物理学家菲利普·莱纳德发现了这种电子发射的惊人结果。他发现落在金属上的光强度对电子从金属中射出的能量没有影响，而这种能量只取决于光的颜色或频率。无论光源离金属多远，电子仍以相同的速度射出，当然，射出的数量要少一些。但是当使用紫光而不是红光时，电子的速度要大得多。

根据爱因斯坦的观点，这个解释很简单。无论某种颜色的光从光源发出传播了多少距离，它仍然由相同的能量部分组成，唯一的区别是，离光源越远，各个部分分散得越细。当单个电子吸收整个量子辐射时，电子就会射出，然后单个电子的能量随着光子的能量而消失。因此，光源和金属之间的距离对发射的单个电子的能量没有影响。此外，紫光和红光的区别在于光子所具有的能量不同。因此，吸收紫色光子的电子自然比吸收红色光子的电子具有更快的发射速度。

让我们用机枪和重炮轰击防御工事做一个类比。在这两种情况下即使发射的炮弹的总重量是相同的，所产生的效果却非常不同。机枪子弹产生了许多小凹痕，而炮弹则会造成几个大洞。此外，枪炮的平均强度对弹孔的大小影响很小，而只对弹孔的数量有影响。

爱因斯坦关于光的不连续性质的假设使人们对连续力场的整个概念产生了怀疑。如果光是由光子组成的，那么电场和磁场就不能连续地填满整个空间，就必须重新审视基于这一概念的光的电磁理论。然而，不连续结构与一些观察到的现象，特别是光的干涉和衍射现象明显不一致，这可以用连续波的理论很好地解释。爱因斯坦深知这一问题，他认为自己的假设只是一个暂时的假设，没有任何持久的价值。因此，他发表了一篇名为《关于光的产生和转化的一个启发性观点》的论文。

值得注意的是，爱因斯坦的新光量子理论建立在两位德国物理学家的研究基础之上，他们后来在他的生活中扮演着重要的角色。马克斯·普朗克首先提出了爱因斯坦相对论的重要性，菲利普·莱纳德则以哲学、政治和种族为由极力反对。

第四章

爱因斯坦在布拉格的时光

1. 成为苏黎世大学教授

　　1905年，爱因斯坦在伯尔尼取得了卓越的研究成果，但是对于瑞士大学的物理学家这一职位来说，这些研究似乎与专利局一位不太重要的官员的工作内容不符。不久，有人想把爱因斯坦推荐去苏黎世大学任教。当时，凯鹏华盈——克莱纳教授是物理学界的领军人物，他认为爱因斯坦的论文反映出了爱因斯坦超凡的才能，爱因斯坦自己却没完全认识到自己的才能。凯鹏华盈认为爱因斯坦可以为他的大学做出贡献，所以聘请爱因斯坦为苏黎世大学的教授。

　　根据苏黎世和其他日耳曼大学当时的规定，除非曾是私人教师，否则就没有资格成为大学教授。青年人仅凭借科学成就就能申请到大学任教，这样的情况还没有出现在西欧和美国的大学。私立大学的教师没有多少义务，他们可以随心所欲，想讲多少就讲多少，但除了听讲座的学生支付的少量费用外，没有任何报酬。因此，私立大学的教师数量没有限制，这一制度的优势在于，每位年轻科学家都有机会展示教学能力，同时在聘任大学教授时，有大量的候选人可供选择。缺点是只有那些拥有私人财产或者有其他人支持他们的讲座，他们才能得到这个职业。爱因斯坦属于后者，他在专利局任职。

　　凯鹏华盈教授建议他在伯尔尼大学先做私人教师，过不了多久，他就有资格成为苏黎世大学的教授。爱因斯坦不喜欢定期讲课，但他还是听取了这个建议。他的讲座准备得不是很充分，因为学生没有义务参加，只有几个朋友来听。此外，爱因斯坦遇到了新的问题，他很难把自己的课程安排得适合那些普通学生。一次，凯鹏华盈教授来伯尔尼听爱因斯坦讲课，之后对爱因斯坦说，这样的课程似乎不适合学生。爱因斯坦回答说："我不求能成为苏黎世大学的教授。"

苏黎世大学的理论物理学教授职位空缺，苏黎世州的教育委员会对这一职位有自己的打算。教育委员会的大多数成员属于社会民主党，他们在苏黎世有一位党内同志，在政治和科学方面，他是合适的候选人，这个人就是弗里德里希·阿德勒，他是爱因斯坦在苏黎世联邦理工学院的同学，也曾是苏黎世大学的学生。作为奥地利社会民主党领袖之子，他在苏黎世深受党员们的尊敬。弗里德里希·阿德勒对真理非常狂热，其中他主要对物理学的哲学方面感兴趣。从各方面看，他都是敢于说出真话的人，即使说的话会对自己不利。弗里德里希得知爱因斯坦可能会进入大学，他告诉教育委员会："如果能为我们的大学找到像爱因斯坦这样的人，那任命我是很荒谬的。我必须坦率地说，在研究物理学方面，我的能力根本无法与爱因斯坦相比。我们不应因为政治上的立场而失去获得这样人才的机会，他可以提高大学的整体水平，让我们受益匪浅。"

因此，在1909年，虽然教育委员会的政治倾向和主教授不赞成爱因斯坦的模式，但最后还是将他任命为苏黎世大学的理论物理学副教授。

接到苏黎世大学的电话后，爱因斯坦第一次获得了一个有公众威望的职位。大多数人认为，成为教授就是重要的人，这样他们就可以凌驾于教授职业之上，不用被动接受大学管理部门的管理。对爱因斯坦来说，这自然不是让他满意的原因，他还不那么出名的时候，就没有受过什么苦，他没有控制别人的欲望。此外，他还没有急着要从这个职位上获得多大的乐趣。

从收入方面来看，教授这个职位的薪水并不高，比不上专利局的薪水。而且，他在城里已有了一定的社会地位，那么他就不能再过一种消费低、随心所欲的生活了。他将花费降到最少，也不得不花钱买一些社会地位要求的但并没带来快乐的物品。他的妻子也通过为学生提供膳宿来改善他们的经济状况。他曾经开玩笑说："在我的相对论中，我在空间的每一点都设置了一个时钟，而我的房间里，却连一个时钟都没有。"

但爱因斯坦爱上了苏黎世这座城市，他在这里安了家。他妻子也觉得这里比起其他城市更有家的感觉。在这里，他开始学着与学生、同事合作，这对他来说也是一个很大的进步。然而，行政职责和常规教学没有什么吸引力，爱因斯坦也遇到了许多困难。那些创造力非凡的人会把精力花在无关紧要的事情上，爱因斯坦为此感到非常不悦，加上他的个性不合群，因此导致了很多人际关系上的矛盾。

人们对爱因斯坦的第一印象是矛盾的，但他对所有人一样。他与大学教授交谈的语气和他在杂货店或对实验室打杂女工是相同的。由于伟大的科学发现，爱因斯坦已获得了专业认可，他的内心有一定的安全感，他年轻时时常感到的压力已消失。现在，他要把自己的一生奉献给工作，他认为自己与工作是平等的。对他而言，除了这项工作，日常生活中的问题似乎并不那么重要。事实上，他发现很难认真对待日常生活中的事情。他和别人交往，大多是为了娱乐。他有点滑稽地看待日常事务，这体现在他说的每一句话中，他很幽默。有人有意无意地说了些有趣的话，他的反应非常热烈，笑声从内心深处涌出，这是他立即引起人们注意的一个特点。对周围的人来说，他的笑声是快乐的源泉，增添了他们的活力。然而，有时人们觉得他的笑声中带有批评，这会让有些人感到不悦。身居重要社会地位的人往往不愿置身于这样一个世界，与大自然的伟大事业相比，这个世界的可笑之处就反映在这种笑声中。但职位较低的人总是会被爱因斯坦的个性逗乐。

爱因斯坦的谈话常常是无恶意的笑话伴随着尖锐的嘲笑，有的人不知是喜还是悲。他常开玩笑说，他所表述的复杂关系，就正如一个聪明的孩子所看见的一样。这种态度往往带有尖锐的批评，有时甚至给人一种玩世不恭的感觉。对于所处环境，他有时感到孩子气般的快乐，有时又愤世嫉俗。这两个极端之间，爱因斯坦让我们感觉非常有趣而又充满活力，他的陪伴让人觉得自己的经历更加丰富。第二种印象是他对每个陌生人的命运都深切而热烈地同情，但他也是别人一走近，就会立即缩回壳里去的人。

2. 任职布拉格

1910年秋天，布拉格的德语查理大学缺一位理论物理学教授。这是奥地利的皇帝通过教育部推荐教师团体来任命的。最具优势的候选人是物理学家安东·兰帕，他当时在教育方面取得很大的进步。他一生都在为引进现代教育方法而奋斗，为让教学不受反动影响的自由而奋斗，他为把科学和艺术教育推广给更多的人而奋斗。然而，他的科学能力与他的远大抱负相距甚远，难以实现的抱负激励着他。他道德理想崇高，同时，他也在努力抑制自己的野心，他的野心在他的潜意识中挥之不去。他的哲学世界观受到物理学家恩斯特·马赫的实证主义哲学的影响极大，他曾是马赫的学生，传播马赫的观点并为马赫赢得追随者是他的人生目标。

理论物理学教授一职空缺时，兰帕认为这是个机会，可以任命一个本着马赫精神教授物理学的教授。他一直梦想进入天才的领域，他理想的人物是一个杰出的科学家，而非一个普通的教授。兰帕虽不是天赋异禀，但是他可以接受自己与天才共事。

兰帕心中有两位物理学家，他们能力非凡，本着马赫的精神进行教学。第一个是古斯塔夫·焦曼，布尔诺技术研究所的教授，第二个是爱因斯坦。焦曼具有马赫的一些特性，最主要的是他厌恶在物理学中引入原子和分子。在物质的原子结构普遍认为是物理现象的最佳和最简单的表现形式时，焦曼仍保持对马赫的偏爱，并试图建立一个连续分布物质的理论。由于极高的天赋和丰富的想象力，他认为自己是一个被忽视的天才，所以变得过度虚荣、敏感。另一方面，爱因斯坦更多受到的是马赫精神的影响，而非马赫学说的影响。在爱因斯坦所写的有关布朗运动的著作中可以看到，爱因斯坦并没有遵循马赫的原子排斥原则。

条例规定候选人的排名要根据他们的成就来列出，爱因斯坦排在第一位，他在1905～1910年间的著作给科学界留下了深刻的印象。教育部却首先向焦曼提供了这个职位，奥地利政府不喜欢任命外国人，他们更喜欢奥地利人。政府部门没有考虑到焦曼爱慕虚荣和敏感的性格，焦曼说："如果爱因斯坦因自己成绩斐然而成为第一人选，那么我与一切追求现代化、不欣赏真正价值的大学无缘。"焦曼因此拒绝了这个职位，政府克服了对外国人的排斥心，最终任命爱因斯坦为教授。爱因斯坦对出国有些不安，他的妻子不想离开苏黎世，但最终他还是接受了这个职位。其中一个很重要的因素是他第一次获得正式的教授职位，薪水也很高。

要担任这一职务，爱因斯坦需要克服一个特殊的困难。80多岁的弗朗茨·约瑟夫一世认为，只有属于公认的教会的人才有资格成为大学教师，任何不遵守这一规则的任命，他都不认可。帮爱因斯坦申请的朋友告诉了他这个情况。爱因斯坦离开慕尼黑体育馆后，不再是任何宗教团体的正式成员。为解决这个难题，他说自己是犹太宗教的信徒，并且他从小就属于这个宗教。他没有参加任何正式的仪式，但他必须写在文件中，他只写了他的宗教是"Mosaic"，当时的奥地利把这称为犹太宗教。

爱因斯坦更像是意大利的艺术大师，而非德国教授，他还有一个属斯拉夫人的妻子。不同于其他德国大学的普通教授，大家都认为他不是一个普通的物理学家，而是一个非凡的天才，大家都很想认识他。

　　在布拉格，新来的教员拜访所有的同事是一种习俗。出于善意，爱因斯坦打算接受他朋友的建议，去拜访四十几个同事。他想利用这个机会去看看浪漫而古老的布拉格地区，他开始按照同事家房子的位置进行访问。凡是见到他的人，都立刻对他产生好感，因为他自然而爽朗的笑声，友善且深邃的眼神。但爱因斯坦很快就发现这种拜访相当烦琐。他感觉谈论一些鸡毛蒜皮的小事是浪费时间，所以突然停止了访问。他未拜访的同事对他的忽略感到困惑和生气。但其实真正的原因是这些同事住在爱因斯坦不感兴趣的地区，或他们的名字太靠后，结果却被那些人误认为是他太骄傲且任性。

　　爱因斯坦非常重要的一个性格特点是对所有形式和仪式感到厌恶。一些特别值得纪念的仪式对他来说是令人异常沮丧的，爱因斯坦非常讨厌参加葬礼。有一次，他参加送葬队伍时，走在他助手身边，说："参加葬礼是为了取悦我们周围的人，葬礼本身没有意义。在我看来，这和我们每天擦鞋的热情没有什么不同，这样就不会有人说我们穿着脏鞋子。"爱因斯坦的一生中，一直保持着这种反对资产阶级生活习俗的态度。

3. 布拉格的同事

　　布拉格查理大学是中欧历史最悠久的大学。19世纪下半叶，德国和捷克的教授同在这所大学授课，他们分别用自己的语言讲课，后来由于政治斗争越来越严重，1888年时，奥地利政府决定将这所大学分成两个部分，因此就出现一个德语查理大学、一个捷克语查理大学。爱因斯坦被任命的德语查理大学，首任校长就是恩斯特·马赫，这应该是一个有趣的历史巧合。

　　爱因斯坦到布拉格时，这两所大学已经完全独立，这两所学校的教授也毫无联系。即便是做同一个项目的两个教授，也不会有任何私交。所以，就经常会有这样的情况发生——两名布拉格同教化学的教授发现彼此在芝加哥的国际会议上竟是第一次见面。德国人中也形成了一个群体，他们宣扬"优等民族"的理念，反对与"劣等民族"的任何交往。大多数德国教授对政治不感兴趣，或者胆小不敢与捷克人接触，更不敢去对抗这个团体意识很强大的民族。

然而，在德国教授及其家属的谈话中，普遍存在着对捷克人的贬低和敌意。在德国人看来，捷克人的社会行为与他们的社会格格不入。这种情况可以用下列事例来说明。

在政府进行的一次人口普查中，一位政治学教授给全体大学教员发了一封通知函，敦促他们把所有的仆人都列为德国人，即使这些仆人本来是捷克人。他的推理是这样的：仆人应该只和他们的主人说话，因为其主人是德国人，所以仆人的语言都必须是德语。

有一天，一位教授和一个同事散步，看到一栋房子上的招牌摇摇欲坠，很可能会掉到人行道上，砸到路过的人。他说："这也没事啊，它掉下来很有可能会砸中捷克人。"

但让人感到很搞笑的是，布拉格的德国人与捷克人的种族和出身没有丝毫的差别。属于哪一国籍往往是一个取向的问题，哪个民族可以提供谋生的机会，他们就会选择哪个民族。

安东·兰帕是爱因斯坦最亲密的同事，他是捷克一名看门人的儿子。和普通捷克人一样，兰帕拥有雄心壮志，强烈渴望知识与学习，所以他一路高升。兰帕的父亲是捷克人，但兰帕在一栋德国人的建筑里工作，他的儿子小兰帕就读于德国学校。小兰帕能流利地说捷克语和德语。兰帕从体育馆里毕业后，面临上德语查理大学还是上捷克语查理大学的问题。他选择了德语查理大学，之后成为恩斯特·马赫的学生。兰帕过去是捷克人，但他和其他德国人一样敌视捷克人。例如，他拒绝购买印有双语字样的"明信片"，他要求明信片上只印一个德语单词。若邮局职员是捷克人，他们经常会说这样的明信片已经卖完了。兰帕就会接着争论，指出职员的职责是保证卡片的字样是纯德文，于是一场争吵就开始了。

在这种情况下，即使是反对这种敌对态度的德国人也很难同捷克人接触。捷克人不仅多疑，还很敏感，每一句轻率的话都让他们感觉自己受到侮辱，甚至怀疑每个人都想羞辱和贬低他们，因此，一个善意的德国人难以与捷克人保持友好关系。爱因斯坦几乎不与捷克人接触，这并不奇怪。他不赞成同事们的观点，也不参与他们的贬低行为，他与捷克人都不熟。但有捷克学生参加他的讲座，也在他的指导下进行科学研究，这在德语查理大学实在少见。

爱因斯坦亲密的同事中，最吸引他的是一位数学家，名叫乔治·皮克。他比爱因斯坦年长20岁左右，无论作为普通人还是科学家，他都是非凡的人物。皮克在数学研究方面具有创造性思维。他的论文简洁，包含了许多观点，表述精确。这些观点后来被其他人发展成为数学中各个独立的分支。然而，他从来没有得到他应得的科学上的认可，因为他有犹太血统和不妥协的个性。他坚持自认正确的事情，不做任何让步。80多岁退休后，他死于纳粹集中营。

皮克年轻时是恩斯特·马赫的助手。那时马赫是布拉格查理大学的实验物理学教授。爱因斯坦喜欢听皮克回忆马赫，皮克特别喜欢重复马赫的话，这些话可以说是预见了爱因斯坦的理论。皮克还是一位优秀的小提琴家，通过他，爱因斯坦结识了一群音乐爱好者，他们还鼓励爱因斯坦参加室内音乐会。从那以后，爱因斯坦会定期参加四重奏晚会。

爱因斯坦和皮克几乎每天都见面，他们一起讨论许多问题。在长久的交往过程中，爱因斯坦吐露了试图推广相对论时遇到的数学难题。皮克提出，要进一步发展爱因斯坦的思想，合适的数学工具是意大利数学家里奇和列维-奇维塔的"绝对微分学"。

爱因斯坦的贴身助手是一个名叫诺赫尔的年轻人。他是波希米亚村庄犹太小农夫的儿子。他小时候就跟在犁后劳作。他具有农民的平静沉着，而非犹太人惯有的神经质性格。他给爱因斯坦讲了很多关于波希米亚犹太人的情况，他们的谈话开始引起爱因斯坦对犹太人和他们周围世界的关系的兴趣。诺赫尔告诉爱因斯坦，犹太农民和商人在日常生活中会使用捷克语。然而，在安息日，他们只说德语。对他们来说，这种非常接近意第绪语的语言是替代希伯来语的，希伯来语早已不作为日常的语言了。

另一位与爱因斯坦关系亲密的同事是梵语教授莫里茨·温特尼茨。他有五个孩子，爱因斯坦非常疼爱他们，有一次他说："我很想看看同一家工厂生产的许多同类商品会有什么不同的表现。"温特尼茨教授有一个小姨子，她经常在爱因斯坦拉小提琴的时候陪他弹钢琴。她是一个上了年纪的未婚女子，一生都在钢琴课上度过，因此形成了独断专行的作风。她以前和爱因斯坦说话，就好像在对学生讲话一样。爱因斯坦经常说"她对我很严格"或"她就像一个陆军中士"。

爱因斯坦要离开布拉格时向温特尼茨教授的小姨子保证，他推荐的理论物理学教授的继任者，也得能取代自己，成为她的小提琴搭档。我去布拉格接任爱因斯坦的职位，跟她打招呼时，她马上要求我拉小提琴来验证爱因斯坦的承诺。令人遗憾的是，我得告诉她我这辈子从来没有拿过小提琴。然后她说，爱因斯坦让她失望了。

4. 布拉格的犹太人

布拉格查理大学教授的任命让爱因斯坦成为犹太宗教团体的一员。虽然这种关系是正式的，但当时也是很偶尔的接触，但就是在这段时间，爱因斯坦长这么大第一次意识到犹太社会的问题。

在布拉格，犹太人的独特地位体现在方方面面。布拉格讲德语的居民中有一半以上是犹太人，因此他们在德国人中所占的比例非常重，而德国人只占总人口的5%左右。德国人的文化生活与大多数捷克人的文化生活完全隔离，德国人有自己的剧院、音乐会、讲座、舞会等，令人难以置信的是，所有这些组织和事务都由犹太人赞助。因此，对于广大捷克人来说，犹太人和德国人几乎是一样的。爱因斯坦来到布拉格，第一次世界大战正在酝酿之中，捷克人感到他们是被政府逼迫卷入一场战争，这场战争违背了他们的利益，却符合他们所憎恨的德国人的利益。他们认为每一个德国人和犹太人都是敌对势力的代表，这些敌对势力已经在他们的城市定居下来，充当了守卫者和告密者的角色，对抗奥地利的捷克人的敌人。毫无疑问，有些犹太人模仿其他德国人，以某种方式充当警察和镇压工具的角色，犹太人的核心群体对此十分反感。

另一方面，犹太人与其他德国人的关系已经开始出现问题。从前，布拉格的德国少数民族与犹太人成为朋友，成为对抗奋发向上的捷克人的盟友，但爱因斯坦在布拉格时，这种良好的关系正在瓦解。当这些激进的理论和其发展趋势后来被认为是纳粹信条时，只有德国人自己还不知道，而这些理论已经对苏台德德国人产生了重要的影响。因此，在布拉格的德国人有些矛盾。他们既想要与犹太人和睦相处，以便有对抗捷克的盟友，同时，他们也想被苏台德的德国人视为完完全全的德国人，因此表现出对犹太人的敌意。这种特殊情况的特点是犹太人和他们最大的敌人在同一家咖啡馆相遇，也拥有共同的社交圈。

当时，布拉格已有一个犹太人团体，他们想在犹太人中发展独立的知识分子生活。他们不喜欢看到犹太人在德国人和捷克民族主义者之间的斗争中做旁观者。这个群体深受犹太哲学家马丁·布伯的半神秘主义思想的影响。他们是犹太复国主义者。在那个时期，他们很少关注实际政治，主要关注艺术、文学和哲学。爱因斯坦认识了这群人，认识了弗兰兹·卡夫卡，并与雨果·伯格曼和马克斯·勃罗德成为非常要好的朋友。

雨果·伯格曼是大学图书馆的一名官员。他金发碧眼、性格温和，人也很聪明、年轻、充满活力。他是布拉格年轻团队的核心人物，该团体想要创造一种不以正统犹太教为基础的犹太文化生活，这种文化以同情与理解，而非厌恶或盲目模仿去接近非犹太世界。伯格曼的理论不仅以犹太作家为基础，也以鼓吹发展民族精神的费希特等德国哲学家为基础。

虽然周围有像伯格曼等聪明而虔诚的犹太复国主义者，但是爱因斯坦暂时对犹太复国主义不感兴趣。他仍非常关心宇宙间的问题，而国籍问题、犹太人与世界各地的关系问题对他来说只是微不足道的问题。他认为，为这些问题感到紧张只是人类愚蠢的表现，这是人类与生俱来的，无法根除。他没有意识到这些问题会在以后的宇宙维度中出现。

此时，马克斯·勃罗德是一位兴趣广泛、才华横溢的年轻作家。他对历史和哲学问题也很感兴趣，在他的小说中，他描述了捷克人以及布拉格和波希米亚的其他无业游民的生活。他写的小说的特点在于对心理过程进行清晰而理性的分析。

在小说《第谷·布拉赫走向上帝之路》中，他描述了伟大的丹麦天文学家第谷·布拉赫在布拉格度过的最后几年。小说的主要角色是第谷和年轻的天文学家开普勒，第谷曾邀请他合作，以便增加他对年轻、毫无成见的第谷的认识。布拉格经常有人断言，在勃罗德对开普勒的描述中，他深受他对爱因斯坦性格的印象的影响。无论勃罗德是有意识还是无意识这样做，可以肯定的是，他对开普勒的形象描绘相当生动。认识爱因斯坦的人阅读这本书很容易把书里面描述的开普勒误认为是爱因斯坦。德国著名化学家卫·纳斯特读到这本小说时，对爱因斯坦说："你就是开普勒。"

5. 小说中爱因斯坦的性格

引用勃罗德描述开普勒的几段话是很恰当的。在这几段话中，我们或许能发现爱因斯坦某些方面的性格。诗人的文字可能比科学家的描述更让人印象深刻。

开普勒镇定冷静的天性有时在充满激情的第谷心中引起一种不安。勃罗德描述第谷·布拉赫对开普勒的态度，与爱因斯坦的同事对爱因斯坦的态度可能是一样的：

"第谷的心中波澜起伏，他煞费苦心地让自己对开普勒的感情不受其他物质的影响。事实上，他并不嫉妒开普勒的成功。但开普勒漫不经心而恰如其分的各方面表现让他闻名于世，这有时让第谷感到嫉妒。总的来说，开普勒现在给第谷一种敬畏的感觉。第谷认为，他埋头苦干，全然不理会马屁精的嗡嗡声，那种平静只有超人才能做到。开普勒就像是一个没有感情的人，这让人很难理解，他给人的感觉就像从遥远的冰天雪地里吹来的风……他让人想起那首流行的民谣，那首歌里，一个雇佣步兵把他的心卖给了一个魔鬼，换来了一件防弹衣。开普勒就是这样的人，他没有心，所以他对这个世界无所畏惧。他既没有感情，也没有爱情。正因为如此，他自然也不会情绪失常。'但我必须有爱与错，'第谷嘀咕道，'我必须在这地狱里飘来飘去，看着他漂浮在纯净而快乐、清澈又湛蓝的天空中，他时而出现在凉爽的云端之上，就像一个美丽的天使！但他真的是吗？不，他缺乏同情心，这难道不是很残暴吗？'"

然而，一些肤浅的观察者常常会认为爱因斯坦有这样纯粹幸福的外表只是一个错觉。众所周知，第谷是一个宇宙系统的发明者，这个宇宙系统代表了托勒密学说和哥白尼学说之间的一种妥协，他很好奇开普勒对这个系统的看法。他一直怀疑开普勒在内心深处支持哥白尼及其全新的理论。然而，开普勒在第谷之前没有对这个子天体发表任何明确的意见。他只和第谷讨论具体的天文学问题，没有讨论过大体的理论。第谷认为这是一种逃避，催促他谈谈。最后，开普勒对他说：

"我没什么可说的。我还没有决定。我无法做出决定。我也认为我们的技术资源和经验还不够先进，不能给这个问题一个明确的答案。"

开普勒没有回应，坐在那里完全沉浸在自我之中，脸上挂着幸福的微笑。但第谷已有点恼火了，打断了他：

"开普勒，这种情况你满意吗？我的意思是关于我们事业最本质的东西还未确定。缺乏决断会不会让你觉得难以喘息？你的耐心难道不会剥夺你所有的幸福吗？"

开普勒简单地回答："不，我不快乐。我从来没有快乐过。"

"你不快乐吗？"第谷睁大眼睛瞪着他，"你不快乐？那你缺什么？你还想要什么？除了已有的，你还想要什么呢？呵呵，你是这个世界上最幸福的人，要是连你都不觉得幸福，那你未免太不知足了！是的，现在我必须第一个告诉你，我要用一个词来表达，你不觉得你——你在正确的道路上，在唯一正确的道路上吗？……不，现在我指的并不是表面上的成功，也不是周围给予你的掌声。但是在我看来，在我的内心深处，开普勒，你非要我讲出来吗？从科学的角度出发，你在一条正确的道路上，在被上帝保佑的道路上，这是一个普通人能遇到的最高贵最幸福的事情了。"

"不，我一点都不快乐，我从来没有快乐过。"开普勒迟钝又固执地重复着。他又很温和地补充说："我不希望得到快乐。"

勃罗德在书中写道："第谷束手无策……尽管他竭力把开普勒描绘成一个狡猾、精于算计的人。但他很清楚，这与事实不符，开普勒与那些钩心斗角的人恰恰相反，他从没追求过一个明确的目标，事实上，他一般都在梦境中处理那些科学领域之外的事情。为什么他竟然都没有意识到自己的快乐呢？到目前为止，他甚至没有注意到他其实精神错乱……他对自己所做的任何事都不负责任，所有的幸福都是另一个人必须以良心上无休止的痛苦为代价来交换的。

"开普勒，纯洁无罪，无罪为他的幸福加冕，然而这种因果关系已经不成立了，所以开普勒的幸福稍纵即逝，他甚至都没有意识到这一点……他对自己的好运确实一无所知。他坐在第谷对面的桌子旁，第谷在他的思想里神游。他笔直地坐着，身体有点僵硬，像一个凝视远方的人，完全镇定自若，全然没有注意到第谷的不安——开普勒和往常一样，继续计算着。"

另一个场合，开普勒和第谷再次讨论了支持或反对哥白尼或第谷系统的论点，这一次他们比以往更加关注观察到的事实和可用来证明这一论点的逻辑结论。勃罗德把这两个人的情况描述如下：

"第谷开始感到绝望了，双方都没有做出决定的迹象。另一方面，开普勒似乎从这种不确定性中汲取了大量的快乐和能量。决定越是含糊不清，越是难以做出决定，他就越觉得自己在开玩笑，因为这个人平时是那么无趣。面对'自然'，狮身人面像这个谜题，他的整个身心都得到了启发，他毫不费力地抓住了这个物体，好像是愉快地向它的每一面发起攻击，并牢牢地扎根于其中。他在回答第谷的一句尖刻的评论时尖叫起来，他的声音里甚至带着陌生又愉悦的音调：'好吧，也许自然法则只是偶尔一致。'"

第谷和开普勒之间展开了另一场讨论，讨论的问题是，支持假说的科学家是否必须考虑统治者、富人的信仰和观念。

"第谷站了起来，喘着粗气说：'现在，至少哥白尼的体系仍未得到证实，它违背了《圣经》，我没有必要冒犯国王的天主教权威，我也没有理由拥护哥白尼的体系。'

"'这太过分了，'开普勒仍面带微笑地说，'不管是不是天主教徒，都应只考虑这个假设，而不是考虑国王的青睐。'

"'就像生命中的一个基本原则受到了攻击，'第谷愤怒地回答，'但没有王子和富人的青睐，我们无法制造昂贵的仪器，真相也不会有人调查……他们帮助了我们，帮助我们追求真理，我们也应该尊重他们，尊重他们的快乐。'开普勒激动地喊道：'我们必须只听从真理，不是听从任何人……'

"'为什么不听从其他人？我已告诉过你，人若侍奉君王，就必侍奉真理。这非常正确，亲爱的开普勒，这让你更舒适、更简单地做出你的实践。你走自己的圣路，并不顾念什么，也不偏左右。但为了真理而欺骗自己，对你来说是否不那么神圣呢？你要灵巧像蛇、驯良像鸽子，这是我们的主耶稣对门徒所说的话。你不是蛇，你从不相信或约束自己。因此，你真正服务的不是真理，而是你自己——纯洁和不受侵犯的自己。但我不仅看到了我自己，也看到了我自己与这些人的关系，我有一种决心，用精明的手段去服务真理……我认为模仿基督教在人群中工作，受到王侯恩宠的保护，也比仅在狂喜中虚度一生，从而忘掉所有的劳动和烦恼要好得多。'"

6. 爱因斯坦教授

爱因斯坦是个好老师吗？他喜欢这个职业吗？针对这些问题，他的学生和同事给出的答案完全不同。

有两个特点帮助爱因斯坦成了一个好老师。第一个是他想要帮助尽可能多的人，对他们友好，尤其是对周围的人。第二个是他的艺术感，他在科学方面思路清楚，合乎逻辑。听他说话的人，有一种美的享受。他喜欢和别人交流他的想法。

另一方面，爱因斯坦倾向于抑制这些品质，这是他一贯的性格。我之前提到过，爱因斯坦不愿与他人建立非常亲密的关系，这使他在学生、同事、朋友和家人眼中一直是一个孤独的人。他也缺乏学术虚荣心。许多教授的个性会反映在年轻学生身上，所有人都在重复他们说的话，这让他们的个性在年轻人身上倍增。在某些人看来这可能是弱点，在教学过程中却是优势，这样往往会使教师在教学工作中无私奉献，自我牺牲。最后得出结论，渴望自我表达的老师必须牺牲个性且花大半辈子为学生服务。爱因斯坦没有这种虚荣心，个性也不需要在年轻人身上传承，便不愿意为此做出大的牺牲。他与学生的关系充满矛盾而独特。

从爱因斯坦讲课的方式也可以明显看出，他思考问题时，会用尽可能多的不同的方式来阐述问题并把它呈现出来，以便使用不同思维方式，有着不同教育背景的学生能够理解。学生能够理解做好不同教育方式的准备。他喜欢数学家、实验物理学家、哲学家，甚至是那些根本没有受过多少科学训练却倾向于独立思考的人，阐述自己的观点。他能想出方法使这些问题变得容易理解，甚至喜欢谈论与他的研究发现没有直接关系的物理学科。

鉴于这一特点，有人可能认为爱因斯坦定会是很好的讲师或老师。的确，他本来就是。假如科学、历史或方法论使他对某学科感兴趣时，他的讲课便会让听众听得入迷。他演讲的魅力在于他不寻常的自然，省去所有的修辞效果，省去所有的夸张、拘谨和做作。他尽量把每一种事物都简化成最简单的逻辑形式，然后以最简单的形式在艺术上和心理上呈现出来，没有一点卖弄学术的表现，加上适当的、引人注目的描述使之具有可塑性。除此之外，阐述还需具有一定的幽默感和一些善意的、不会伤害任何人的笑话，以及某种夹杂着惊喜的快乐，就如同孩子收到新圣诞礼物时感到的惊喜。

尽管如此，对于爱因斯坦来说，定期授课是很无聊的。因为要做到这一点，就需要把整个课程的材料组织得很好，全年的课程都安排得有趣。这意味着演讲者必须像爱因斯坦一样对每一个问题都感兴趣，必须把所有的精力都集中在这些问题上。演讲者专注于他谈论的材料，所以就会很难找到时间来完成自己的研究。因为所有的创造性活动都需要大量的思考和摸索，肤浅的观察者则会认为这是浪费时间。

然而，部分老师，尤其是在德国的大学里的老师，时间安排得非常精确，讲课内容细微细致，同时还得抽出时间做自己的研究。他们的时间都被占据了，以致他们没有时间去考虑那些无法预见的事情，没有时间去考虑那些与科学或教学专业无关的想法，没有时间去思考，也没有时间去与一位不速之客交谈。他们变得无趣，任何创造性和想象力都用于他们的科学研究或教学。在日常交往中，他们常常让人想起被榨干的柠檬，在同伴面前说不出半点有趣的话。这样的科学家并不少见，杰出的科学家中也有这样的人，但真正有创造力的人中，几乎没有这些人的身影。

爱因斯坦就截然相反。他不喜欢为学生们输出大量的信息，而喜欢把他感兴趣和关心的内容大量讲出来。他把重点放在他目前感兴趣的领域上。他很懂得化繁为简，用一个简单的方法，以一本好书为背景，来讲清楚一门涉猎很广的课程。他也很难积累充分的知识能量，很难灌输他的思想和精神给所有人，所以他的讲座水平有些参差不齐。他也并不是一个非常优秀的教授，也没有办法整整一年都在课堂上保持同样的兴趣和卓越的水平。他在科学团体、大会和更多的听众面前的演讲总是活力满满，因此给每一位听众留下了深刻印象。

7. 狭义相对论

在苏黎世和布拉格，爱因斯坦致力于解决别人对他的相对论提出的问题（伯尔尼，1905年）。根据牛顿原理或相对论，实验室的速度不能通过观察室内物体的运动来确定。爱因斯坦在1905年将这一原理推广到光学现象中，这样一来，无论是物质还是光线的相互作用，都无法确定一个天体的速度。只有当运动沿着一条匀速直线进行时，所有这些推论才都是正确的。这个理论很符合爱因斯坦的理论并发展至今，人们可以从实验室L的实验中确定它是否以相对于惯性系统F的速度变化。因此，有可能从在L进行的实验中了解实验室作为一个整体的运动。速度本身无法确定，但可以发现速度和加速度方向的变化。爱因斯坦对这种结果不满意。恩斯特·马赫提出了修正的建议，他假设，从L的观测结果来看，人们并不能决定相对于假想惯性系统的加速度，只能决定相对于恒星的加速度。那么L中的事物就会受到实际的物质实体的影响，也就是恒星的影响。然而，马赫的建议仍然只是一个提议，从来没有发展成一种物理理论，人们还是无法详细地计算出固定恒星对L中可观测事件的影响所产生的可观测结果。爱因斯坦的目标是缩小这一差距。

他把下面的问题作为出发点：牛顿物理学对于从移动实验室L中进行的实验中学习的可能性结论是什么？这个房间作为一个整体是否经历了相对于惯性系统的速度变化？我们已经看到，系统L是惯性系统时，牛顿运动的两个定律，惯性定律和力定律，相对于它是有效的。根据日常经验，我们同样可以很容易地看出，如果L相对于惯性系统加速，这些定律就不再适用。

例如，假设L是一个移动的火车车厢。如果惯性定律对L成立，这意味着当我们站在车里时，在没有外力的情况下，我们可以在相对于车的同一位置上待任意长的时间。经验告诉我们，只有当汽车以恒定的速度沿着直线行驶时，这才成立。车突然停下来时，除非我们努力保持身体直立，否则我们就会摔倒。汽车突然加速或转弯时，也会发生同样的事情。只要速度继续变化，我们就必须施加力才能保持直立。速度再次变为常数时，我们就可以毫不费力地继续保持直立。这表明能让我们保持直立的那个力使我们能够识别我们的车L是否是惯性系统。此外，这种粗略的经验也告诉我们，汽车刹车越突然，所需的力就越大。一般来说，加速度越大，所需的力就越大。

从这些粗糙的反应结果来看，我们很容易得出一个方法来确定实验室L的加速度（a），那就是通过观察相对于L的墙面的物体的运动。例如，我们想象一下，一个放在L地上的小餐车，小餐车可以向任意方向自由移动。只要实验室以匀速直线运动，小车就会在L中保持静止，但如果实验室突然改变了速度，小车就会像受到震动一样，向对于L的壁面移动。由于这个反冲，就像在L中看到的那样，小车的加速度（a_0）的大小等于a的大小，但方向相反。车对惯性系统F（L的加速度a_0）是一个自由体，不受任何外力的作用，因此根据惯性定律，它的运动是匀速直线运动。另一方面，描述的小车相对于F的加速度也等于小车相对于L的加速度（a_0）和实验室L自身相对于F的加速度（a）的和。由于产生的加速度必须为0，所以我们有$a_0+a=0$。从这里得到$a_0=-a$，如上所述，通过对L运动产生的小车在L中的加速度（a_0）的观测，可以计算出实验室L相对于惯性系统F的加速度（a）。

以上思考的前提是实验室里的小车最初是静止的，但这不是必要条件，实际上，更简单的是小车在L中做匀速直线运动，发生反冲时，小车通常会偏斜了直线而做曲线运动。通过观察这条曲线的形状，我们可以确定实验室的加速度。

此外，实验室的加速度不会受到其速度的增加或减少而发生改变。实验室可以绕着某个轴旋转。这种情况大家都很熟悉，就像旋转木马或火车转弯一样。在前一种情况下，反冲的方向与L的加速度相反，在后一种情况下，一个远离旋转轴的冲量出现在L中。这个加速度就是物理学家所定义的"离心加速度"，就完全类似于发生在车辆开始或停止移动时的反冲。

在基本力学中，这种情况应表述为：一个物体相对于加速或旋转的实验室的运动不能仅仅根据作用于它的引力或电场的作用来计算，因为反冲和离心力也会产生加速度，这些都必须考虑在内。这些加速度就是人们常说的在高速运动下出现的"惯性力"。它们之所以被称为"惯性力"，是因为它们是由质量的惯性引起的，而质量的惯性又与惯性系统有关。

随着爱因斯坦将牛顿相对论的原理推广到光学现象，用光线来代替物质物体（如手推车）来计算实验室的L加速度就开始变得可能。如果一束光在不加速的情况下与实验室的地板平行，那么当它加速时，光线将不再是与地板平行的直线，而会被反射。对这种偏差大小的观察会帮助我们计算出实验室的加速度。

我们可以看到，根据19世纪的力学和爱因斯坦于1905年提出的光和运动理论，尽管还无法说明在什么可观测条件下一个参考系是惯性系，但实验室L相对于惯性系F的加速度对L中发生的物理事件具有可测量的影响。但是，这里所说的惯性系所起的作用正是牛顿所说的"绝对空间"。

8. 重力对光线传播的影响

爱因斯坦的目标是从物理学中消除这种"绝对空间"。这不是一项简单的任务，除了绝对空间的影响外，火车车厢中明显可见的反冲和离心力等现象是无法解释的。爱因斯坦于1905年提出的相对论仅限于匀速直线运动，在这个方向上没有任何进展。物理学必须引进能带来更深刻变化的新思想。如同常常发生的情况，认识到困难与另一个以前没有解决的问题有关，从而解决了困难。当一个人在实验室里观察小车的运动或光线的偏转时，实际上看到的加速度可能不是由于实验室本身的加速度，而是由于其他原因。它们可能是由于作用在小车或光线上的实际力，并根据牛顿的运动定律，产生加速度。我们如何区分这个完全不同的原因所产生的影响？对于直接由人或某种机械装置传递的力，可以这样区分：考虑用两辆质量不等的小车，而非一辆。

如果相同的力作用在两个物体上，因为牛顿的运动定律表明动量的变化量，也就是质量和速度乘积的变化量，等于施加的力，因此较轻的车会比较重的车有更大的加速度。另一方面，如果加速度是由惯性力引起的，那两个的加速度是一样的。因此就有这样的区别：由实际力（如推力或拉力）引起的加速度取决于运动物体的质量；而反冲和离心力引起的加速度则与质量无关。

然而，爱因斯坦注意到有一种"真正的"力，它使所有物体都具有相同的加速度。这就是重力。自从伽利略时代以来，我们就知道，除了空气摩擦的影响，不管它们的质量是多少，所有物体的下落速度都是一样的。牛顿并不认为这与他自己的运动定律有任何矛盾。他只是在万有引力定律中假定作用在物体上的引力与其质量成正比。作用在地球表面任何物体上的重力就是它的重量。如果我们用符号W来表示，牛顿的假设可以用数学形式表示为$W=Mg$，其中M是物体的质量，g是地球上某一点的常数。根据牛顿定律，力Mg等于动量变化率，也就是质量乘以加速度Ma。因此$Mg=Ma$，质量抵消了，我们得到$a=g$。重力加速度与质量无关，对于所有物体都有相同的值（g），这是伽利略的结论。

爱因斯坦意识到，重力的这种特殊性质使得无法确定实验室相对惯性系统的加速度。当我们在实验室里观察一辆小车加速运动时，我们无法确定这是由于整个实验室系统的加速，还是由于我们可能不知道其存在的物体引起的引力。爱因斯坦用他敏锐的逻辑分析填补了这个缺口，为重建力学奠定了基础。在他1905年的早期论文中，他再次将物体的运动与光的传播联系起来。1911年，他发表了一篇题为《引力对光传播的影响》的论文。

爱因斯坦从以下考虑出发：如同电梯一样可以垂直向上或向下移动的实验室，通过实验来观察物体相对于电梯的运动。如果实验室L是用某种方法来控制的，例如用一根缆绳使它相对于地球是静止的，那么不管它的质量是多少或者它是由什么构成的，任何物体B都会随着重力加速度而向下坠落。但如果实验室L本身由于重力作用而自由下落，那么没有任何物体B相对于实验室L有任何加速度。一切都会发生，就好像没有万有引力一样。通过观察与L有关的运动，我们不能确定L是一个有重力场的惯性系统，还是一个没有重力的惯性系统，但实验室L是自由下落的。为了让表达的结果更普遍，我们不可能通过在实验室里进行的机械实验来区分由惯性力引起的加速度和由引力引起的加速度。

对爱因斯坦来说，这一结论与牛顿提出的类似于，即在任何情况下，实验室相对于惯性系统的直线匀速运动的速度都不能通过实验室内的机械实验来确定。1905年，爱因斯坦将这一原理扩展到光学实验，他用同样的方法把物体加速运动的性质扩展到光学现象。因此，爱因斯坦提出了这样一个假设:即使是通过对光线的观察，也不可能确定一个受到引力场作用的实验室是一个加速系统，是处于静止状态，还是匀速运动。爱因斯坦称之为"等效引力和惯性力的原则"，简单来说，就是"等效原理"。

根据这一原理，爱因斯坦能够预测可以观察到的新的光学现象，从而对这一理论的有效性进行了实验检验。根据牛顿物理学，引力对光线的路径没有影响，但根据等效原理，引力可以用加速运动代替。然而，正如前一节所提到的，后者肯定对光束有影响。当系统加速时，平行于非加速实验室地板的光线不再平行。因此，爱因斯坦得出结论，光线的路径在引力场中发生了偏转。由于光速巨大，而偏转的量是非常小的，没有任何陆地上的实验是可行的，但是爱因斯坦提出，因为来自固定恒星的光经过太阳表面照射到我们身上，所以这种效应有可能观察到。在这种情况下，光从太阳的中心发出来，在任何地方强度和方向都是相同的，随着与表面距离的增加，光受到的引力的强度会减小，所以引力并不是均匀的。但爱因斯坦的结论是，会有一个偏转的方向，使光线向太阳弯曲。在一般情况下，由于刺眼的阳光，在太阳附近看不到星星，然而，爱因斯坦在他的论文中指出:

"由于在日全食期间，太阳附近天空中固定的恒星变得可见，所以通过实验来验证这一理论是有可能的。"

假设引力的大小与牛顿所接受的值相同，爱因斯坦用基于等效原理的一个非常简单的计算表明，从一颗固定的恒星发出的一束光线，恰好擦过太阳的平直边缘，它将偏离直线方向0.83秒。因此，如果有人在日全食时拍摄太阳附近的固定恒星，并将它们的位置与太阳不靠近它们的位置进行比较，就可以预期它们位置之间的差异。由于光线是向太阳弯曲的，所以恒星必须远离太阳，其大小取决于光线经过太阳时离太阳的远近。爱因斯坦在论文的结尾这样写道："尽管上面提出的假设可能显得没有充分的根据，甚至很奇怪，如果天文学家能研究这里提出的问题，那将是非常令人期待的。"

无论人们如何看待爱因斯坦的假设，他都对自己的理论提出了一个明确的观察方法去检验。由于日全食并不十分频繁，而且只能从地球上非常有限的地方观测到，天文学家们受到激励并开始了有趣而冒险的旅程。然而，直到1914年，他们花了三年时间才找到足够的支援和资金来派遣一支装备齐全的探险队进行这项观测。但就在第一支探险队离开德国前往俄罗斯的时候，第一次世界大战爆发了，探险队的成员都成了俄罗斯囚犯，无法进行观察。

9. 告别布拉格

爱因斯坦还是布拉格的教授时，创立了新引力理论，而且进一步发展了于伯尔尼开始研究的光量子理论。提出的紫光量子比红光量子能量大得多的假设，与光的化学作用实验结果相一致。每个摄影师都熟悉这样一个事实，紫光在感光板上的作用要比红光的作用强得多。爱因斯坦以一个简单的假设开始，这个假设与他的光子理论密切相关，即分子的化学分解总是发生在只有一个光量子被吸收的情况下。1912年，他发表了一篇名为《关于光化学等效定律的热动力学基础》

的论文，文中表明，这一假设也符合热力学的普遍原理。

　　然而，大约在这个时候，爱因斯坦开始为由光的双重性引起的悖论而烦恼：以干涉和衍射现象为例的波的特性，以及光电和化学作用所显示的粒子方面。他对这个问题的心态可以用这个事件来描述：

　　爱因斯坦在大学的办公室俯瞰着一个公园，公园里有美丽的花和茂密的树木。他注意到，早上只有女人们在散步，下午只有男人们在散步，有些人独自走着，陷入沉思，另一些人聚在一起，进行激烈的讨论。他问这个奇怪的花园是什么，他了解到这是一个属于波希米亚疯人院的公园。在花园里散步的人都是这个机构的"囚犯"，他们是无害的病人，不需要受到限制。我第一次去布拉格时，爱因斯坦向我阐释了这一观点，他开着玩笑地说："那些不专注于量子理论的疯子。"

　　爱因斯坦到达布拉格后不久，就收到了苏黎世联邦理工学院理论物理学教授的邀请，他也是在这所学院毕业的。这所理工学院属于瑞士联邦，比爱因斯坦最初任教的苏黎世大学面积更大，地位更重要。苏黎世大学由苏黎世州管理。爱因斯坦对是否回苏黎世犹豫不决，他的妻子做了决定，布拉格从未让她感到轻松，而苏黎世是她读书时理想的家。

　　爱因斯坦便告知布拉格查理大学，并在1912年夏季学期结束时离开。由于他对一切正式手续一向漠不关心，所以他没有向行政当局提交文件，这份文件是在每个人辞去奥地利政府职务时必须填写的。维也纳教育部没有收到必须提交的申请书，负责此事的官员对未按照规定完成登记的爱因斯坦感到不悦。多年来，"爱因斯坦案"的卷宗一直被束之高阁，且不完整。几年后，爱因斯坦去维也纳演讲，一位朋友告诉他，部里的官员仍对他当年未提交申请感到不满。爱因斯坦天性善良，他不想让任何人感到不悦。于是他拜访行政部，解释原因，并填写表格，弥补了漏洞。

　　爱因斯坦突然离开布拉格，谣言四起。布拉格最大的德国报纸中一篇社论声称，爱因斯坦的名望和才华，受到了同事们的迫害，被迫离开布拉格。另一些人坚持认为，他是犹太血统，他受到维也纳行政当局的虐待，不想再留在布拉格。爱因斯坦对这些议论感到非常惊讶，因为他在布拉格的时间非常愉快，对奥地利人也有很好的印象。他不喜欢给任何人造成不快，他给维也纳的奥地利大学行政主管写了一封信。在我接任布拉格的职务之前，我拜访了这位行政主管。他是一个波兰人，他按照波兰的习俗拥抱我，如同我是他亲密的朋友一样。打电话的过程中，他把爱因斯坦的信告诉了我，并非常热情地说："我收到了一封爱因斯坦先生写的信，非常精彩，这与其他大学教授来的信完全不同。我经常想起那封信，我很满足，特别是这封信化解了我国政府因爱因斯坦而遭受的诸多攻击。"

　　爱因斯坦离开布拉格与一个幽默的故事有关，我想把它讲出来，这与我们时代曲折的历史相关。和每一位奥地利教授一样，爱因斯坦必须穿制服。同海军军官的制服一样，该制服由一顶饰有羽毛的三角帽、一套饰有宽宽的金带的大衣和裤子、一件很暖和的厚黑布大衣和一把剑组成。作为一位奥地利教授只有在宣誓效忠时才需要穿上这身制服，或者与奥地利皇帝见面时才需要穿。在以前的场合爱因斯坦只穿戴过一次。制服很贵，离开后也用不着，所以我以原价的一半买下了。但在爱因斯坦把制服给我前，他8岁左右的儿子对他说："爸爸，在你把制服给别人之前，你必须穿上它，带我去苏黎世的大街上散步。"爱因斯坦答应了，他说："我不介意，最多人们会认为我是一个巴西的将军。"

　　我也只在宣誓效忠的时候穿过一次，之后它在我的箱子里放了很长时间。六年之后，奥地利君主政体消失，捷克斯洛伐克共和国在布拉格成立。皇帝的效忠誓言由共和国的效忠誓言所取代，教授们也不再穿制服了。我保留这身制服只是为了纪念弗朗茨·约瑟夫和爱因斯坦。俄国革命后不久，大批难民（其中许多是军官）来到布拉格，我妻子对我说:"这么多人都冻僵了，为什么这么好的外套不派上用场呢？"我认识一位哥萨克军队的前总司令，买不起一件暖和的冬衣。爱因斯坦的外套看起来像极了高级骑兵军官的外套。这将让将军高兴，并让他感到温暖。我们把外套给了他，他对其辉煌的过去不感兴趣。剑之类的东西仍留在德国大学。纳粹在1939年入侵捷克斯洛伐克，大学成为纳粹主义在东方的堡垒，爱因斯坦的剑可能成了纳粹士兵的战利品，也成了"国际犹太科学"失败的最后象征。 这次入侵一直持续到1945年苏联红军进入布拉格，解放了布拉格。

第五章

爱因斯坦在柏林

1. 索尔维会议

1912年秋天，爱因斯坦在苏黎世联邦理工学院担任教授。现在他是学校的骄傲，可谁知道，他曾经都没有通过入学考试，毕业时他甚至连一个小职位都找不到，后来，他在那里学习并邂逅了他的妻子。

早在1910年，当兰帕考虑推荐爱因斯坦去布拉格的查理大学，并从马克斯·普朗克这位公认的权威、领先的理论物理学家那里征求他的资历意见时，就写信给查理大学教师委员会："如果爱因斯坦的理论正如我所预料的，经证明是正确的，他将是20世纪的哥白尼。"爱因斯坦已经开始拥有传奇般的光环。他的成就可以说是物理学上的一个转折点，与哥白尼发起的革命相当。

1911年，少数几位世界顶尖的物理学家在布鲁塞尔召开会议，讨论现代物理学的危机，毫无疑问，爱因斯坦受到了邀请。物理学和化学领域的主要研究人员瓦尔特·能斯特来选择与会者，其中包括英国的欧内斯特·卢瑟福、法国的亨利·庞加莱和保罗·兰格文、德国的马克斯·普朗克和瓦尔特·能斯特、荷兰的亨德瑞克·安图恩·洛伦兹和彼时在巴黎工作来自波兰的居里夫人。爱因斯坦代表奥地利，与维也纳人弗朗茨·哈塞诺尔一道。在弗朗茨·哈塞诺尔不幸去世后，他的名字以一种特殊的方式与反对爱因斯坦的斗争联系在一起。这次会议是爱因斯坦第一次有机会与这些科学家会面，他们的想法影响了这一时期的物理研究。

会议的费用，包括前往布鲁塞尔的旅费和在布鲁塞尔的生活费，以及每位与会者一千法郎的报酬，是由欧内斯特·索尔维支付的。他是一个非常富裕的比利时人，在化学工业上很成功，却热衷于研究一种过时的机械论类型的物理理论。虽然这导致了诸多复杂的问题，却不能发现新定律，但他非常想吸引物理学家们对他的理论的关注，并学习他们对此的看法。化学家瓦尔特·能斯特与他颇有私交，觉得这个有钱人的爱好一方面可以造福科学，另一方面也实现了他自己的愿望。他提议召开一次顶尖物理学家会议，讨论他们目前研究中的困难，在会上向他们介绍索尔维的想法。这就是著名的索尔维会议。

在开幕式上，索尔维总结了自己的想法，与会者随后讨论了物理学的新进展。最后，在闭幕式中，索尔维感谢大家有趣的讨论，强调从发言中获得了很多快乐。然而，这一切并没有动摇他对自己理论的信心。会上，发言的科学家们都避免对他的理论提出任何异议，以表对东道主的感激和礼貌，此外他们也不想在自己的科学信念之间产生任何良心上的不安。索尔维对科学的进步充满了浓厚的兴趣，后来他经常召开类似的会议，而爱因斯坦总是起着主导作用。像索尔维这样一个热衷科学、实事求是的人，可以借来推动科学研究的进步。

爱因斯坦在1912年提出的大量新颖的、惊人的想法，这些概念的提出发展了一个更大的完整的理论体系，爱因斯坦在成为物理学家不到十年的时间做到如此，令世界为之震惊。但是爱因斯坦却只关注他研究过程中的缺陷和空白。他于1911年在布拉格公开的新引力理论，只解决了一个非常特殊的重力效应案例，只有引力的力在整个被固定空间中具有相同的方向和强度的情况是已知的，并且迄今为止的理论无法为引力在空间中不同点上具有不同方向的情况提供彻底的解决方法。

到目前为止，爱因斯坦已经用最简单的数学辅助工具解决了这个问题，并对高等数学中的每一个极端现象进行了研究，因此人们怀疑这并不是为了清楚易懂，而是为了使读者目瞪口呆。据称，爱因斯坦在布拉格时已经想到一个更普遍的理论，但该理论的发展需要更为复杂的数学方法，这种方法远比他已经掌握的更加复杂。他曾与其同事皮克讨论过这一问题，皮克曾呼吁他关注意大利人里奇和列维-奇维塔的新数学理论。在苏黎世，爱因斯坦在同事中找到了他的老朋友马塞尔·格罗斯曼，之后二人共同研究新的数学方法。爱因斯坦与他合作，成功绘制出万有引力理论的初步草图，其中包含了万有引力作用的所有情况。然而，这部1913年出版的作品仍存在诸多缺陷，直到第一次世界大战期间，完整的理论最终出版后，这些缺陷才得以消除。这一点后面会详细讨论。

2. 维也纳之行

1913年秋，在维也纳召开的德国科学家和医生代表大会上，爱因斯坦应邀对他的万有引力理论新观点进行汇报。即使在那时，他也被认为是物理学家中不同寻常的人，有传言说他"想出"了一个广义相对论，这比1905年他提出的狭义相对论"更令人费解"，甚至将其从物理实验室中除去了，因此，一大群观众挤满了他要讲话的房间。然而，爱因斯坦以最浅显易懂的思想作为出发点，一步一步地试图让大家明白，要想清楚地看到先前理论中的缺陷和差距，那么必须做出全新改变。

他的解答大致如下：起初研究电的特征只关注到了电荷。电荷之间的相吸和相斥力是已知的，而且像牛顿引力一样，也已知随着电荷距离的平方减小而减小。后来随着电流的发现，移动磁铁可以产生电流，电荷移动也产生电流。继而有了电力的工业应用。最后发现了电磁波并应用于无线电报和无线电。没人想到这一切都是由于电荷的简单吸引而产生的。在万有引力理论中，我们仍然处于第一阶段，只是了解了物体之间相互作用的万有引力定律。我们必须创造一个引力理论，从牛顿引力理论中脱离出来，就像无线电波理论从本杰明·富兰克林的观点中脱离出来一样。

爱因斯坦在他的发言中还提到，在他的发现之前，一位年轻的维也纳物理学家已经发展了一些他在理论中使用的数学思想。他问这个人是否在观众席上，因为他本人并不认识他。事实上，当时有一个年轻人站了起来，爱因斯坦让他站着，以便所有人都能看到他。他就是弗里德里希·柯特尔，后来受雇于纽约罗切斯特的伊士曼柯达公司。

爱因斯坦借助这次在维也纳逗留的机会，与物理学家和哲学家恩斯特·马赫建立了深厚的友谊，他对爱因斯坦思想的发展产生了非常深远的影响（见第二章）。在维也纳大学，马赫曾讲授过"归纳"科学的历史和理论，即物理和化学等科学是从具体的事实发展到一般规律。然而长达十二年的时间里，马赫饱受疾病的折磨，最后退休。他住在维也纳郊区的公寓里，专注于研究，偶尔接待访客。一进房间，眼前是一个胡子灰白又蓬乱，表情似和善、似狡猾的人，看上去像极了斯拉夫农民，他说："请跟我大点声说话，除了其他的不好，我还差不多聋了。"马赫对会见相对论的创始者非常感兴趣。

尽管爱因斯坦非常钦佩马赫关于物理逻辑结构的思想，但有许多东西他并不认同。根据爱因斯坦的判断，马赫没有给予那些在仅仅对事实进行描述的基础上想象出一般规律的科学家足够的信任，马赫认为，科学的一般规律只是一种更容易记住个别事实的手段，这对爱因斯坦来说，并不叫人满意。对他来说，"更容易记住"显然只意味着"记忆更省力"。马赫所说的"经济"看起来是心理层面的经济。

因此在与马赫交谈过后，爱因斯坦提出了以下问题："假设气体中存在原子，我们就能够预测这种气体的可观测性质，而这种性质不能根据非原子理论进行预测。那么，即使计算过程极其复杂，极难理解，你还会接受这一假设吗？当然，基于这个假设，我们可以推断出几个可观测属性之间的相互关系，如果没有这些属性，它们将互不相干。那么假设原子的存在是经济性的吗？"

马赫回答："如果借助于原子假设，人们能够在几个可观测属性之间建立联系，如果没有这些属性，这些属性将保持孤立，那么我应该说，这个假设是一个'经济的'假设。因为借助于它，各种观测之间的关系可以从一个单一的假设中得到。即使必要的计算复杂且困难，也不该有任何异议。"

爱因斯坦对这一表述非常满意，并回答说："'简单'和'经济'的意思是，不是'心理经济'，而是'逻辑经济'。尽管这些假设看起来'武断'，而且计算出结果可能很困难，但可观测属性应尽可能少地从假设中得出。"

从逻辑意义上解读之后，马赫的观点与爱因斯坦关于物理理论的标准之间不再有任何冲突。虽然马赫在谈话中做出了让步，但爱因斯坦在其著作中只看到了对"心理经济"的需求。因此，虽然当时爱因斯坦感到有点满意，但他仍然对"马赫哲学"持某种怀疑态度。

3. 柏林之约

随着爱因斯坦名声大噪，许多科学研究中心都希望与他成为合伙人。几年来，柏林不仅要成为政治和经济中心，也要成为艺术和科学活动中心。德国皇帝威廉二世喜欢与美国人交往，并从他们那里了解到，在美国除了大学以外，还有专门从事研究的机构，洛克菲勒、卡耐基和古根海姆等富商向这些机构捐赠了大量的资金。皇帝深知军事和经济力量是科学研究机构的基础，他想利用自己的影响力在德国建立类似的研究机构，这在物理、化学及其应用领域尤为重要。

为了进一步实现该目标，威廉二世建立了威廉皇帝学会，其中有富有的实业家、商人和银行家联合起来资助建立研究机构。成员们可以做研究所的"元老"，可以穿特制的长袍，有时会受邀与皇帝共进早餐，当然，这一邀请每次都会花费他们不少钱。在吃早餐时，皇帝会提到某个特别重要的研究领域需要资金。

这些研究机构的建立还有一个好处，由于教育、政治或其他原因，政府不想委任作为大学教授的科学家们，因为他们可以继续服务于德意志帝国。这些研究机构广罗人才，而他们的任命完全基于科学成就。

由于皇帝不仅对物理和化学感兴趣，而且对现代《圣经》研究也感兴趣，所以威廉皇帝学会的第一任会长是自由的新教神学家阿道夫·冯·哈纳克。马克斯·普朗克和瓦尔特·能斯特说服他邀请物理学领域冉冉升起的新星阿尔伯特·爱因斯坦前往柏林。

普朗克和能斯特是当时德国物理学的领导人物，他们在爱因斯坦的生命中扮演了重要的角色。他们二人代表了德国两种截然不同的科学家。马克斯·普朗克出身于有普鲁士军官和政府官员的家族。他身材高挑，热衷于登山，痴迷古典音乐。他基本上接受他所在社会阶层的哲学，他坚信皇帝的使命是向世界传递德国文化概念，他认为他的阶层有权为德国挑选领导人，而其他出身的人则没有这种权利。另一方面，他是康德哲学的忠实追随者，当时，康德哲学已成为德国学术界和政界共同信奉的哲学。他赞成康德所主张的任何行为"都将有资格成为人类行为准则"这一观点。同时，他相信科学的国际使命以及德国与其他国家在科学研究方面的合作。但是，由于他对普鲁士官僚主义哲学有着很深的情感，所以人们理性呼吁，希望他在与外国人合作时可以承认外国人的权利。幸而他是一个有责任心的理想主义者，所以他同意了人们的请求。

另一方面，能斯特虽然是一位伟大的科学家和学者，但他表现出的却是商人阶层的心理特征。他没有民族偏见或阶级偏见，有的是商人特有的自由主义。他矮小精干、机智聪慧。他偶尔会在专业领域中展现自己的智慧，他的学生们开玩笑地称他为"商务顾问"——德国授予成功商人的荣誉称号。有一个关于他的故事是说，他是唯一一个与一家工业公司签订合同的物理学家，该合同却不是站在对公司有利的立场。这份合同涉及他发明的一种电灯泡，称为能斯特灯。他从中赚了很多钱，但合同很快就终止了。

普朗克和能斯特亲自去苏黎世试图说服爱因斯坦支持他们的计划。他们说，至今仍没有独立的物理研究所，也不会很快成立这样的研究所。不过，爱因斯坦将成为这所规划中的研究所的所长，同时在其他研究所进行的物理研究中协助咨询。此外，他还将成为普鲁士皇家科学院的会员，这是莫大的殊荣，许多柏林大学的杰出教授还没能成为其中的一员。尽管该学院会员对大多数在职者来说只是一个荣誉职位，但也有少数人得到了基金会的捐赠，基金会支付了足够高的薪水。爱因斯坦就得到了这样的职位。无论是在普鲁士皇家科学院还是在威廉皇帝学会，他的主要工作都是进行研究。他将获得柏林洪堡大学教授头衔，却不受任何义务或权利所累，除了他想讲的课以外，大学的管理、考试或者新教授的任命都与他无关。

这次受邀到柏林对爱因斯坦来说有很大的好处。除了普鲁士学院授予他的学术荣誉使他获得比在苏黎世更高的薪水之外，他还可以全身心地投入研究中去，并且有机会与柏林许多著名物理学家、化学家和数学家接触。虽然他才华出众，但仍希望受到新思想的刺激，因为受到如此多独立思考、不同领域的科学家的批评总是卓有成效的。除此之外，爱因斯坦也不再需要按部就班地上课，这对他来说是一种解脱。

另一方面，重返德国的中心——这个他学生时代逃离的地方，对爱因斯坦来说是个很艰难的决定。在他看来，仅仅是因为一个还不错的职位，就加入这个格格不入的群体，是对他信念的背叛。对他来说，作为科学家搬到柏林会受益与加入特定的某个社会团体这两者之间很是挣扎。

此外，做出这个决定也有私人的原因。爱因斯坦在柏林有个叔叔，是个成功商人，他的女儿爱尔莎现在是孀居。爱因斯坦仍记得年轻时的爱尔莎经常在慕尼黑，给他留下了友好、开朗的印象。期待着能在柏林与爱尔莎愉快相处，使他对柏林的看法更为改观了。所以爱因斯坦最终决定接受这个提议，并在1913年底离开了苏黎世。

4. 在柏林学术圈中的地位

爱因斯坦抵达柏林后不久，就与妻子米列娃分居，米列娃在许多方面与他不再意气相投，所以现在他过着单身生活。爱因斯坦加入学院时才34岁，甚为年轻，而周围同事大多年纪较大，有着骄人的过去和权势，其中许多人也取得了巨大的成就。然而他从一开始就有奇怪的感觉，只有很小的一部分是因年龄的不同而产生的。可以说，这些人中的大多数都是"大学生活的老手"。在他们看来，这些圈子里发生的每件事都极其重要，而学院的推选更是他们的至上抱负。但爱因斯坦对这些并不感兴趣，他关心的是科学研究，他的目标不在这个狭小的学术圈，他对学术的研究足以让他成为学术界的伟人。

当爱因斯坦还在苏黎世，没有接到柏林的邀请时，有人在他面前说："很遗憾在年轻的时候，没有人能进入学院，那时他仍然快乐。"爱因斯坦回答说，"如果是这样的话，我可以立即进入学院，因为即使现在也不会让我快乐。"

在学院里总是有很多有趣的东西。爱因斯坦非常欣赏这一点，就像他在查理大学的教员会议上看到的趣事一样。此外，这种体制的很多问题是很难避免的。这是因为即使是国家最伟大的科学家也必须处理通常意义不大的问题，但必须像对待最重要的科学问题一样，以彻底和认真的态度进行讨论。例如学院出版的一部作品是分两册还是三册，A的作品是100分，B的作品是120分，或者A的作品是120分，许多类似的问题都以相当敏锐的头脑和热情进行了讨论。此外按照学院一直以来的传统，在学院要印刷的文件必须提交，即使只是在学院开会时以摘要形式提交。由于这些文件通常涉及非常特殊的主题，所以大多数成员都无法理解并毫无兴致。一个人描述了在芬兰某地发现的一种罕见的苔藓，另一个人讨论了复杂数学方程的求解，还有一个人描述了很难读懂的巴比伦铭文的破译方法。为了礼貌起见，还必须表现出颇有兴趣。事实上，会员们经常在会议期间得非常努力才能做到不昏昏欲睡。这一切都是很自然的，但认真和敷衍之间的反差显得滑稽可笑。爱因斯坦能够很好地理解这一点，他的幽默感使他更容易忍受许多不愉快的事情。

拉登堡教授是一位德国物理学家，在柏林和爱因斯坦一起生活和工作了很长时间，之后在普林斯顿大学工作。他曾经对我说："柏林有两种物理学家：一种是爱因斯坦，另一种是其他所有的物理学家。"这句话很好地描述了爱因斯坦的地位。从表面上看，他是专业团体的一员，但他从来都不是普通的一员。他的冷漠是显而易见的，他的地位可以用俚语来恰当地描述——独树一帜。

爱因斯坦对与他人合作的矛盾态度，以及他的那种我们经常能注意到的冷漠态度，也在他对教授一职的态度上表现得非常明确。他经常表达这样的观点：科学家应该靠"鞋匠的工作"谋生。如果有人付钱让他去发现新的理论，他必须不断思考："发现是不能订购的，如果我没有任何发现，我将令我的雇主大失所望，并且得不到报酬。"但如果他是一个积极的技术人员或教师，他总是做一些有用的事情，因此有明确的认知。根据自己的想法，他应该只为快乐而工作。

这样的说法可能有点夸张，因为纯科学最终也会有社会价值。但可以肯定的是，爱因斯坦对将纯研究作为一种职业很厌恶。事实上，命运使然，在搬到柏林后，他正是做了他不想成为的纯研究者。这就是柏林的情况，他后来在普林斯顿获得了一个类似的职位。

爱因斯坦与所处环境的矛盾也表现在他不愿意定期做全物理领域的讲座，尽管可能很少有物理学家对这些物理领域比他更感兴趣和熟稔的了。事实上，在物理学和其他科学领域的大多数专家，几乎都无法理解超出他们狭窄领域的任何复杂事物。他们中的大多数人更愿意夸大他们"专业"的重要性，他们认为只要致力于外部事务都是对纯研究的背叛，是对外行的让步。爱因斯坦则与之恰恰相反。人们可以向他叙述最复杂的物理理论，他会仔细倾听，通过他的提问可以表明他已经抓住了问题的关键所在，并会给出一个建设性意见或有益评论。即使在讨论某设备的构造时，他也会关注每一个重要细节，并提出自己的建议。

如果"老师"一词按目前业界的意义理解的话，很明显，爱因斯坦不是一个"老师"。另一方面，他与前文提到的矛盾态度完全一致，他比大多数教授更关心社会问题，例如科学的教学和研究在人类社会生活中的地位。他一直试图为自己和大众澄清科学与社会、宗教和国际合作之间的相互关系。

洪堡大学和许多大学一样，每周举行一次物理研讨会，讨论最近发表的研究成果。给在不同机构工作的物理学家们一个机会，对每一个新发现和新理论交换意见和观点。1913～1933年，爱因斯坦在柏林期间，该研讨会是个特别有趣的聚会，世界其他地方鲜少有之。除了爱因斯坦、普朗克和能斯特之外，还有发现了X射线在晶体中的衍射现象的马克斯·冯·劳厄，发现高速电子撞击可以产生特定颜色光的詹姆斯·弗兰克和古斯塔夫·赫兹，以及在放射性领域做出伟大发现的维也纳女科学家莉丝·梅特纳，爱因斯坦喜欢称她为"我们的居里夫人"，他在私下里也表达过这样一种观点：她是一位比居里夫人本身更有才华的物理学家。在这一时期的后几年，还有另一位奥地利人欧文·薛定谔，他从物质波理论出发提出了原子的量子理论。

与这些杰出科学家的讨论，对爱因斯坦这样有着巨大创造力的人来说也是很有价值的，至少省去了他阅读所花费的大量时间。爱因斯坦定期参加讨论会，并积极参与讨论。他喜欢分门别类地讨论各种问题，他的发言总能使在场的人感到耳目一新，仅仅是他的提问就足以产生一种刺激性的影响。在这种情况下，总是有许多人羞于提问，因为他们不想显得无知。而爱因斯坦永远不会被怀疑理解缓慢，所以他毫不犹豫地提出一些如果别人提出会觉得是幼稚的问题。然而，这些"幼稚"的问题往往发人深省，经常是那些没有人真正敢碰的基本问题。大多数专家都宁愿相信自己了解基本原理，只想解决次要问题。爱因斯坦的问题常常使人们对一个看似浅显易懂的原理产生怀疑，这给了研讨会一种特别的吸引力。1933年，爱因斯坦离开柏林后，研讨会更像是聚会，只不过最光彩夺目的客人已经离开了。

5. 柏林的同事

　　爱因斯坦对教师职业的态度和他与同事的关系息息相关。他在同事心目中的直接印象无疑是非常讨人喜欢的。他为人朴素自然，对每个人都很友好，从来不管他们的地位如何，不会看人下菜碟。当然，他对地位高的人也很友好，他自身很有安全感，不会通过对他人无礼而彰显自己的个性。他从不喜欢背后算计人，没有参加过任何小阴谋，比如那些发生在所有的法人团体和职业，包括大学院系之间的暗地里较量。他不会对任何人构成威胁，因为他从未有过想要挫败别人的意图。他在任何事情上都可以友好地交谈，他喜欢讲笑话，也喜欢为别人的笑话捧场。他不爱展现自己，不会强迫别人接受他的意愿。如果他利用自己的人格与名望，是很容易做到让别人接受他的安排，但他很少这样做，最多是为了保护自己拒绝那些无理的要求，而不是主动去冒犯他人。

　　爱因斯坦总会设法在自己周围保持一定的"自由空间"，这是一个由艺术和科学想象构成的世界，足以让他沉迷其中，不受外界的干扰。

他在柏林的环境中也有一些特征，人们将其称之为民族或文化特性，这在爱因斯坦身上产生了一种奇异而孤独的感觉。18世纪，在腓特烈大帝统治下，伏尔泰和达朗伯等法国人一直是柏林学院的骄傲。但是自从俾斯麦时代和德国知识分子向民族主义转变以来，一种自愿或非自愿服从新德意志帝国哲学的氛围变得越来越普遍，起初受到了俾斯麦的影响，后来又受到了威廉二世的影响。这种情绪也与对德国民族或种族优越性的某种强调有关，尽管当时还不是非常明显，但爱因斯坦已经很清楚地认识到了这一点。

但是，爱因斯坦从一开始就特别恼火的是普鲁士人和他们的模仿者的冷酷，他们的态度强硬且冰冷，爱因斯坦在学生时代曾非常害怕他们，所以他选择了逃离。爱因斯坦有时会这样表达他的感受，比如："这些冷酷的金发人让我感到不安，他们对别人没有心理上的理解。每件事都必须非常明确地向他们解释。"

因此，对于一个来自不同环境的人，特别是对于一个像爱因斯坦这样的，对人际关系的重要性有着强烈直觉的人来说，生活中经常会产生一些冲突，爱因斯坦与普朗克的关系中，也经历了这种怪异的感觉，要知道，普朗克对于他作为科学家的认可付出很多，很多人支持他、帮助他进入科学院工作，并且对他个人的评价很高。爱因斯坦永远无法摆脱这样一种感觉，即像普朗克这样的人，他的情感和思想实际上是与他自己对立的，普朗克通过理性的论证强迫自己说或做一些与爱因斯坦的观点或意图一致的事情。但是，爱因斯坦总是能感觉到存在一个屏障，在这个屏障后面隐藏着一些敌意的东西，因此他不愿意去直视。这种屏障让他感到不安，尽管这种不安不易察觉，但它确实是真实存在的，并且从未消失。

当普朗克的继任者，奥地利的欧文·薛定谔来到柏林时，这种普鲁士式的保守和机械思维对爱因斯坦的影响变得明显起来。这两个人之间没有任何障碍，不需要很多解释，他们立刻就会理解对方的意思，并且，他们都不会把康德的绝对命令放在首位，所以他们都能及时对彼此采取行动的方式达成一致。

爱因斯坦在学术界的地位与众不同，也是源于他不喜欢参与职业日常生活，他不能严肃对待此类问题。学者的日常生活通常是讨论并对其论文发表的频率、同事是否发表过任何东西、同事是否经常引用或不经常引用其他同事或有意或无意未引用其他人的理论而感到兴奋。有人讨论个别教授的优点，他们有没有从本校或其他大学获得荣誉，以及他们被选入的研究院。然后谈话可能再次转到教授能够获得职位的学生人数、他们能够阻止获得职位的师生人数、他们是否对上级官员有影响，以及他们是否能够从当局为本部门争取来资金。

从整体上看，所有这些问题加在一起形成了巨大利益和知识积累，爱因斯坦几乎没有参与其中。如果说所有这些谈话对科学活动都毫无价值是不公平的，相反，他们在社会生活中有合理之处。然而过分关注这些细节可能会妨碍人们处理实际问题。它可能与专业领域的研究是相通的，但如果把科学看作影响人一生的宗教和哲学，就像爱因斯坦一生所做的那样，无疑是一个巨大的障碍。然而，我们却不应忽视这样一个事实：由于大多数教授对日常生活中更为琐碎之事的回避，常常会使他们丧失获得具体影响的机会。所有社会群体的构成，都离不开琐碎的事物与重要的事物，这两者密不可分，因此通过表现出对琐碎事物的厌恶，人们很容易失去对更重要的事物施加影响的可能性。然而，对于像爱因斯坦这样的人来说，这种施加影响的方法令人不快，所以他很少如此。

爱因斯坦厌恶闲聊，但很愿意与同事讨论科学难题和他感兴趣的问题。向同事寻求建议时，他一点也不傲慢，也不拘小节。即使是比他年轻的同事，如果他们对特殊问题比较熟悉的话，也不例外。爱因斯坦并不想受到额外关注。有一次，他去拜访柏林学院的成员。他不太喜欢这样的正式访问，但他听说著名的心理学家斯顿夫教授对空间感知问题非常感兴趣。爱因斯坦认为他们能共同探讨可能与相对论有某种联系的问题，所以他才决定登门拜访。爱因斯坦一直期待着教授可能会在家，结果上午十一点去了，见到教授家的女仆，女仆告诉他先生不在家。她问爱因斯坦是否愿意留言，爱因斯坦婉拒了，因为他不想打扰任何人，他告诉女仆，他先去公园散步，晚点再来拜访。下午两点，爱因斯坦再次光临。女仆说："哎，你刚走，先生就回家吃午饭了，而且因为我没有说你会回来，所以他正在午睡。"爱因斯坦说："没关系，我一会儿再回来。"于是他又去散步了，四点钟返回来了。这一次他终于看到了斯顿夫教授。爱因斯坦对女仆说："你看，只要付出耐心和毅力，最后总是有回报的。"

见到著名的爱因斯坦，斯顿夫教授夫妇很高兴，他们觉得爱因斯坦会先进行正式的自我介绍。然而，爱因斯坦根本没有介绍，他马上就开始谈论他对相对论的新看法，并详细解释了它与空间问题的关系。斯顿夫教授是一位心理学家，他没有广泛的数学知识，他对这场讨论了解得很少，因此不置一词。爱因斯坦谈了大约四十分钟后，他记起此次来只是介绍性的拜访，却待了太久。他说已经很晚了，便告辞了。教授夫妇目瞪口呆，因为他们还没有来得及问"你觉得柏林怎么样""你的妻子和孩子怎么样"等寒暄之语。

6. 柏林的学生

爱因斯坦在柏林的主要活动是指导同事和学生进行他们自己的工作，并为其研究项目提供建议。他不需要定期讲课，偶尔做做关于自己的专业领域或普通学科的讲座，吸引听众就可以了。

那些地位较高的教授，除了讲课，指导学生进行研究也是他们职责的重要组成部分。德国那些大学里的教授们都很自豪，他们希望在自己的指导下，学生能尽可能多地开展和发表科学调查。因为，如果他们不这样做的话，许多学生获得博士学位后，便再也不能写出一篇独立的论文。为此，教授必须为那些缺乏主见、没有经验的学生提供研究课题，然后督促他们进行科研，直到项目完成为止。许多情况下，如果由老师自己开展，他本可以更好、更快地完成这些调查，因为他们根本不需要无私地浪费这么多精力在不称职的学生身上。

另一方面，有些教授本身天赋一般。他们把正在研究的课题分成若干小部分，然后交给学生来完成。在这种情况下，学生的任务相对容易，并且为了让老师觉得很重要而处理得非常详细。这样就产生了在德国被称为"Betrieb"（工厂）的东西，从表面上看，重要的想法和不重要的事情并没有区别，所产生的一切都是"对科研的贡献"，如果想让后来的作者觉得"科学"，就必须引用这一点。对此，老师和学生都欣然同意。他们全神贯注于这项活动，这导致原本应该阐明清楚的更大的问题常常被遗忘，造成了本末倒置的情况，撰写论文和发表论文变成了他们的最终目的。

爱因斯坦从未对这类活动表现出任何兴趣。最重要的是，他不喜欢提出简单的问题，他更喜欢处理在研究自然现象的基本依据时自然产生的问题。爱因斯坦曾经在点评一位非常著名的物理学家时说："他给我的印象是，他寻找木板上最薄的地方，然后钻尽可能多的洞。"他最尊敬那些在困难中仍砥砺前行的人，或者即使不能从任何积极的意义上扩展已知的知识，但也能向世界表明其所面临的难题的困难程度。本着这样科学工作的理念，在爱因斯坦手下工作的学生并不多。他所做的一切总是很困难，只有他自己才能完成。

爱因斯坦和其他大学教授不同，他对待那些来自科学外行人的邮件中提出的特殊的、伪科学命题的态度很和善。爱因斯坦会通过很多方面进行讲解，他比大多数科学家更能耐心地对待这些问题。许多教授甚至是杰出的教授，都沉浸在自己的思想中，很难理解那些背离传统的想法，或者是以不同于科学书籍中常用的方式表达的思想。这种困难经常表现为对业余人士的憎恨或轻视，因为教授们往往无法反驳那些对科学理论的粗浅研究所提出的巧妙的反对意见。因此，他们给人造成的印象是"学术科学"的无能和错误。与之不同的是，爱因斯坦并不认为专业和非专业之间有多大的差异。他会认真对待每一个不同意见，也没有对其他人来说很困难的工作有任何不情愿。这在他看来尤其重要，因为正是非专业人士经常忙于讨论相对论。

爱因斯坦的心理构成和科学研究方式的这些特征，使他与学生联系更密切，但这并不同于一般大学教授与学生的关系。他对学生既友好又乐于助人。当学生真的有令他非常感兴趣的问题时，即使问题非常简单，他也愿意投入大量的时间和精力来帮助学生解决。爱因斯坦极易做出高难度的科学思考，还有非比寻常、迅速、透彻的理解能力，这些都对他的咨询非常有利，因此他有大量的时间可以用在回答学生的问题上。

当我作为爱因斯坦的继任者来到布拉格时，他的学生们怀着钦佩和兴奋的心情告诉我，爱因斯坦在担任教授一职后，即对他们说："我会随时接待你们的。如果有问题，便来找我。不会打扰到我，因为我可以随时中断自己的工作，也可以随时恢复工作。"

爱因斯坦对学生的态度与许多教授的态度形成鲜明对比，很多教授告诉学生，自己忙于研究，不喜欢被打扰，因为一旦中断可能会打乱他们集中思考取得的成果。

很多人以自己没有时间为傲，爱因斯坦却总有时间。我记得曾经去拜访他，我们决定一起参观波茨坦的天体物理天文台。我们说好在波茨坦的某座桥上碰面，但由于我初到柏林，我说不能保证在约定的时间赶到那里。爱因斯坦说："那没什么，我就在桥上等你。"我说我觉得可能会浪费他太多的时间。"没关系"，他说道，"我在哪儿都能做我要做的事情。我在波茨坦大桥上的思考能力为什么会不如在家里那么强呢？"

这就是爱因斯坦的典型特征，他才思如泉涌，每一次打断他思想的谈话，都像一块小石头扔进大河中，对他的思考过程毫无影响。

爱因斯坦能与学生更密切地接触还有另外一个因素，他需要通过大声表达和向他人解释来阐明自己的想法。因此他经常与学生谈论科学难题，并告知别人他的新想法。但是爱因斯坦并不关心听众能否真正理解他所阐述的东西，只要他看起来不太愚蠢或太枯燥就行。爱因斯坦曾经有一个助理，他辅助爱因斯坦做管理工作，同时完成自己的物理研究。爱因斯坦每天都向助理阐释他的新思想，人们都觉得，但凡这个年轻人有一点点天赋，他都会成为一个非常伟大的物理学家，因为很少有学生接受过如此好的指导。但是，尽管这个学生非常聪明勤奋，同时非常崇拜爱因斯坦，他后来也并没有成为一个伟大的物理学家。可见，老师对学生的影响并不像有些人想象得那么大。

7. 一战爆发

爱因斯坦在柏林待了整整一年后，1914年7月底，第一次世界大战爆发了。战争的狂热席卷了整个德国，很大程度上是由于个人现在可以融入更大的整体——德意志帝国，人们不再为自己活着，这种感觉对许多人来说是一种很大的解脱。

然而，在奥地利伟大的斯拉夫中心，任何人都无法感受到这种喜悦。在布拉格，爱因斯坦目睹了奥地利外交政策逐渐演变为德国达到目的的工具，因此无法对柏林民众的狂热感同身受。他看到这种情况，心里感到非常不适，这和一个被美酒包围却什么也没喝的人的感受相差无几。他对此感到很不安，因为他对其他人表现出了那种让人憎恨的无声的责备。幸运的是，他还有所依靠，来到柏林后，他还保留了瑞士国籍，作为一个中立派，他对这场战争缺乏热情并不会引起太多人的不安。

　　我现在都清楚地记得我在战争期间第一次拜访爱因斯坦的场景。在我辞行之时，他对我说："你不知道能听到外面世界的声音有多好，能够畅所欲言有多好。"

　　战争爆发之初，除前线的炮火之战外，后方还出现了"知识分子前线"，敌对阵营的知识分子互相攻击，用"知识武器"自卫。德国军队入侵中立国比利时震惊了全世界，他们仍然相信一纸合约的有效性。此外，比利时人民在战斗期间所遭受的苦难，都用于盟军的宣传工作了。西欧人民惊讶地问道："我们热爱德国音乐，欣赏德国科学，他们怎么能做出如此违背道德的暴力行为呢？"出于宣传的原因，有人发明了"两个德国"的故事，歌德的德国和俾斯麦的德国。

　　德国政府对这种反差极为不满，因此要求知识分子公开声援德国的军事和外交行为。在著名的92位德国知识分子宣言中，这92位杰出的德国艺术和科学界代表否定了德国文化与德国军国主义存在区别。宣言的结尾是："德国文化和德国军国主义是相同的。"从德国方面，"两个德国"被视为是否认民族生活斗争中的不团结，而同盟国则认为这种行为已经上升到了愤世嫉俗的程度。

　　正如人们所料，爱因斯坦没有在该宣言上签字，这表明了当时每个德国著名艺术家和科学家所想。像爱因斯坦一样，任何拒绝签字的人都被大多数同事视为在困难时期背弃自己人民的叛徒。因为爱因斯坦的瑞士国籍，他才免于被视为德国人民生存斗争中的叛徒。

　　人们可以理解，对于爱因斯坦来说，公开承认自己军国主义是多么困难，毕竟他从小就对军国主义最为反感。

8. 一战中的德国科学

　　随着战争的爆发，爱因斯坦的所有同事都以不同的方式积极为战争服务。物理学家研究无线电报、制造海底声音探测器、预报天气以及其他各种重要的科学项目。有些人选择为战争服务是因为他们觉得这是自己的职责，另一些人则是因为这样的工作比上前线打仗更安全一些。此外，还有人认为他们应该分担战壕中士兵的危险和艰辛，而不是躲在安全的实验室里。

文中多次提到的瓦尔特·能斯特，他可以全心全意投身于研究有毒气体。弗里茨·哈伯是爱因斯坦在科学界私交甚密的朋友，他开发了利用大气中的氮，用以制造工业氨，因为氨是制造人造肥料和炸药所必需的化学物质，而且由于英国封锁，德国不能进口天然氨化合物，因此这一工艺具有重大意义。哈伯是犹太人，但他深受普鲁士思想的影响，高度重视军事权力，将个人感情置于这一最高价值之上。因为他们的效力，能斯特和哈伯都获得了德国陆军少校的军衔。对能斯特来说，这个军衔只是对他虚荣心的小小满足，并不会受到他的重视，但对哈伯来说，却是极大的满足和骄傲。"一战"结束后，协约国将能斯特和哈伯列为"战犯"，德国本应在国际法庭上放弃对他们的审判，然而他们从来没有认真要求过投降。

不管科学家们对当权政府的态度如何，他们为战争努力做的所有工作，在国家危急时刻都是无可厚非的。他们以另一种方式参与战争——他们积极参与"知识前线"的战争。他们开始了一场语言战和宣传战，强调德国科学家的成就，贬低敌国的成就。德国物理学家给所有同事发了一份通知，敦促他们不要引用英国物理学家的著作，或者只在"不可避免"的情况下引用。他们断言，从总体上来讲，英国人的著作水平要低得多，他们之所以经常被提及，只是因为他们国家的人对外国人的过分崇拜，现在他们应该抛弃这种态度。

从历史的角度看，人类并不是为了个人利益而夸大利用战争精神，而是为了证明德国物理学的整个结构不同于法国或英国物理学而进行得非常明显的"科学"尝试。由于这个原因，科学家们应该尽量少吸取英法的科学知识，否则德国科学的统一性和纯洁性就会受到威胁，德国学生也会思想混乱。例如，常有人说，德国科学与肤浅的法国和英美科学相比，是特别深刻和全面的。法国的肤浅在于"浅显"的理性主义，它试图通过理性来理解一切，因而忽略自然的奥秘；盎格鲁-撒克逊人过分强调感官体验，只相信事实，而忽略哲学意义。

与此相反的是法国科学家，在他们参与的这场论战中，声称德国科学的"彻底性"在于注重一系列不重要的事实，它的"哲学"特征在烟幕的制作中掩盖了事物之间的真正关系。盎格鲁-撒克逊科学家们指出德国的科学强调"理想主义"原则，以便更容易为特别不人道的行为开脱，如果为了执行这些原则而必须犯下暴行，那么这些原则就"理想主义"得不正当了。

这些争论很快出现在相对论的争论中。依据该论据，敌国一方可能会将其作为一种特别的"德国"理论加以攻击，而另一方可能会将其作为一种特别的"非德国"理论加以攻击。这样一来，爱因斯坦的理论，乍一看似乎远离了任何政治用途，实则很快就被卷入了国家和政党的斗争中。

9. 战时生活

战争期间，柏林的报纸上充斥着德国军队的战斗情况，以及他们取得胜利的消息。德国人民欣喜若狂，忙于讨论战后德国应保留哪些征服了的领土，波兰究竟应重获自由还是应成为德国的保护国，等等。他们统计了被潜艇击沉的英国商船的数量，其中许多人还列出了被击沉船只的吨位，并每天从报纸上抄来数字，认真地把总数加起来，就像一个商人在编年度账目一样。令人吃惊的是，他们很快发现沉船的总吨位超过了英国的全部吨位，并开始猜测海上是否还有英国船只。

然而，在生活中，每个人的首要任务都是获取食物。不管是谁掌管着家庭，都必须非常狡猾，这样才能抢到偶尔出现在市场上的任何食物，而且那些食物做得还过得去，但味道很一般，他们之所以这样，是因为并不能保证人人都有东西吃。

战争期间，爱因斯坦的身体状况很差，但值得高兴的是，他当时和一家亲戚有联络，所以他可以吃到家里做的饭，这样他就不必依靠饭馆补贴。当时的饭馆是根据军事当局的卫生指标来做饭的。爱因斯坦的一些富豪亲戚曾把他看作是一个败家子。那时他从慕尼黑的体育馆逃走，他对科学研究的热爱与付出不能给他带来一份体面的收入，他和学术圈外的女人结婚得不到家人的认可。后来，当家人听说他越来越出名的时候，都感到十分惊讶。当爱因斯坦受邀到柏林，成为普鲁士皇家科学院的一员时，他们把他邀请到自己的家里，他们觉得自己被称为爱因斯坦的亲戚是一件非常荣幸的事情。爱因斯坦很幽默地认同了这种状况。

在叔叔家里，爱因斯坦又见到了他的堂姐爱尔莎，小时候在慕尼黑他们是朋友。她现在孀居，有两个女儿，她是一个很和善且有母性的女人，她喜欢有趣的谈话，并且想创造一个舒适的家，为了节约物资，战时她尽可能地准备少量的饭菜。爱因斯坦经常去他们家，并开始了新的生活。

爱尔莎夫人不能像米列娃·玛丽克在苏黎世那样和他一起研究伟大的物理学工作。她认为生活本该是十分美好且幸福的，而不是斯拉夫学生那种刻薄、自我否定的性格。她只知道他现在是一个著名的物理学家，普鲁士皇家科学院、洪堡大学乃至外国都认为他同等甚至更高一筹。有这样一个亲戚和朋友让她感到骄傲且快乐，她想帮他解决日常生活中的烦恼。爱因斯坦重视友情，经常在她家里施展"应用物理学"，让她也能帮得上忙。

我在战争期间访问柏林时，爱因斯坦邀请我到他叔叔家吃饭。起初我拒绝了，我说："现在一切资源都很稀缺，所以没有人喜欢有人突然造访。"爱因斯坦则真诚地回答，听起来像孩子似的单纯，但又像刻薄的批评："你不需要顾虑。虽然现在大家都不富足，但我叔叔家里的食物比平均人口分配到的要多。如果你在他的餐桌上吃饭，你就是在为社会正义服务。"在那里我第一次见到了他的堂姐爱尔莎。她半开玩笑半认真地对我说："爱因斯坦真的是一位非常有才华的物理学家，这点我很清楚。最近我们家买了各种各样的罐头食品，我们都不知道怎么打开。那些罐头大多是没见过的、外国制造的，有些罐子还生锈了，罐身弯曲，而且我们根本没有打开它们的工具。但是，至今还没有一个罐头是我们的爱因斯坦打不开的呢。"

战争仍在继续，就在这种环境下，爱因斯坦娶了他的堂姐爱尔莎。他内心总有点放荡不羁，开始过着中产阶级的生活。或者更确切地说，爱因斯坦开始生活在一个典型的柏林富豪家庭中。他住在所谓的"巴伐利亚区"的一间宽敞的公寓里。除了街道通常以巴伐利亚城市命名外，这个地方跟巴伐利亚毫无干系。他家里摆着富丽堂皇的家具、地毯和图画；他每天准时享用备好的饭菜。爱因斯坦会邀请客人来，但是客人到家后，就会发现爱因斯坦仍然是个"外人"———一个中产阶级家庭里的放荡不羁的客人。

爱尔莎·爱因斯坦有许多当地斯瓦比亚人的特点。她非常重视在德国，尤其是在斯瓦比亚被称为"愉悦"的东西。这也难怪当她看到爱因斯坦受到尊敬和钦佩，以及她作为妻子所受到尊敬和钦佩时，会表现得十分开心。然而做名人的妻子总是有两面性的。她周围的人总是非常挑剔地看着她，他们的尊重和钦佩是给爱因斯坦的，同时他们也想获得尊重，所以他们就会对爱尔莎各种挑剔和责备。

在柏林的专业圈子里谈论起爱尔莎·爱因斯坦时，总是能听到各种各样的批评。恶意最小的可能是认为她不配做爱因斯坦的妻子，因为她的智力很难与爱因斯坦相匹配。但是如果爱因斯坦接受了这些批评，他能娶一个什么样的女人呢？问题是，她能否为爱因斯坦创造一个良好的生活条件，让他继续他的工作？这些问题爱尔莎基本都可以解决。这个问题没有理想的答案，而且由于爱因斯坦比大多数男人都不相信理想答案存在的可能性，所以当他的妻子没有完全符合这个理想时，他并没有感到失落。

一些教授抱怨说，因为她，物理学家们很难见到爱因斯坦。他们声称，她更愿意让爱因斯坦结识作家、艺术家或政治家，因为她更了解这些人，觉得他们更有价值。然而爱因斯坦肯定不会轻易受到身边人的影响。他喜欢和各行各业的人交往，并不局限于专业圈。有时爱因斯坦不希望看到客人把责任推到自己妻子身上，因为他不想承认爱尔莎其实并不像他自己认为的那么有趣。

其他人则抱怨说，爱因斯坦夫人过于重视名声的外在象征，并不真正懂得她丈夫内在的伟大。然而显而易见的是，伟人的妻子最容易理解他的行为对公众舆论的影响，对此她比任何其他事情都更感兴趣。

任何一个处于爱尔莎·爱因斯坦位置的女人都可能或多或少像她那样做。唯一的区别是，公众很少像对爱因斯坦那样对科学家的生活感兴趣。如此看来，他的妻子因为各种事情被指责也不算寻常所见。伟人的婚姻生活一直是个难题，不管他和妻子是怎样的结合。尼采曾经说过："一个已婚的哲学家，坦率地说，是个可笑的人物。"

爱因斯坦总是保持自己内心的某一部分不与他人接触，也不想与任何人完全分享自己的内心生活，这种情况使他免受各种困难的影响。他非常清楚每一种幸福都有它的阴影，并且毫无异议地接受了这个事实。

1932年，美国的妇女社团反对爱因斯坦进入美国，因为他们认为爱因斯坦传播了颠覆性的学说，如和平主义。爱因斯坦开玩笑地对美联社的一位代表说："一个如此粗俗的人，除了不可避免地和自己妻子吵架之外，反对一切战争，为什么还不接纳他呢？"

　　还有一次，他根据多年的经验总结了一句话："当女人在家里的时候，她们会依附在家具上。整天围着它跑来跑去，总是对它大惊小怪。但当我和一个女人在旅途中时，我是她唯一可用的家具，她无法控制自己，一整天都在我身边走来走去，并且还要改善一些我的东西。"

　　这种对生活中幸福可能性幻想的缺乏，使爱因斯坦免于犯许多丈夫所犯的错误，他们把生活本身的所有缺陷都看作是妻子的缺陷，因此会很严厉地批评自己的妻子，他们根本不会记住她们的好品质，更不会接受她们的坏品质。

　　在此期间，爱因斯坦的第一任妻子和他的两个儿子定居瑞士。由于德国向瑞士汇款困难，汇率也随着战争的发展而变得越来越高，这种情况引起了爱因斯坦极大的经济困难。但自从学生时代起，米列娃·玛丽克就非常热爱她在瑞士的生活，她绝不会搬到德国。

第六章

广义相对论

1. 万有引力新理论

新的引力学说在科学界引起了争论，也对爱因斯坦造成了精神压力，但是这些都不足以阻止爱因斯坦想要改善他的相对论的强烈意愿。基于他在布拉格和苏黎世的发现，爱因斯坦继续研究，并于1916年成功地发展出了完全独立并且逻辑统一的引力理论。爱因斯坦的理论与牛顿的理论从根本上就是不同的，而要真正理解这一理论需要有丰富的数学知识。在这里，我想要尝试在不使用任何数学公式的情况下尽可能地解释必要的相对论基本观点，好让我们了解到爱因斯坦的个性和他的理论对于那个时代和人文环境的影响。

解释爱因斯坦的新理论是很困难的，难点就在于这种理论不是对于牛顿力学的细微改动。它完全颠覆了牛顿力学理解运动现象的框架。在爱因斯坦的理论里，我们所熟知的"力""加速度""绝对空间"等都是站不住脚的。对于普通的物理学家来说，牛顿的力学原理看起来都能被实验证明或者通过逻辑推理出来，所以要改变牛顿理论中的固有概念，当时的物理学家一时都无法接受。然而，要理解爱因斯坦的理论，这一固有观念就必须要舍弃。

根据牛顿的惯性定律，一个运动中的物体在没有受到外力作用的情况下会一直保持匀速直线运动。不论这个物体的质量或者其他性质如何，这条定律都适用，因此这种运动可以用几何学的方法来解释。另一方面，根据牛顿力学定律，如果有外力作用在这个物体上，则会产生与这个物体的质量成反比的加速度，因此质量不同的粒子在同样外力的作用下会呈现出不同的运动路径。外力作用下的运动就不能再用几何方法来表示，只能根据粒子的质量来表示。

尽管如此，在第四章第8节我们已经看到，1911年，爱因斯坦已经注意到，根据他的引力理论，重力有着独特的性质，重力所产生的影响与重力所作用的物体的质量无关。因而他总结道，实验室中加速度试验的结果不能辨别出引力场中力的存在，这意味着，除了不受外力作用的运动之外，在一个场中受到均衡作用力下的运动也可以用几何学的方式来描述。

在这个基础上，现在爱因斯坦所面临的问题是：相对于任何实验室里的物体运动路径，在引力场中运动的物体的几何形式是什么？

爱因斯坦对于这个问题的解决方法建立于这样一个概念的基础上：这个概念认为考虑引力场的存在时，几何原理与过去不考虑引力场存在时的情况有所不同。这个观点非常新颖，所以习惯了19世纪物理学的物理学家与数学家们都感觉到有些迷惑。为了理解爱因斯坦的意思，我们必须要追溯科学界的实证主义观，尤其是我们在第二章第9节提到的亨利·庞加莱的观点。根据亨利·庞加莱的观点，数学的基本概念，点、直线和其他诸如此类的数学元素用物理学操作来定义的时候，只能通过我们这个世界的经验来证实。我们必须给布里奇曼的"操作性定义"赋予这些几何概念。比如说我们必须将直线定义为根据指定方法来准备的特定钢杆，而且如果我们要用这些钢杆做出一个三角形，我们可以通过实际测量这个三角形来证实三角形内角和是不是等于两个直角的和，即验证三角形的内角和等于180度。

通过一些其他的试验方法，我们也可以检测出这些钢杆是否确实具有几何学上所说的"直线"的所有性质。比如说我们可以测量两点之间是否真的是线段最短，当然为了进行这些测量活动我们也必须具备测量曲线长度的物理操作。我们也许会发现，如果一个三角形的三条边都是通过"两点之间线段最短"的原理构成的，如果这个三角形的内角和不等于180度，那么，我们将面临这样一个矛盾：如果我们说组成这个三角形的线段是直线段，且我们保留两点之间直线段最短的性质，那么三角形内角和定理就不存在了。从另一个方面说，如果我们想要保留直线段最短的性质，就要否定三角形内角和定理。我们可以自由决定保留所谓"直线"的哪些性质，但是在欧几里得的几何学里，这两者不能共存。

爱因斯坦的基础假设现在可以用这种形式重新诠释：在一个只要物体有质量就会产生引力的空间里，欧几里得的几何学不适用。这种理论认为，在引力场存在时，任意两点间最短的曲线有着独特的意义，而由这样的曲线组成的三角形的内角和不等于180度。

欧式空间和爱因斯坦"弯曲"的空间之间的区别可以用这种方式来解释，我们可以认为这种区别类似于平面空间和曲面空间。平面空间内的所有三角适用欧式几何定理，那曲面空间中的三角形又如何呢？比如说，这个三角形在地球表面上。如果我们仅仅考虑恰好落在平面上，而不是高于或者低于这个平面的点，那从常识上来说，就没有什么"直线"存在了。但是在地球表面上，两点之间最短的曲线在导航和测地学中意义重大，它们被称为测地线。球体的表面的测地线就是大圆的弧线，也就是说，我们用来定义经线的子午线和定义赤道的都是测地线。想象一个由北极点和赤道上的两点组成的三角形，这个三角形就是由测地线来围成的。赤道垂直于所有的子午线，所以，三角形底部的两个角都是90度，因此这个三角形的内角和就大于180度，而且超出的角度恰好是处于北极点的这个角的角度。这种情况对于所有的曲面都适用，因此如果一个由测地线组成的三角形的内角和不等于180度，则说明这个表面是弯曲的。

这种曲率的概念也被延伸到太空中。测地线被定义为太空中连接任意两点的最短曲线，并且当组成三角形的三个角的和不等于180度时，这个空间被称为"弯曲"的空间。

根据爱因斯坦的理论，物质造成了太空的弯曲，而在引力场中运动的粒子的运动路径由太空的曲率决定。爱因斯坦发现，当我们把空间考虑为弯曲的几何形式时，这种运动路径最容易理解，要比牛顿力学把这当作受力产生的偏差要容易得多。不仅如此，在这个弯曲的空间中，不光物质粒子的运动路径，引力场里光线中的粒子的路径也可以用测地线来简单描述。据此反推，我们可以利用对运动中的物质和光子的运动路径的观察来推断空间的曲率。

下面我们会提到很多人，甚至包括许多物理学家，都认为通过光线的几何形式来得出空间曲率的所有结论太过荒谬。有些人甚至认为空间是"弯曲的"这种说法完全就是无稽之谈。对这些人来说，一个空间中或许会有弯曲的线条或者平面，但是如果你说空间本身是弯曲的，这就太过反常且荒谬了，然而这种描述是以对几何表达方式的无知为基础的。正如我们上面所看到的，一个"弯曲的"空间仅仅意味着在这个空间中由测地线围成的三角形的内角和不等于180度。而且之所以使用这个专有名词，是因为它与平面和曲面的区别类似。如果不描述角度的测量值，就没法形象地描述弯曲的空间"看起来"是什么样子。

2. 四维空间的意义

如果我们想要完全描述一个特定粒子的运动，仅给出运动轨道的形状是不够的，有必要补充粒子在轨道上的位置随时间推移而变化的内容。比如说，牛顿力学要想说不受外力作用的粒子会直线运动是不够的，我们必须要补充说明其运动是匀速的。

要完成对整个运动轨道的描述，我们可以增加一个几何维度来考虑。就拿最简单的直线运动的粒子来说，运动轨道是一条直线，用来描述运动轨道的粒子的位置可以指定用离直线上特定的一个点的距离来描述。

现在我们取出一张纸，沿着同一个方向画出代表这些距离的点，接着，对应每一个点垂直地画出相对于每一个位置的时间。然后根据这些点绘制的曲线，我们得到了运动路径的完整几何图形。如果物体做匀速直线运动，那就会得到一条直线。因此如果运动是直线的或者一维的，技术上来说可以在二维的平面上表达出来。现在我们生活的空间是三维的，要确定一个球在房间内的位置，我们必须给出三个数值，它与两面墙的距离以及它离开地面的高度。物体日常运动的路径已经是三维的，再加上时间信息，要完全展示运动的信息则需要四个维度。因此，三维空间中运动的粒子可以被四维空间的一条曲线来完全展示。

四维空间的概念虽然简单至此，却带来了很多的疑惑与不解。很多人固执地认为四维空间内的曲线"仅仅是数学表达方法的补充"，而且"并不是真实存在的"。众所周知，"并非真实存在的"这一点本身就是明摆着的，因为"真实存在"仅仅是指在日常生活中，我们对于三维世界中可直接被观察到的物体的一种描述。与此相反的是，很多人，尤其是哲学家和受这些思想影响的物理学家，认为只有四维空间内的事件是真实的，而显示在三维空间中的事件不过是我们对于现实的主观印象罢了。我们很容易发现，其实这两者都有道理，不过就是"真实"这个词语被赋予了不同的意义罢了。要解决这样的分歧，我们需要用到一点语义学。

爱因斯坦在伯尔尼提出狭义相对论时就已经证明，当通过时钟和测量杆来描述机械和光学现象时，对这些现象的描述依赖于使用这些仪器的实验室的运动。而且同样的物理事件常会有不同的表达方式，爱因斯坦可以说明这些表达方式之间的数学关联性。1908年，爱因斯坦在苏黎世的教授赫尔曼·闵可夫斯基，证明了同一现象的不同描述方法之间的关系都可以用数学来简单描述。

他指出，用不同的描述方法来表示一种运动，而这种运动由四维空间中的曲线来表示，这在数学上就是所谓的"四维曲线在三维世界中的投影"。因此闵可夫斯基认为只有四维曲线是"真实"存在的，不同的描述方法只是对于同一个现实的不同印象罢了。可以举一个和这个概念类似的例子，比如说有这样一栋房子"真实存在着"，但是从不同角度拍的这栋房子的照片，也就是三维房子的二维投影，永远都不能表达出这栋房子真实的样子，而仅仅是在不同角度上对房子予以描述罢了。

很明显，在这里我们使用"真实"这个词的意义与我们日常的习惯是不同的。习惯上，我们说只有三维世界中的物体是"真实的"，而四维展示仅仅是人们创造出来的一种数学图表。在闵可夫斯基的演讲中，他认为，"真实"是"对我们经验的最简约的理论表达"，而真实的另一个意义是指"用尽可能日常的语言表达我们的经验"。

将运动描述为四维空间的曲线是爱因斯坦万有引力的出发点。运动中的物体若不受重力或其他任何力的作用，则表现为平直的四维空间中最简单的曲线，也就是直线。若仅仅受到重力而不受其他力的影响，爱因斯坦则假设空间是弯曲的，但是运动依然表现为弯曲的空间里的最简单的曲线。因为在弯曲的空间里不存在直线，他认为这个空间中最简单的曲线是弯曲的空间里任意两点之间最短的距离，也就是测地线。因此，受重力作用的粒子的运动表现为四维空间内的测地线的形式，而空间的曲率则由产生引力场的物质的分布来决定。

因此，爱因斯坦的理论由两组定律组成：

第一，物质产生空间曲率的引力场论。

第二，解释在已知曲率的空间中，如何获得测地线，从而可得知粒子和光子的运动定律。

爱因斯坦的新理论是对恩斯特·马赫原理的补充。对空间中用来计算空间曲率的物质和物体的运动都做出了补充。与牛顿所假设的不同，爱因斯坦认为物质的惯性不是因为运动在绝对空间中要保持方向不变，而是由质量体对物体的引力决定，比如马赫所提议的恒星，就是这种质量体。

3. 实践检验理论

牛顿的理论成功通过了实践的检验，但是爱因斯坦大胆地从根本上颠覆了这一理论。两者的差异主要体现在其理论的逻辑是否足够清晰以及适用范围是否更广。人们自然会开始有这样的疑虑：能否从新理论中推导出与旧理论不同的结论，这两种理论应该用什么实验来检测。否则，爱因斯坦的理论就只能停留在数学—哲学层面，尽管它能够起到启迪智慧和愉悦身心的作用，但是这对解释物理学现象毫无用处。爱因斯坦本人只有在一个新理论能够开拓物理学世界的新领域时才会认可它。

爱因斯坦用数学方法证明，当引力场"较弱"时他与牛顿的预测结果是一样的。在这种情况下，三维空间的曲率可以忽略，区别只是在四维空间里使用的数学处理方法不同。对于运动的计算，比如说，地球围绕太阳的转动，不管是用牛顿的力学定律还是用爱因斯坦的引力理论来计算，结果都是完全一样的。只有当一个物体的运动可以与光相比拟时，这两种理论的区别之处才能被察觉到。

为了能够找到一种现象来证明空间曲率是否起作用，爱因斯坦查询了天体运行的观测结果，想要找到一个与牛顿力学的推测结果不一致的现象。他找到了一例人们早就知道，离太阳最近且受太阳引力场强烈影响的水星的运动轨迹与牛顿推测的轨迹不完全一致。根据牛顿的理论，所有行星在太空中运行的轨道都是与行星位置相关的、固定的椭圆形轨道。但是人们已经观测到水星绕太阳运行的椭圆形轨道以每百年43.5角秒的极小的比率于近日点进动。

这一矛盾从未得到妥善合理的解释。当爱因斯坦根据他的理论计算水星的运动轨道时，他发现计算出的运动轨道与实际观测的结果一致。这一成就便成了支持爱因斯坦理论的强有力论据。

空间曲率对于光线运动路径的影响则更令人印象深刻。爱因斯坦尚在布拉格时就已经指出，当光线经过太阳表面附近时会发生偏折。根据牛顿的力学理论和他自己于1911年发表的万有引力理论，他已经计算出光线的偏折角度应该是0.87角秒。根据空间弯曲的新理论，爱因斯坦发现光线的偏折角度是1.75角秒，是他上一次计算结果的两倍。

爱因斯坦的第三个预测是星体发射出的光线波长的变化。根据爱因斯坦的计算，光线在被星体发射并离开星体的过程中，必须要经过星体自身的引力场。在这一过程中，其波长变长。虽然太阳光波长的变化很难被观测到，但是有着高密度伴星的天狼星发出的光线波长变化的大小是能被观测到的。

最重要的是，以上由爱因斯坦的理论预言的三个现象中，仅有一个，也就是水星的运动轨迹在爱因斯坦的时代就被发现了。另外两个现象是全新的，从未被观测到，甚至从未被想到过。这两个预测在其后的若干年内都得到了非量化验证，从而给出了爱因斯坦理论是正确的结论性证据。爱因斯坦的理论从几个基础原理出发，利用逻辑清晰并适用广泛的标准，得出了惊人的结果。这也说明了爱因斯坦是杰出并且贡献巨大的。

4. 宇宙难题

在大多数物理学家还没能完全理解他的新理论的时候，爱因斯坦就已经很清楚这个理论不能准确地描述出整个宇宙的样子。

19世纪，对于宇宙的最普遍的一种观念是在宇宙中存在着一些天体，比如说银河，而这个区域以外则是"空荡荡的"，这一片空荡荡的区域是无限远的。在19世纪末，就已经有一些科学家对这一理论产生了怀疑。因为在这种情况下，星体会像一团水蒸气，且没有什么能阻止他们消散在周围空空荡荡的太空里。因此，如果有无限的时间和空间，整个宇宙最终会完全消失。

从爱因斯坦的理论角度出发，用这种孤岛模型来模拟宇宙还存在一些其他的困难。根据等效性原理，物质受到的引力和其本身的质量被认为是一致的。这让人想到恩斯特·马赫指出的牛顿力学中惯性运动的缺陷，在空旷的空间中的直线运动，是不受其他任何外力影响的。马赫提出了一种假设，物体的惯性是由宇宙中其他物质作用的结果，物体的运动是相对于宇宙中的恒星的一种运动。在爱因斯坦的理论里，当假设引力场的存在时，他介绍了这种"马赫假设"，并因此而认为惯性效应是由物质的分布来决定的。如果这些物质在空荡荡的太空中组成了一个岛屿，那么，根据爱因斯坦的理论，太空中只有有限的一部分空间是"弯曲的"。然而这个区域却是被一个"平面"的太空所包围的，而且这个太空向四面八方无限地延展。在这个平面空间内，不受任何外力作用的物体将根据牛顿惯性定律做直线运动，而这种惯性力不由宇宙中物质的分布决定。因此，这种弯曲的空间被平面的空间所包围后形成孤岛的概念与马赫的假说不一致。

当时还存在另一种假说，这种假说认为，物质并没有在宇宙中形成一个孤岛，而是或疏或密地分布于整个宇宙。然而，如果我们进一步假设所有的物质的作用力都遵循牛顿的运动定律，我们就又会陷入困境。因为，虽然距离较远的物质对彼此的作用力是比较小的，但是在远距离范围内，物质的总量巨大，因此，无限量的物质所形成的作用力的总和是无限大的。观测表明，星体并没有受到这样的作用力，因为这种情况下，星体将会高速运动。实际上，观测结果表明星体的运动速度相对光速来说是很小的。

爱因斯坦解决了这一难题。他指出，根据他的理论，弯曲的空间内分布的物质总量不一定是无限多的。因为曲率的存在，空间有可能不是无限延展的。不过，这也不意味着太空是有边界的，或者边界之外连空荡荡的太空都不存在。这种情况或许可以用我解释空间曲率的同一个例子来解释。地球的表面是一个二维的弯曲平面，它有确定的区域，但是没有边界。诸如此类的物质，比如城市，也许或多或少的统一分布于地球的表面，但是城市的总量却是有限的。进一步说，如果一个人沿着测地线（测地线在此是一个大圆）向着既定的方向走，会走回他出发时的起点。同理，我们存在的太空可能也是这样弯曲的，它有限定区域，但是没有边界。这样，以下问题就有意义了，我们的宇宙中存在多少物质，我们的太空的"曲率半径"是多少，最终，我们的太空中物质的平均密度有多大？

不过，仍然存在另一种可能性。物质或许大致存在于整个宇宙中，但是，宇宙不是静止的，而是膨胀的，所以物质的密度在下降。目前，我们还不能确定地说，这两种关于物质分布的理论哪一种是正确的。后来，爱因斯坦又做出了一种假设，指出或许有不含有物质的弯曲的空间存在，这与马赫的假说是矛盾的。

无论如何，当时的天文学界都支持物质不会在宇宙中形成一个孤岛的观点。哈罗·沙普利和他的同事的研究结果都表明，用现有的望远镜观测到的宇宙中所有其他地方都与我们现在所在的银河系的样子类似。因此，我们可以相信爱因斯坦的假设，认为整个宇宙都充满了物质。而且，通过计算星体的数量和测量它们离我们的距离，沙普利已经可以粗略获知我们宇宙中物质平均密度的数值。此外，根据爱因斯坦的运动定律，通过对遥远星云衰退速度的测量，已经有可能计算出曲率半径和空间容量这样的数值，也已经有可能计算出太空中的物质总量。

5. 检验理论的探索

对于数学家来说，爱因斯坦的新引力理论具有美与逻辑简约的特性。观测天文学家们仍然怀疑这一切也许仅仅是幻想。牛顿的理论对他们来说已经够用了，仅仅是数学意义上的优美不能改变他们的观念。天文学家们需要在日食现象出现时进行观测，来验证爱因斯坦的理论。

新的理论用一个爱因斯坦喜欢引用的比喻来说，就像一条美丽的裙子一样，展示在成衣店里会吸引所有女士的目光。一位高贵的女士订购了这条裙子，但是裙子会合身吗？能不能为她的美貌增色？只有在明亮的光线下试穿之后才会知晓。爱因斯坦的理论就像一条已经展示在橱窗里但从未被试穿过的裙子。日食发生之时就是第一次试穿裙子之日。

彼时，战争还在如火如荼，爱因斯坦关于广义相对论的论文在英国广为人知。抽象地讨论这一理论困难重重，而关于宇宙中的运动方式的新理论的逻辑意义尚未被完全理解。但人们欣赏这一理论的大胆，第一次有一种崭新且完备的先进理论可以替代英国人引以为傲的牛顿创立的宇宙运动定律。

在英国，随着实验验证思潮的流行，有一件事变得清晰起来。自然观察者们有一系列的确定性实验要做，这些实验的结果会对广义相对论的价值做出决定性的判断。在所有的实验结果中，爱因斯坦所预测的日全食时恒星图像的位移尤其可以检测这两种理论——1911年发表于布拉格的理论和1916年发表于柏林的理论——的可信度。早在1917年，皇家天文学家就已经指出1919年3月29日将发生日全食现象，届时昏暗的太阳将会位于一组异常明亮的星体——毕星团之间，这将会为验证爱因斯坦的理论提供异常有利的条件。

尽管当时没人知道远征队能否奔赴地球上可以观察日全食的区域，伦敦的皇家学会和皇家天文学会还是指派了一个委员会来为远征队做准备。1918年11月11日，战争停火协议签订的同时，这个委员会迅速投入工作并宣布了预计于3月27日出行的远征队的详细计划。委员会由亚瑟·斯坦利·爱丁顿爵士负责，他是当时为数不多的能深入理解爱因斯坦理论基础的天文学家之一。此外，爱丁顿也是一位一直重视与

"敌国"人民保持良好关系的教友派教徒。无论战前还是战后，他都没有像大众一样对敌国产生敌对情绪。同时，他也视所有解释宇宙的新理论为增强信仰的方法，同时认为这些理论可以分散人们对于个人或国家利己主义的注意力。

当日全食发生时，地球上仅在特定区域内可以观测到太阳被月亮完全遮挡。由于在发生日全食的几分钟内恶劣的天气可能会阻碍全部的观测计划，皇家学会派出了两支远征队，分别奔赴日食观测区域内的两个相距遥远的地点。其中一支去往巴西的索布拉尔，另外一支则去往西非几内亚湾的普林西比岛。爱丁顿本人带领第二支远征队。

当远征队抵达巴西时，在社会上引起了不小的震惊和反对情绪。跟德国的战争还缠绵未决，报刊上充满了针锋相对的宣传内容。这一切都没能让科学活动中止，相反，英国花费不菲的远征队还要去验证一个德国科学家的理论。巴西帕拉州的一家报纸这样写道："远征队的成员熟知天堂是什么，他们不应该试图去创建一个德国人的理论，而应该为久旱的国家带来甘霖。"幸运的是，远征队到达几天后，索布拉尔便开始下雨，学者们为科学而辩护，收获了公众的信心。

对于巴西队的观测结果我就不赘述了，这里仅仅介绍普林西比岛上的团队观测到的结果。天文学家们提前一个月抵达了日食发生地，以便安装设备，并做一些必要的准备。然后，日食发生了数分钟。由于不清楚能否拍摄到昏暗的太阳旁边的星体，又或者云会不会将星体遮挡住从而使几个月的准备付诸东流，人们忐忑不安。

爱丁顿如是这样记录那个时刻的：

日食那天，天气不尽如人意。日全食发生时，透过云层能看到日冕环绕着的月亮的暗影，看上去就像每一个没有星星的夜晚，月亮从云层背后探出头来一样。此刻别无他法，只能照原计划进行，然后祈祷结果令人满意。

无论内外，不分上下，

除了魔影，一无所有。

以太阳为烛火，戏在暗盒中上演。

我们围绕着它，来回奔走，宛如幻影。

"暗盒吸引了我们全部的注意力。天空之上，正有奇观上演，后来我们也从当时拍摄的照片里看到，十万英里的日珥静立在太阳之上。我们没有时间去看它一眼。我们仅意识到暗影中的地貌之诡异和自然之静谧。唯一打破宁静的是观察者们的呼喊和为这302秒的日全食计时的节拍器的嘀嗒声。"

"一共拍摄了16张照片，曝光时间从2～20秒不等。前几张照片里看不到星星……但是很明显日全食后期云层渐渐明亮起来，后来的几张照片里能看到一些图像。很多时候，某颗最重要的星星隐藏在云层里，这样的照片就没什么用处了。但是有一张照片里的5颗恒星成像颇佳，这张照片适用于测算。"

爱丁顿和他的同事们既紧张又兴奋，他们把远征队拍得最好的照片与在伦敦拍摄的同一组星星的照片相比较。它们离太阳很远，因此不受太阳直接引力的影响。实际上，恒星图像的位移与光线的偏转是相对应的。光线的偏转角大约与1916年爱因斯坦预期的一样大（图3和4）。

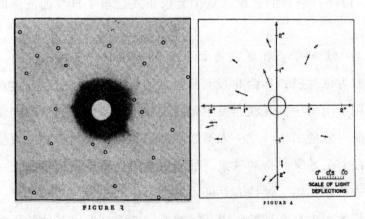

图3　图4　光线的偏折范围

1922年，一支由加州大学利克天文台组织的美国远征队奔赴瓦拉尔（位于澳大利亚西部）用更完备的方法重复了1919年英国日食远征队的观测。图3的照片中可见日食发生时的太阳，日冕和太阳周围最明亮的星星。星星的图像被圈了出来。图4中可观测到星星在引力场中的位移。

不过，又过了好几个月，远征队才返回到英国，并在实验室内仔细测量了所有的照片，同时专家们担心会有失误，将所有可能存在的错误都考虑在内。

天文圈内各种讨论热烈进行着，公众对此感到好奇，且仅仅对观察者们是否能证明"光线的重量"或者"空间的曲率"感到好奇。后者更令人感到兴奋，因为没人能想象一个"弯曲的空间"到底是什么样。

6. 验证相对论

1919年11月7日，当时伦敦正在为纪念停战一周年做准备。《泰晤士报》的头条这样写道："逝者光荣。战争停火。所有的列车都已停靠。"不过，同一天，《泰晤士报》还发布了另一条消息："科学革命。是时候将牛顿的理论抛诸脑后了。"这篇文章提到了英国皇家学会于11月6日举行的会议，这个会议正式公布了日食远征队的观测结果。

伦敦的皇家学会和皇家天文学会于11月6日召开联合会议，正式宣布由双方派往巴西和西非观测日全食的日食远征队已经通过观测得出了太阳引力场中的光线会发生偏折且偏折角度与爱因斯坦的新引力理论预测一致的结论。这一人类智慧的结晶与观测结果的一致使得会议上弥漫着美妙又兴奋的气氛。那个时代受人尊敬的哲学家之一，阿尔弗雷德·诺尔司·怀特海见证了这一会议。作为一个数学家、哲学家，也作为一个具有良好历史和宗教意识的人，他比其他的科学家更懂得这一刻是多么独一无二。

"我很荣幸，"怀特海说，"能够在伦敦皇家学会上见证皇家天文学者宣布，著名的日食照片经由他的同事在格林尼治天文台的测量已经证实了爱因斯坦关于光线经过太阳附近时会发生偏折的预测。会场上的气氛就像一出希腊戏剧那样令人紧张。"

随着这一重大事件的发展，命运即将揭晓，而我们则用合唱为此注解。现场十分具有戏剧性——传统的仪式、背景中牛顿的肖像，无不提醒我们科学史上最伟大的结论自两个多世纪以来将在此刻接受第一次修正。不以个人意志为转移，人类思想最伟大的冒险已经完全安全靠岸。

"悲剧的精髓并不在于不快乐，而在于事件无情地推演……命运的无常弥漫于科学思想之中，物理定律便是这命运之手。"

这时，本身作为一名研究物理学家的英国皇家学会主席约瑟夫·约翰·汤姆逊，召开会议并在演讲中祝贺了爱因斯坦理论的成功，称这一理论为"人类思想史上伟大的成就之一"。他继续说："在科学界，这相当于发现了一整个大陆而不是一个荒僻的孤岛。这是自牛顿宣布他的定律以来与引力相关的最伟大的发现。"

而后，皇家天文学家简单报告了两支远征队的发现。这两支远征队发现光线的偏折角度是1.64角秒，并与爱因斯坦所预测的1.74角秒做了比较。"我们已经得出了结论，"他简短而冷静地宣布，"太阳的引力场的确引起了光线的偏折，正如爱因斯坦的广义相对论所预测的那样。"

著名的物理学家奥利弗·洛奇因支持"超感官知觉"与其他"心灵感应"现象的存在而广为人知，他一直都相信太空中充满了"以太"物质，因此希望观测结果可以反驳爱因斯坦的理论。尽管如此，会议之后他这样表态："这是戏剧性的胜利。"

皇家学会的科学家们已经准备认可直接观测自然的结果能证实引

力场中存在的"空间曲率"以及欧式几何的无效性。然而，接下来的发展令人不安，皇家学会主席在正式会议上说："我必须要坦言，到目前为止还没有人能成功地用清晰的语言来表述爱因斯坦的理论到底是什么。"他坚称，很多科学家不得不承认他们做不到简明表述爱因斯坦理论的实际意义。实际上，这意味着他们没能把握这一理论本身的含义。

他们仅能理解这会对他们各自的领域造成什么样的影响。随后，这种情况很大程度上导致公众对于爱因斯坦的理论迷惑不解。

7. 公众态度

新理论的重要性很快被那些富有创造性的活跃于科学界的人们所欣赏，但是很多所谓"受过教育的"人却为他们在学校里寒窗苦读学来的知识被推翻而恼火。鉴于这些人明白自己缺乏对于天文学、数学和物理学的理解，他们在自己游刃有余的哲学和政治的领域里攻击这一新理论。

因此，美国一家知名报纸的社论作者谈及上面提到的皇家学会会议时这样写道："这些绅士或许是了不起的天文学家，他们的逻辑学却不尽如人意。科学家们声称对太空的探索已盖棺定论，具有批判性思维的外行人已经反对了科学家们的说法，并有义务告诉人们这背后的意义。"

让我们回顾一下这份声明："太空是有限的"与空间有"盖棺定论的结论"无关。倒不如说，这意味着光线沿着闭合曲线穿过宇宙空间并返回原点。日报的社论作者们乐于代表路人的观点，而路人多受到中世纪哲学传统而非科学发展的影响。

社论作者继续写道：

"这不能解释为什么我们的天文学家认为逻辑学和实体论会因天

文学家观点的转变而转变。早在天文学诞生之前，思辨思维就已经高度发展。数学家和物理学家有一定影响力是好的，但是恐怕英国的天文学家多少有些高估他们自己领域的影响力了。"

那个时候，这家知名报纸上发表的另一篇社论也出现了同样有悖于常理的评论，即在这种情况下，小学里学到的知识对科学发展不利：

"这需要至少两家皇家学会主席的努力让人们可以思考并相信这份声明，明白光线有质量而太空有极限。只是对于大众来说，这不是盖棺定论的结论，尽管对更高层次的数学家来说也许这就是最终结论了。"

因为这个路人觉得两个皇家学会的学者们受到了错觉的欺骗，导致学者们不能理解受过普通教育的人都觉得显而易见的事情，他开始查究为什么这种事情会发生。很快他就找到了一个解释，对于路人来说，这个解释让他茅塞顿开。

著名的伦敦会议以后一周，纽约哥伦比亚大学的一位天体力学教授这样写道：

"在过去的几年里，整个世界的人们不论心理还是生理都处在一种动荡不安的状态里。战争与布尔什维克起义很可能是某些深层次的精神困扰在外在的表现。人们希望抛弃政府久经考验的政策而倾向于试验更为激进的方法就是内心不安的证据。这份不安的心理也影响到了科学界。很多人希望我们可以摒弃建立了现代科学和力学发展的整个框架且已经过充分验证的理论，去支持用推论和做梦的方法来了解宇宙。"

作者随后指出，这种情况与法国大革命类似，那时由于类似的精神革命，人们对牛顿理论表示怀疑，但这些反驳后来都被证明是错误的。

尽管有各种各样的人为这一让他们所受的教育备受打击的改革而争论不休，另一些人则较为友好地接受了这件事。爱因斯坦所预测的恒星位移现象已经发生了，所以这些人认为通过单纯的思考，通过对宇宙空间几何原理的数学推演，就可以预测物理现象的发生。"邪恶的"经验主义者和唯物主义者认为，所有的科学都建立在经验的基础上，这引起了诸多宗教和伦理冲突，现在，这种观点已经被科学本身所抛弃了。伦敦《泰晤士报》上一篇讨论英国皇家学会会议的社论这样写道："观测科学实际上又重归主观唯心主义的老路。"而且"唯心主义"对于从学校、教堂和《泰晤士报》受到教育的英国人来说，与唯物主义的布尔什维克思想是截然不同的。

那时，欧洲的这种心理状况使大众对爱因斯坦的理论更加感兴趣。英国的报纸想要抹掉他们尊崇的这个人与德国之间的一切联系。爱因斯坦本人痛恨这种伎俩，不是因为他想要被看作是德国科学界的一名代表，而是因为他痛恨所有狭隘的爱国主义。他也相信，利用他自己的影响力，他可以调解国家之间的关系。当《泰晤士报》要求他在11月28日向伦敦公众阐述他的理论结果时，他欣然接受并利用这次机会友好而幽默地表述了自己的观点。他这样写道：

"从《泰晤士报》对于我和我的境遇的描述里，我们可以看得出作者具有风趣的想象力。为适应相对论读者的口味，今天，在德国我被称为德国科学家，而在英国，我则被称为瑞士犹太人。如果我被视为'圣母院'，那这种表述就会颠倒过来，对德国人来说，我会是一个瑞士犹太人，而对英国人来说，我则成了德国人。"

那时爱因斯坦没预料到这一调侃会那么快就成真。《泰晤士报》的编辑对这种描述英国中产阶级偏见的方式感到恼火，同样也半开玩笑地回答道："我们承认他的这一调侃。不过，我们注意到爱因斯坦博士介绍了他自己理论的要旨却对自己没有确定的描述。"《泰晤士报》也有点难以接受爱因斯坦并没有对哪一个国家或种族有着完全的归属感。

伦敦事件的消息传到德国，就像火花一样引爆了人们压抑的情绪。这在两方面都让德国人感到满意。耻辱的战败国科学家的成就被最骄傲的战胜国所认可。而且，这一发现并不基于实证研究，而完全来自创造性的想象力，并凭借想象力的力量猜到了整个宇宙的秘密。不仅如此，这一谜题的答案还已经被头脑冷静的英国人用精确的天文观测证实了。

这种情况下还存在另外一个现象。发现这一天文现象的人是在战败国经常被侮辱和蔑视的犹太人的后代。当犹太人在商界或者科学界取得一定成就的时候，他们常常听到或者读到人们对他们的成见，说他们只是重复或者阐述别人的工作，而他们之中并没有真正的天才。这一独特而古老的民族中再次出现了人类智慧的领袖。这个事实不仅仅让犹太人自己感觉到兴奋，同时也安慰和鼓舞了世界上所有被征服和被羞辱的民族。

一位俄罗斯的观察员这样描述那时候在战败的德国所存在的这种不同寻常的心理状态：

"随着社会上痛苦情绪的增长，在知识分子中出现了悲观的思潮，认为西方文化已经衰落的观点和飓风一样的暴力宗教革命。即使对于一个熟悉德国文化生活的人来说，这些运动也到了引人注目的程度。独立宗教团体的数目不断增长。战后的伤员、商人、官员、学生、艺术家，全都需要形成一种以形而上学为基础的世界观。"

从可悲的现实逃避到梦境中的需求增加了人们对于爱因斯坦理论的热情。爱因斯坦的理论在人们心中占据一席之地，因为对公众来说，这里有一部分宇宙的真相是做梦时发现的。

这时苏联人正在有意识地抵制"没落"西方的悲观思想，并以这个原则为基础建设新的社会秩序。他们放弃了所有理想主义的幻梦，或者说，至少他们自认为这样做了。他们尽力不与这种在战胜国和战败国都盛行的态度为伍。他们到处寻找"衰落"的迹象。人们认为，这也同样见证了他们在物理科学发展中所扮演的角色。早在1922年，A.马克西莫夫，一位热心于物理科学的苏联政治哲学领袖，在苏联官方哲学期刊中结合上述关于德国生活的描述这样写道：

"相对论曾经而且现在依然笼罩在这种理想主义的气氛之中。所以资产阶级知识分子愉悦地接纳了爱因斯坦相对论的声明是很自然的。

"鉴于资产阶级社会的局限性，知识分子不可能不受影响，因此在这种环境下，相对论便仅为宗教和形而上学的趋势服务。"

在这里我们注意到，在苏联的一些团体里滋生了反对爱因斯坦的理论的情绪。

然而，就此而论，我们不应该忘记，与此同时，德国人则认为，类似于之前提到过的美国科学家，爱因斯坦的理论具有"物理中的布尔什维克主义"特征。这些著名的苏联发言人反对爱因斯坦的理论也并没有让这有所改变。既然人们普遍认为布尔什维克和犹太人有所关联，那么我们便不用吃惊于相对论理论很快被打上了"犹太"的烙印，并被认为会伤害到德国人民。

对于爱因斯坦本人来说，政治和爱国主义干涉、判断他的理论让他非常震惊——实际上，他几乎无法理解这一现象。很长时间以来他都没有关注这些事情，甚至都没有意识到这些攻击。但是渐渐地，他就很难仅仅埋头于宇宙秩序之中了。越来越多社会上的纷纷扰扰纷至沓来，这个过程虽然缓慢，但肯定或多或少地占用了他的精力。

第七章

公众人物爱因斯坦

1. 爱因斯坦的政治态度

爱因斯坦的理论被证实之后，公众对爱因斯坦的兴趣也日益增加，他也不再仅仅对科学感兴趣了。就像知名的政治家、战无不胜的将军或者当红的演员一样，他成了一名公众人物。爱因斯坦意识到他所取得的荣誉已经让他背负了一份巨大的责任。他认为如果只接受别人对他的认可并继续从事他的研究工作就太过于自私和自负了。他看到这个世界上遍布苦痛，而他觉得自己知道是什么导致了这一切。他也看到很多人指出了原因，但是因为这些人不够显赫，所以无人愿意聆听他们的劝告。爱因斯坦意识到作为一个有号召力的人，他有责任唤起人们对于这些痛点的注意，并消除它们。不过，他并不想制订明确的计划，他不想成为一个政治家、社会活动家或者宗教改革家。对于这一类事情，他懂得不比别的受过教育的普通人多。他的优势在于，他可以吸引公众的注意力，如果必要的话，即便身败名裂，对他来说也无所谓。

他一直都很清楚，任何想要冒险表达自己政治或社会观点的人都必须走出科学的殿堂，入世并准备好面对所有司空见惯的攻击。爱因斯坦接受了这一不言而喻的状况，也准备好了付出代价。他也意识到，很多政治上的敌人也会成为他科学上的对手。

战后的几年里，对于所有的政治改革家来说，重要问题自然是如何避免灾难再次发生。

为了实现这样的目标，要采取的措施很明显就是调解国际关系，与经济需求作斗争、裁军以及着重反对培育军国主义精神。其中一个最为可靠的方法就是个人拒绝服兵役，或者大范围成立"反战"组织。不论是对爱因斯坦还是对其他人来说，这些方法都是显而易见的，只是爱因斯坦更具有为这些方法振臂一呼的勇气和机会。爱因斯坦并没有像别的科学家，尤其是德国的科学家那样，沾沾自喜地在科学的象牙塔里退休。其实在当时，实现这些目标的方法对爱因斯坦来说非常简单，这与他人别无二致，虽然后来事实证明并非如此。

像其他的知识分子一样，爱因斯坦的政治立场在两次世界大战之间停火的二十年里有所改变，但他从不是任何政党的成员。不同的政党在不同的场合利用他的权威，但是他从未活跃在任何一个政党里。这是因为，爱因斯坦对政治毫无兴趣。

有些人认为爱因斯坦埋头于研究中自得其乐，认为像他这样的天才从来不会受到外界的影响，其实这些都是非常肤浅的看法。爱因斯坦的性格中存在的未决的矛盾比乍一看上去的多得多，就像我已经提到过的，他有强烈的社会责任感，但同时，他又很厌恶和这个世界有过于紧密的联系。

这些特点也显现在他对待政党的态度中，有时候，他支持这些政党的主张，所以他会和他们合作。也总有一些时候，他会被迫参加一些他不愿意参加的活动，说一些假惺惺的话，这让他感到很为难。特别是在那些他曾经支持的政党中，这种情况更是一再发生。不仅如此，他不喜欢为自己争取任何特别的角色，所以，他有时也参加一些实际上不符合他的喜好的活动。当这一类事件发生时，他实际上并不支持任何一个让他做这些事的人。这导致在很多人的印象里，他是一个摇摆不定的支持者。

当他认为这件事有价值时，他会第一个站出来，但是他并不想太被这些政党的陈规旧习和口号所影响。不管是和犹太复国主义者、和平主义者还是社会主义者合作，他的态度都是这样。

爱因斯坦非常清楚，任何事情都是多面的，就算初衷是好的，人们在支持绝对正义的同时，也是在支持相对正义的事业。许多伪善的人抓住这一点，借口"道德顾虑"而拒绝参加任何活动。这不是爱因斯坦的行为方式。如果初衷是好的，他偶尔也会做出退而求其次的选择。他是一个太过于现实和批判性的思考者，他不相信任何实现人类目标的活动会是完美的。

举个例子，他帮助犹太复国运动是因为他相信帮助犹太人建立自尊和为无家可归的犹太人提供避难所是有价值的。不过，他很清楚与此同时他偶尔也助力了爱国主义和正统信仰，但这两者都是他不喜欢的。他注意到，在那一刻，没有什么工具能比爱国主义更能让犹太的普通民众建立自尊心了。

然而，也有一些时候，如果预料到他的话可能会被曲解而让他非常不悦，他就会避免与这种情况产生纠葛。

爱因斯坦多次收到去苏联访问和讲学的邀请，尤其是在他的理论发展的前几年更是如此，但是他都拒绝了。爱因斯坦意识到，一旦他对这个国家示好，人们就会认为他是一个共产主义者，而任何批评的言论也会被共产主义者当作资本主义对俄国的讨伐。

2. 战后德国的反犹太运动

战后，德国战败导致了贵族和地主阶级秩序的土崩瓦解，这些人被认为是所有偏见的根源。很多人认为歧视犹太人的时代已经过去了。

但实际上，丧失权利使这些阶层愤懑不已。如果一个人相信悲剧是由自己的劣势造成的，他就没法从这种悲剧中走出来，因此他会试图把这一切怪到别人头上。所以，那些被打垮的统治阶级的支持者们散布言论说战败不是由军事上的软弱造成的，是由犹太人带头引起的内乱造成的。这种言论的散播导致在德国，人们对犹太人有一种切齿之恨。甚至在受过教育的阶层中，这种情绪也广为传播，这些受过教育的人对犹太人来说更为危险，因为他们完全丧失了理智。犹太人不论说什么都不能反驳他们的观点，不论做什么都不能消除他们的敌意。

然而，很多在德国的犹太人并不理解这一形势。他们努力照猫画虎地把责任推给别人，想把注意力从自己身上引开。这些人使用的方法最为温和，他们试图将战败归咎于社会主义者缺乏爱国主义情操。也有很多人比较过分，他们刻意强调犹太人彼此之间的区别，并谴责"坏"的那一种。久居德国的犹太人把所有犹太人的劣等性都推给从东欧移民过来的犹太人。出于这些久居德国的犹太人的需要，他们谴责包括来自波兰、俄罗斯、罗马尼亚、匈牙利甚至有时还包括来自澳大利亚的犹太人。众所周知，来自奥地利的希特勒开始迫害犹太人时，一所德国大学里的一个犹太教授说："我们没法谴责希特勒对犹太人的看法。他是从奥地利来的，只要想想奥地利的犹太人是什么样子就能知道他是对的。但是如果他对德国的犹太人有足够的了解，他对我们的看法就绝对不会这么差。"这种言论代表了当时德国犹太人的一些偏激的看法。来自东欧的犹太人对此恨之入骨，以致当希特勒开始迫害德国犹太人时，犹太人的反应不是形成统一战线，而是一个地区的犹太人团体将责任归咎于另一个地区的犹太人团体，他们想让希特勒去迫害另一个地区的犹太人。

这些德国犹太人不尊重自己民族的行为让爱因斯坦感到压抑。在那之前，他对犹太人的处境不怎么感兴趣，也几乎没注意到他们处境中存在的严重问题，但是现在，他对他们的境遇感到深深的同情。尽管爱因斯坦厌恶犹太正统教派，他依然认为犹太人是有着优良传统与高度重视知识价值的民族。

所以，对他来说，看到犹太人不仅被外部攻击，更从内部分裂，这让他感到痛苦。他眼睁睁地看着犹太人在心理扭曲的路上越走越远，这样下去他们的心理只会越来越变态。

这种深切的同情让他产生了日益强烈的责任感。随着他声名鹊起，他让整个犹太民族深信他们的民族中也会产生有创造力的智慧人才，能构想出与宇宙相关的理论，并被全世界认为是当代最有价值的成就。这对于那些说只有北欧雅利安人才具有创造力和智慧的人来说是最有力的反驳。

3. 犹太复国运动

第一次世界大战期间，当英国政府宣布要支持巴勒斯坦的犹太人建立一个新国家时，各国都掀起了轰轰烈烈的复国运动。运动的目的是在历史上犹太人的故乡建立一个犹太国家，为整个世界的犹太人提供一个国家和文化中心。英国人的承诺让他们看到了实现目标的第一步。他们希望所有犹太人积极合作，摆脱流离失所、无家可归、寄人篱下、饱受屈辱的状态。

从一开始，爱因斯坦就对复国主义的目的有各种顾虑。他不赞同强调强烈的爱国主义，也看不出用犹太爱国主义代替德国爱国主义有什么好处。他也意识到巴勒斯坦计划本身存在着困难。他认为巴勒斯坦太小了，同时，他还预言了犹太人和阿拉伯人可能会发生的冲突。复国主义者常试图弱化这些问题，但爱因斯坦认为这是他们一厢情愿。

除去所有这些怀疑与不安，爱因斯坦也听到了许多支持爱国主义的理由。只有在犹太人的运动中他才能看到犹太人的自尊意识被唤醒，他曾为犹太人失去尊严而感到痛心。

他不太想通过强调爱国主义来实施这一教育过程，但是他感觉到犹太人，尤其是在德国的犹太人，他们的心理接近病态，所以他建议用所有有可能的教育方法来缓解和疗愈这些犹太人。

因此，1921年，他决定以犹太复国运动支持者的身份公开亮相。

他知道这一举动会让德国犹太人感到震惊，因为几乎所有活跃在德国社交场所的犹太学者或作家都希望犹太人融入德国，他们仇视犹太复国者，将他们看作死敌。当像爱因斯坦这样在世界上享有盛誉的德国伟大的犹太科学家采取这样的行动阻挠他们时，很明显，很多德国犹太人会认为他的行为无异于"在背后捅刀子"。爱因斯坦毫不畏惧，他甚至觉得这种对立是他所追求的教育进程的起点。而且，爱因斯坦以说出别人所不敢说的话为己任，自我表达就变得更容易了，他不需要再压抑自己了。

此后，爱因斯坦就被很多人认为是德国犹太学者中的"害群之马"。至于他为什么这样做，人们对此做出各种猜测，有人说他是误解了德国人的性格，有人说是受到了他妻子的影响，还有人认为他是被那些巧言令色的记者的宣传所误导，更有甚者说，其实爱因斯坦就是一个"俄国逃兵"。他们并没有意识到爱因斯坦是用自己通过科学成就获得的信誉来教育犹太人这一群体。

不过，爱因斯坦参与犹太复国运动不仅仅是为了复国，更是因为接下来的运动计划触动到了他的内心深处。第二个计划是在耶路撒冷创立一所犹太大学。

一直以来，爱因斯坦很为因受歧视而被拒绝的，想要获得高等教育的年轻犹太人而痛心。东欧的大多数大学都不乐意大量接收犹太学生。

在欧洲中部，所有大学都拒绝接收遭到东欧的大学拒绝的犹太学生。对爱因斯坦来说，这是一种特殊形式的暴政。的确，这是一种自相矛盾的暴政——只会打击那些一直尊重知识与热衷于求学的人的志向。尽管犹太学生常常是最勤奋好学的，德国大学接受东欧犹太学生却总像是格外开恩一样。有少数学生虽然被录取，但是他们仍然不会被其他同学所接纳，更不会把他们当作自己的朋友，因此这些学生从来不敢放松。许多犹太老师也受到同样的歧视。所以，爱因斯坦感觉有必要建立一所属于犹太学生和教授的大学，在那里，他们不用总是因为外部环境的不友好而感到紧张。

因为这一建立犹太大学的计划，爱因斯坦认识了犹太复国运动的领导人哈伊姆·魏茨曼。和爱因斯坦一样，魏茨曼也是一个科学家，不过他更喜欢用科学来解决技术问题。他是英国曼彻斯特大学的化学教授，战时，他对战争的研究对英国政府颇有裨益。正因如此，他进入了英国社交圈，并有能力策划复国运动。爱因斯坦当然有意与魏茨曼领导的政党就某一个特定目的合作，而在耶路撒冷建立大学这一计划使得合作顺理成章。魏茨曼本人描述的这所大学颇具远见卓识，爱因斯坦与他一拍即合。魏茨曼说："希伯来大学应该是犹太文化的代表，并应该成为东西方世界沟通的桥梁。"

4. 和平主义者爱因斯坦

自童年时期，爱因斯坦就很不喜欢看到人们被训练得像机器人一样，不管是看到军人在街上正步走，还是看到学生们在体育馆学习拉丁文，对他来说都是一样的。

童年时对机械电钻的厌恶与对所有暴力的憎恨一样都深植于他的内心，而他在战争中看到的是他最为憎恶的东西——麻木而机械的暴力。

爱因斯坦把这种厌恶和所有的政治信念区分开来，1920年的一天，一些美国人来柏林探望他，他说：

反战对我来说是与生俱来的一种情感，人们自相残杀让我不禁觉得恶心。我的这种态度不是通过任何学术理论推导出来的，而是因为我内心反感所有的残暴与仇恨。我会继续用理性来约束这种反应，不过那实际上是一种后验式的思考了。

爱因斯坦对战争的态度是基于全人类，而不是任何一个政党的基础上的，这样，他很难跟任何一个自以为也是为世界和平而努力的机构合作。1922年，爱因斯坦被任命为国际联盟成立的"国际知识合作委员会"的成员。这个机构的目的是使知识分子熟悉国际联盟的目标，以及促使他们利用自己的知识与才能为这些目标做出贡献。这个委员会一开始的目标就很模糊，后来也没干成什么大事。不过，爱因斯坦一开始认为他应该拒绝合作，他在回复接受委任的信里这样写道："我不得不接受这一委任，但我其实完全不清楚委员会工作的性质。我把响应委员会的号召看作我自己的义务，因为在当下这个时代，任何人不应该拒绝协助实现国际合作的工作。"

一年之后，爱因斯坦意识到联盟没有阻止强权实施暴力，而仅仅是寻求方法诱使弱国屈服并满足强权的需求。

因此，他从委员会辞职并给出了如下理由："我相信，联盟既没有完成使命的能力，也没有完成使命的善意。作为一个怀有如此信念的和平主义者，我不应该再跟联盟有任何关系。"

在一封给和平主义者杂志的信中，他对这一举措的解释甚至更加尖锐：

我之所以这样做，是因为国际联盟的所作所为让我明白，不管现在的强权做出怎样违背联盟立场的暴行，联盟都不会做出任何反击。

我退出是因为现如今的联盟，不仅仅不能代表国际组织的理想，更让人怀疑这样一种理想是否真的存在。

1923年秋，当联盟在希腊和意大利的冲突中试图让弱的一方——也就是希腊——妥协时，他的判断就已经被证实是对的。联盟不想伤害那时正在庆祝反法西斯胜利的意大利人的感情。

不过很快，爱因斯坦就意识到这个问题还有另一面。他意识到他从联盟退出颇让德国民族主义团体感到欣喜。于是，之后遇到诸如此类的情况时，他的态度是，"尽管一个运动存在很多问题，只要主旨是好的，就不应该拒绝支持这项运动"。因此，1924年，他再次加入了国际联盟。1932年，联盟十周年纪念日时，爱因斯坦对自己观念的主旨做了如下介绍："我几乎不关心联盟已经做了或者还没做什么，不过我总庆幸它还存在着。"他一直强调，没有美国的支持，联盟永远不能成为国际社会正义的一分子。

爱因斯坦一直认为科学家对促进国际社会的互相理解有着独有的责任。科学家工作的性质不受国界的局限，就拿历史和经济的例子来说，科学家的价值判断总倾向于客观。

所以对于来自不同国家的科学家来说，要找到一个共同的立场更为容易。就像他曾经说的："自然科学家受研究对象的普遍性特征和国际组织合作的必要性影响，心态更倾向于国际化，更支持实现和平的目标……科学的传统作为一种文化影响力将会为人们展现出一种更为开放的视野——因为科学具有全球化视野——可以使人们稍微远离无意义的民族主义。如果没有别的东西来代替民族主义，就不能淘汰掉它。而科学这一广大的领域使得人们有所依托。"

这时爱因斯坦也看到了犹太人民的职责所在。几个世纪以来，犹太人数量较少，所以他们无力抵抗暴力。他们已经证明可以靠智慧来抵制强权，谋得一线生机。1929年，爱因斯坦在柏林一个犹太人会议的演讲中说：

历史上，犹太人已经证明了智慧是最强大的武器。被暴力镇压的犹太人通过抵制战争来嘲讽他们的敌人，并与此同时呼吁和平……我们犹太人有责任让世界以我们几千年的悲惨经历为鉴，忠于我们前辈的伦理传统，与文化界与宗教圈最高贵的人一起，成为为和平而战的战士。

如果要理解爱因斯坦的政治立场，就要时刻牢记爱因斯坦对于和平主义的态度。随着社会重组的问题变得越来越复杂，已经无法确认哪一团体致力于这一目标，爱因斯坦坚决拒绝将反战与社会主义事业联系在一起。美国社会主义者领导人诺曼·托马斯曾询问爱因斯坦，问他是不是并不把实现社会主义当作实现和平的必要前提。爱因斯坦这样回复道：

　　和平主义比社会主义更容易获得人们的支持。时至今日，社会与经济问题愈演愈烈，有必要让人们达成和平解决这些问题的共识，继而他们就会以合作的态度解决经济与政治问题。我得说明，我们首先要为和平努力，而不是为社会主义努力。

　　就如爱因斯坦意识到的那样，一个信仰社会主义的简单宣言不能解决社会问题，而需要调解十分复杂、有时彼此对立的利益关系。同样，他也很早就意识到民主理想中存在的自相矛盾性。人民应该当家做主，虽然实现自由的方法永远没有定式，但是只有当值得信赖的人担任领导角色时，自由才能实现。民主制度下必然会有政党产生，但是，死板的政党统治常常压制对立的政党。因此，1930年，他这样写道：

　　我的政治理想是民主的……但是，我知道想要达成任何确定的目标都有必要让一部分人运筹帷幄、发号施令，承担大部分的责任。但是服从领导的人不能被驱役，并且他们应该有权选择他们自己的领导人。对我而言，社会阶层的划分是错误的，归根结底，这种划分是靠武力实现的。我相信，独裁暴力制度必然会带来社会退步，因为暴力不可避免地会吸引不道德的人。时间已经证明，泼皮无赖是显赫暴君的接班人。

　　爱因斯坦从不认为遵从某些形式的规则就是民主，相反，民主主要在于国家在特定方面决不使用暴力的精神。甚至在德国变成独裁政府之前，爱因斯坦就已经意识到独裁体系和那些依然大行其道的形式上的民主的阴暗面。他曾经说：

　　因为这个原因，我一直积极反对现存于俄国和意大利的政权。有辱欧洲民主形式的并不是民主本身的基础理论，而是我们政治领导的不稳定性和政党联盟的不人性化，虽然有些人根本不赞成这一说法。

　　在那个时候，爱因斯坦已经认为美国政府体制是比德国甚至法兰西共和国更为先进的民主体系。美国政府更依赖当选总统的领导，而不是国会审议和投票。"我相信，"1930年，爱因斯坦对一个美国记者说，"美国人做出了正确的选择。你们选举总统，给予他适当的任期，并赋予他足够的权力以好好履行自己的职责。"

同样，在关于罗斯福第三个任期的讨论中，爱因斯坦认为选举总统的任期对于民主来说并不重要，因为他感觉总统行使职权的精神更为重要。

但是，尽管对他来说民主或者社会主义一直很复杂，无法用一个公式就求得答案，他那时对兵役和战争的态度却一直是简单明了的，因为他对战争的厌恶并不是建立在任何政治理念之上的。

我们甚至有可能在爱因斯坦的言论中看到"不民主"，甚至像是精英阶层价值观的内容，比如，他说"在我们终日碌碌的生活中，真正有价值的不是国家，而是那些富有创造力又极具影响力的人，这些人可以在大众依然思维迟钝、感情麻木时保持高贵的人格"。他讨厌所有的军事机构，因为他认为是这些机构催生了人的奴性意识：

> 这个话题让我想到奴性思维中最恶劣的产物——令人厌恶的民兵组织。那些看到随着音乐走正步的军人就激动到疯狂的人群，让我不屑一顾，这种人徒有聪明的大脑、营养丰富的体魄。这种任意妄为的英雄主义，毫无意义的暴力行为以及夸夸其谈的爱国主义——我对他们何其厌恶！

爱因斯坦反对独裁并不是因为独裁专政认可精英阶层的存在，而是因为独裁专政试图培养大众的奴性思维。

他太急切地想要避免战争、拒绝兵役了，所以在这种情况下，他认为最原始、最激进的手段才是最有效的。这种方法就是——个人拒绝服兵役，就像教友会或者耶和华见证宗教团体所做的那样。1929年，一家杂志社的记者问他如果战争再次爆发他会如何应对时，他这样回答："不管战争爆发的原因是什么，直接拒绝也好，间接拒绝也罢，我都会无条件拒绝服兵役，也会劝告我的朋友采取同样的立场。"1931

年，他不顾个人名誉与国际反战组织合作，发出了如下呼吁：

　　我呼吁全体男女，不论贵贱，声明他们将拒绝为战争或战争的筹备提供任何协助。我请他们以书面形式告知本国政府，并通知我来登记他们已做出这种承诺……我已授权设立爱因斯坦反战者国际基金会。

　　当我拜访教友会在伦敦总部的教友之家时，我在他们的办公室里看到了三个人的照片：甘地、阿尔贝特·施韦泽和爱因斯坦。我对这一组合惊奇不已，问秘书这三个人有什么共同点。我的无知让秘书感到非常惊讶，他告诉我："这三个人都是和平主义者。"

5. 反对爱因斯坦运动

　　随着德国战败，盲目跟随军事统治阶级参与第一次世界大战的德国知识分子失去了对统治阶级的信任，他们感到十分迷茫。停战后的几年里，教授们都觉得自己像是没有牧羊人的羊。在这种混乱的形势下，当爱因斯坦贸然参与到公共事务中，支持犹太复国运动与和平主义时，开始有人组织起来强烈反对他。

　　对于狂热的民族主义者来说，犹太人与和平主义者是"背后捅刀子"的替罪羊，是战败的罪魁祸首，任何支持他们运动的人都会成为他们发泄愤怒的目标。就算是那些赞同爱因斯坦观点的人，也为他面对反对情绪时的直言不讳而吃惊，人们开始把他看成不可一世的人。爱因斯坦不熟悉政治阴谋，也对这些不感兴趣，所以他的言论要么过于幼稚，要么愤世嫉俗。随着他的理论得到英国探险队的称赞和他本人的声名鹊起，他的敌人开始尽全力贬低他的成就。

　　就在这时，社会上突然出现了一个组织，这个组织的唯一目的就是对抗爱因斯坦和他的理论。领导这个组织的是一个叫保罗·威兰德的人，这个人的过去、教育经历和职业都不为人知。这个组织支配着大笔来历不明的资金，为撰文反对爱因斯坦或者在会议上反驳爱因斯坦的人提供不菲的费用。就像为知名艺术家做宣传那样，这个组织通过大型海报来宣传组织会议。

为这一运动发声的人可以分为以下三种。第一种由"右翼革命"的政治代理人组成。他们对爱因斯坦和他的理论一无所知。这些人只知道，爱因斯坦是一个犹太人、一个和平主义者，在英国享有很高的声誉，看上去好像也想在德国社会谋求一席之地。这些人呼声最高，也最言之凿凿。就像专业的宣传员通常做的那样，他们指责爱因斯坦和爱因斯坦的支持者们过度宣传。他们没有进行任何客观讨论，而是或多或少地用一种含糊的方式，暗示爱因斯坦理论的传播是导致战败的同一批阴谋家导致的。这是这个团体的典型思维模式，我想引用一个在德国民族主义圈子里很受认可的杂志《敲钟人》里面的一篇文章的观点来说明，这篇文章是《布尔什维克物理学》，在该文中，爱因斯坦的理论被直接与政治形势联系在一起。很多人认为，德国人战败是因为当时伍德罗·威尔逊总统承诺给予德国人公正的和平，诱导他们签署了停战协议，

所以他们根本不是因军事形势所迫而签署停战协议的。文章写道：

出于惊恐中的德国人很难明白，可怕的是，当一项新的学术成就作为科学研究的巅峰来嘉奖热情高涨的普通德国人时，他们已经被威尔逊教授带有学者光环的高超政治手段所哄骗了。不幸的是，就算是受过高等教育的人也会受此蒙蔽——尤其是自从爱因斯坦，所谓的新哥白尼成名以来，许多大学老师也成了他的仰慕者。不过，无须多言，我们在此面对的是一个臭名昭著的科学丑闻，这一丑闻代表了所有政治时期中最为悲惨的情况。说到底，如果德国教授们会被爱因斯坦误导，那么人们就不能责怪工人阶级会被马克思所欺骗了。

反对爱因斯坦的第二种人是一些物理学家。这些物理学家通过精密实验在学术圈内获得了声誉，他们奇怪为什么有人能凭借他创造性的想象力得出的理论而闻名世界。他们没有经过综合思考，不能意识

到爱因斯坦这样高瞻远瞩的科学家的必要性。总的来说，他们只看到了努力工作的物理学家被轻视了，而依靠虚幻假设的轻浮发明家却受人追捧。这时就已经有一种观念认为忠实地观察自然是"北欧"种族的一种特质，而爱因斯坦一直缺乏这种特质。

第三种人是一些自己的哲学主张与相对论不一致的哲学家。或者，更准确地说，他们不理解相对论确切的物理意义，所以他们赋予相对论实际上并不具有的一种形而上学的解释。然后，他们谴责这种他们自己"发明"出来的哲学观点。在此，已经有一种观点认为，北欧雅利安人的哲学家们探索自然本身的奥秘，而其他的种族则满足于从不同的角度来描述自然。

不过，因为物理学家和哲学家们通常都非常天真，或者，更直白地说，对个人和政治心理学上都知之甚少，后来的两种人常常意识不到他们的行为是在为某一特定的政治宣传服务。

当保罗·威兰德第一次在柏林爱乐音乐厅组织会议时，他甚至费力指定犹太裔的主讲人，好营造一种让人迷惑的气氛。在第一次会议上，威兰德的演讲更偏向于政治而非科学，随后，恩斯特·格尔克批判了爱因斯坦的理论。格尔克是一位来自柏林的优秀的物理学家，他的实验做得很不错，但是他缺乏敏锐的理解力和天马行空的想象力。这些人通常可以接受传统的假设，因为他们已经习惯性地忘记这些假设并不是事实，但是他们却喜欢把新观念贴上"荒谬"和"与实验科学精神相悖"的标签。一位哲学家也获邀主讲以证明爱因斯坦的理论不是"事实"，而仅是"虚构"。这个哲学家是犹太裔，他的出场本来应该是会议的高潮。尽管他对政治不了解，电报也是紧急发出的，但是由于某个朋友跟他解释了会议的目的，他在最后一刻拒绝参加会议。结果，在对爱因斯坦的第一击中，没有来自哲学方面的攻击。

作为听众，爱因斯坦参加了这次会议，甚至还友好地为抨击他的言论鼓掌。他总是用一种剧院里旁观者的态度观察着发生在他周围的事情。这些人的会议就像查理大学教授的会议或者普鲁士科学院的那些会议一样好笑。

这个团体继续组织会议，这一年，"爱因斯坦其人其事"成了报纸上经久不衰的话题。爱因斯坦被各方面要求公开表示对这些攻击的看法。不过爱因斯坦厌恶假装他认为这是在讨论学术。他丝毫不想公开讨论对大多数人来说无法理解而且与会议也无关的内容。最终，为了结束这一整个事件，他在柏林的一家报纸上表示，用科学的方法来回答与科学无关的争议毫无意义，公众没有能力判断谁是正确的。因此他简单地说："不管是不是纳粹，如果我是一个德国种族主义者，而不是一个崇尚自由和国际化的犹太人，那么……对所有人来说，这个解释比科学论证要易懂得多。"

此时，爱因斯坦的反对者们感受到了空前的愤怒，他们更加确信爱因斯坦正将科学讨论变成一种政治讨论。实际上，他又一次成了人们眼中不可一世的人，而且他的话还原了真相，许多他的朋友甚至都希望他能假装看不懂反对者的动机。

这个时期，他在柏林的日子并不好过，而且有很多传言说他会离开德国，他还获得了荷兰莱顿大学的教授职位。当有人问他是不是真的要离开柏林时，他说："好奇我会做出什么样的决定吗？我现在就像是一个躺在华丽床上，却饱受臭虫叮咬、折磨的人。不管怎样，让我们拭目以待，看看事情如何进展吧。"

一旦一个被广泛认可的杰出物理学家领导反爱因斯坦运动，这个运动就被人们正视起来。我已经提到过菲利普·莱纳德几次了。1905年，爱因斯坦根据莱纳德的观测结果提出了新理论。凭借这些实验和其他一些实验的精妙设计，莱纳德获得了诺贝尔奖。不过和做实验相比，他不太擅长从观测结果中推测出普适规律。每当他想要尝试这样做时，他的假设过分复杂，因此得不出任何明晰的结论，所以人们并不认为他是理论物理学家。

一些物理学家在世界大战期间成了极端种族主义者，莱纳德是其中之一，他尤其怨恨英国的敌人。对他和与他持有相同政治立场的人来说，战败出乎意料，并且他认为战败是国际势力，也就是社会主义者与和平主义者造成的。他是一开始谴责犹太人是幕后阴谋主使的人之一。莱纳德很快加入了希特勒之流，也早就是国家社会党的成员了。

战后，爱因斯坦取得的巨大成就让他吃惊。首先，爱因斯坦不是实验物理学家；其次，他发明的"荒谬"的理论与力学物理中已成通识的部分相悖；最后，他还是一个犹太人和一个和平主义者。莱纳德对此感到无法理解，他赌上自己作为一个物理学家的名誉和威望与爱因斯坦为敌。以下三种反对爱因斯坦的人所具有的动机他都具备：

右翼革命的代表、单纯的"经验主义者"和某种哲学观点的倡导者。

有很多事能说明莱纳德对种族主义十分狂热。战后，著名的俄国物理学家乔夫战后在德国各处旅行，想要与过去的同事再次建立联系。他想要去海德堡拜访莱纳德，与他讨论一些科学问题。当他让学院的门童通知莱纳德时，门童却回来对乔夫说："莱纳德先生想让我告诉您，他没空和一个与祖国为敌的人会谈，他还有更重要的事情要做。"

世人皆知电流的强度单位被称作安培，它得名于法国物理学家和数学家安德烈·玛丽·安培。但是，莱纳德规定在他的实验室里，电流单位必须改掉它的法国名字，而以德国物理学家韦伯的名字命名。海德堡实验室里的所有仪器上都做了这样的改动。

每年9月德国都有一个德语科学家和科学教师的会议，一般来说会有几千人参会。1920年，这个会议计划在巴特瑙海姆著名的水疗中心举行。议程中也有几篇与相对论有关的论文。莱纳德想要利用这次机会在科学家们面前抨击爱因斯坦的理论，证明这些理论的荒谬。

　　这个消息传播开来，人们对此充满期待，就像这会是一个轰动一时、一锤定音的国会会议一样。会议由马克斯·普朗克主持。这位伟大的科学家非常优秀，他最讨厌感情用事。他尽心尽力安排这次会议，希望科学家们在会议上保持一贯的水准讨论科学问题，防止一些与科学无关的话题影响会议。由于他的精心安排，会议上大多数时间都在讨论与科技有关的文章，所以留给莱纳德的抨击和接下来讨论的时间所剩无几，整个安排都是为了避免意外出现。

　　在漫长的会议上人们都在讨论数学公式，没有提及原则性问题。莱纳德在简短的演讲里抨击了爱因斯坦的理论，但是没有添加很多感情色彩。莱纳德的论据既没有提及爱因斯坦的理论与物理实验的结果不同，也不包含逻辑矛盾的问题，实际上，仅仅说这个理论与常识相悖。从根本上来说，这个演讲只批评了与力学物理不一致的说辞。

　　爱因斯坦的回复非常简洁，接下来支持和反对爱因斯坦的另外两位科学家的讲话也很简短。就这样，会议到达了尾声。普朗克松了一口气，会上总算没出现什么重大的冲突，守卫的武装警察也撤退了。普朗克很有幽默感地用一个小笑话结束了会议，现在就算不是物理学家的人也知道这个笑话了："不幸的是，由于相对论还不能为我们的会议延长绝对时间，我们的会议必须得结束了。"

　　从某种程度上来说，大多数专业的物理学家缺乏对爱因斯坦理论的哲学意义的理解，所以很难向理智的反对者们解释相对论的实际内容，从而进行一场真正的辩论。但是最终结果也造成了一种印象，虽然爱因斯坦的理论或许对数学有意义，但是从哲学角度上思考，它也有一些荒谬的地方。

　　因此，莱纳德给人留下了这样一种印象，他的论据没有引起足够的注意。而且由于会议规模太大，很多物理学家和数学家没有机会参与到真正触及根本的讨论中。事态没有恶化，物理学家们暂时松了一口气。然而，这也使得大量的科学家和受过教育的人有机会在不召开会议的情况下讨论爱因斯坦的理论。

　　莱纳德和他的支持者们由于一个事实，而无法继续反驳爱因斯坦了：即使理论基础被认为是"荒谬"和"混乱"的，任何科学家都不能否认通过这个"荒谬"的理论得出的推论是很有用也很重要的。不管有多么反对爱因斯坦，只要他是一个物理学家或者化学家，都得使用代表质量与能量之间关系的方程。如果释放能量E，则损失的质量为$\frac{E}{c^2}$，在此，c代表光速（见第三章）。

　　只要想研究原子核，即使是右翼革命最狂热的支持者也得使用质能方程$E=mc^2$。莱纳德和他的团体不断地想要切断这个方程和爱因斯坦的理论的联系，证明早在爱因斯坦以前，一个种族血统和政治观点得到过他们认可的物理学家已经提出了这个方程。

　　在那些不计代价想要避开爱因斯坦名字的著作中，质能转换定律常被称为"哈森诺尔原理"。也许，为了完全理解爱因斯坦的工作环境，要说明爱因斯坦的名字是怎么故意被抹去的，还挺耐人寻味的。

　　人们很早就知道，光线射向物体表面会对表面施加压力，就好像粒子被抛到物体表面一样。1904年，奥地利的物理学家哈森诺尔通过这一点总结道：如果光辐射被封闭到容器内，会对容器内壁产生压力。即使容器本身没有重量，由于受到被封闭的辐射的压力，容器也会表现得像有质量的物体一样受力。而且这个"可见"的质量与封闭的能量成比例。根据$E=mc^2$，当容器放射出能量E时，则"可见"的质量m会减少。

　　这个原理明显是爱因斯坦定律中的一个特例。如果一个物体内已经含有辐射，当辐射被放射出时，它的质量则会减少。爱因斯坦的定律适用更加广泛。他说不管这个物体是什么，不管用什么方式，当这个物体的能量减少时质量也会减少。

　　不过莱纳德和他的团体要找一个人来代替爱因斯坦，选择哈森诺尔还有其他的几个外在原因。在第一次世界大战期间，哈森诺尔曾在奥地利军队里作战，奥地利是站在德国这一边的，哈森诺尔40岁时死在了战场上。所以对反对爱因斯坦的人来说，这看上去是一个理想的人物形象，与投机抽象理论和作为国际和平主义者的爱因斯坦完全对立，可以成为德国青少年眼中的英雄和模范。实际上，哈森诺尔是一个诚实且优秀的科学家，也是爱因斯坦真诚的崇拜者。

这个传说源于莱纳德所写的《伟大的自然科学研究者》一书，书里写了一系列伟人的传记，比如伽利略、开普勒、牛顿、法拉第，还有其他人，也包括哈森诺尔。

为了将哈森诺尔与之前的伟人联系在一起，莱纳德是这样写的："他热爱音乐和小提琴，就像伽利略热爱鲁特琴一样，他热爱自己的家庭，就像谦逊开朗的开普勒一样。"他进一步写到了哈森纳尔的结论："时至今日，他的观点仍被广泛应用，遗憾的是被冠上了他人的名义。""他人"很明显是指爱因斯坦。

第八章

爱因斯坦的欧洲、美洲和亚洲之行

1. 荷兰之行

　　那些人对爱因斯坦的恶意攻击，让各国各层的人都注意到了他的理论。对群众而言，虽然那些理论没有意义，他们也无法理解，但却成了政治争论的中心。当时的政治思想因为战乱而支离破碎。在寻求新的哲学和政治体系时，爱因斯坦的科研工作和政治之间的联系让人们感到困惑，但又因其神秘性而被吸引。哲学家们在日报上发表文章，称爱因斯坦的理论可能在物理学上占有一席之地，但在哲学上大错特错，这又进一步引起了公众的兴趣。

　　公众知道了爱因斯坦是这样的人，还想亲眼看看这位著名的科学家，听听他的看法。爱因斯坦开始收到来自各个国家的讲座邀请。惊讶之余，他也很高兴能让人们如愿以偿。他喜欢离开自己工作的这个小圈子，去接触新朋友。他很开心能离开柏林和德国，走出这种痛苦和悲惨的氛围，去新的国家看看。

　　然而，这些旅行和公开露面也成了另一个攻击爱因斯坦的原因。甚至惹怒了一些德国科学家，其中有位观察员，他在实验室里辛勤工作，还写了一本小册子，题为《相对论的大众建议》。在这本小册子中，他从自己的角度解释了爱因斯坦的旅行。他写道："一旦相对论的错误在科学界显而易见，爱因斯坦就会转向大众，竭力公开展示他个人和他的理论。"

　　这种"不科学"宣传的首例就是爱因斯坦在荷兰古老而光荣的莱顿大学做演讲。在这个著名物理科学中心的1400名学生面前，他讲授了"以太和相对论"。这次讲座导致了许多误解。爱因斯坦曾指出，删除"以太"一词，以防止人们把它看作处理事物的媒介，还谈到另一个提议：对于存在引力的空间而言，"以太"只能被用在"弯曲空间"或者其他类似事物上。

对于爱因斯坦的新提议，有人欢喜有人忧。很多人不清楚在某种意义上使用一个词的建议和对一个物理事实的认定的区别。他们说："长期以来，人们努力让我们相信这个令人惊骇的事实并不存在。如今，爱因斯坦再次引入了它。不要相信这个人，他总是自相矛盾。"

爱因斯坦很高兴住在宁静宜人的莱顿市，和好朋友们在一起，远离柏林的争议。他喜欢与这个城市的物理学家保罗·埃伦费斯特讨论问题。埃伦费斯特是维也纳人，他的妻子是俄罗斯物理学家。夫妻俩孜孜不倦地与爱因斯坦讨论最微妙的问题，这些问题与物理命题的逻辑关系有关。

爱因斯坦也成了莱顿大学的教授，但他一年只需要在那里做几周的讲座。他很期待每年的这段休息时间。在柏林，人们一直在猜测爱因斯坦是否会永久移居荷兰，他的对手想方设法让他在柏林过得不顺心。许多德国人认为应该感谢爱因斯坦，因为他在国外声名大噪也让战败后的德国提高了声望。然而，他的对手开展了一场抵制他的活动，声称他在国外只是为了一己之私，并非为了德国。

普鲁士教育部长、社会民主党成员哈尼什给爱因斯坦写了一封急信，恳求他留在德国，不要在意这些攻击。德意志共和国政府非常清楚，他对德国文化及其在世界各地的声望有多么重要。德国科学家伟大的新理论被英国天文学家研究和证实，德国人就失去了随之而来的声誉，德国政府对此颇感遗憾。部长要求爱因斯坦充分发挥德国观察员的协助作用，承诺答应他援助德国政府。

爱因斯坦非常清楚柏林作为科研中心的重要性，也知道现在所有知识分子都竭尽全力提高德意志联邦共和国的声望，这是重中之重。他给部长写了一封信，在信中他说："柏林是我与人类、科学联系最紧密的地方。"他承诺，如果可以，他将留在柏林，甚至申请德国国籍，但他此前从未想过加入帝国政府。于是，他成了德国公民，这一举动带来了无穷后患。

2. 捷克斯洛伐克之行

作为新捷克斯洛伐克共和国的首都，布拉格有一个乌拉尼亚社团，专为讲德语的人安排讲座，特别是他们熟悉的新德意志联邦共和国的伟人。乌拉尼亚的主席，弗兰克尔博士也在布拉格的讲座中努力介绍爱因斯坦。爱因斯坦喜欢回忆他在布拉格工作时的宁静时光，一有机会他就去看望他的母校和老友。在总统马萨里克领导下，这个新的民主国家是在哈布斯堡王朝废墟上建立起来的，爱因斯坦很想去了解一下。在布拉格和捷克斯洛伐克的德国少数民族，他们的心态与欧洲境内被击败的德意志帝国的人大致相同。捷克斯洛伐克的德国人后来被称为"苏台德德国人"，爱因斯坦的访问增强了他们的自尊，这在"二战"危机中发挥了决定性作用。当爱因斯坦宣布要来访问时，他们在一份报纸中写道："全世界都将看到，苏台德族出现了像爱因斯坦这样的人，永远不会被打倒。"这是民族主义思想的展现。一方面，尽一切努力不让这个种族受外来"杂质"影响；另一方面，当需要一个人时，即使这个人没有在这个种族中待过多久也能被算作其中一员。

1921年初，爱因斯坦回到布拉格，我当时接替了他的工作在那里任教。我好几年没见过他了，只记得那位伟大的物理学家很有艺术气息，经常打趣这个世界，在众科学家中声誉很高。但从那以后的几年里，他已成为一个国际名人，每个人都能从报纸上的照片认出他，每个记者都在采访他的政治观、艺术观，每个收藏者都想要他的签名。简而言之，他的一生不再完全属于他自己。自然而然，在许多方面他已不再是一个独立个体，而是一个象征或旗帜，引导着大众。

　　因此，我很想再见到他，我有点忧虑我要怎样才能让他在布拉格过一种半平静的生活，不让他的名人包袱负担过重。我在车站遇见他时，他没有什么变化，看起来还是像一个做巡回演出的小提琴演奏家，有点孩子气，又有点自信，他很引人注目，但有时也会冒犯他们。那时战争刚结束不久，我才结婚，很难找到一套公寓，所以我和妻子住在物理实验室的办公室里。还是那个房间——爱因斯坦以前的办公室，有许多大窗户，可以看到精神病院的花园。因为在旅馆会遇到一些对爱因斯坦好奇的人，所以我就让他在这个房间的沙发上过夜。对于这样一个名人来说，这可能不太好，但与其他人不同，他就喜欢这样简单的生活环境。我们没有告诉任何人这样的安排，所以没人知道爱因斯坦在哪里过夜。我和妻子则在另一个房间里过夜。第二天早上，我去找爱因斯坦，问他睡得怎么样。他回答说："我觉得自己好像在教堂里睡了一晚上。在这样一个安静的房间里醒来，感觉很不一样。"

　　我们先去了警察总部，每个外来人员都要到那里报到，这在战后是很正常的。接着我们参观了捷克大学的物理实验室。爱因斯坦的照片挂在教授们办公室的墙上，那里的教授们看到爱因斯坦本人出现在他们的房间里时，感到又惊又喜。通过这次访问，爱因斯坦想表达他对马萨里克领导下的新捷克斯洛伐克社会主义共和国及其民主政策的同情。

　　布拉格和所有曾经属于奥匈帝国的城市一样，社会生活的很大一部分发生在咖啡馆里。在那里，人们阅读报纸和杂志，会见朋友和熟人，讨论商业问题、科学问题以及一些艺术或政治问题。新的政党、文学界和大型企业纷纷在咖啡馆里成立。然而，人们常常独自坐着，学习书本上的知识或者写作。许多学生在那里准备考试，因为他们的房间太冷、太黑，又或者太沉闷。爱因斯坦想参观这样的地方，他对我说："我们应该去几家咖啡馆，看看不同社会阶层经常光顾的各种地方是什么样子。"因此，我们很快去了几家咖啡馆。在一家咖啡馆里，我们看到了捷克民族主义者，在另一家咖啡馆里，我们看到了德国民族主义者。这里有犹太人，那里有共产主义者、演员、大学教授等。

在回家的路上，爱因斯坦对我说："现在我们必须得买点东西做午饭，这样就不用太麻烦你妻子了。"那时，我和妻子用一个煤气炉做饭，那个煤气炉用于实验室里的化学或物理实验，即所谓的本生灯。这些活动都在我们住的那个大房间里进行，那里也正是爱因斯坦睡觉的地方。我们带着买来的小牛肝回家。妻子开始在煤气炉上煮小牛肝的时候，我坐在爱因斯坦旁边谈论着各种各样的事情。突然，爱因斯坦忧心忡忡地看着牛肝，冲向我的妻子说："你在那里做什么？你是把牛肝放在水里煮吗？你肯定知道，水的沸点太低，不能煮牛肝。你必须使用沸点较高的物质，如黄油或脂肪。"我妻子是一名大学生，对烹饪知之甚少。但是爱因斯坦的建议节省了午餐时间，让我们的婚姻生活也更有乐趣，因为每当提到"爱因斯坦的理论"时，我的妻子就会想起他关于煎牛肝的理论。

那天晚上，他在乌拉尼亚协会上做演讲。这是我听过的爱因斯坦的第一次巡回讲座。大厅十分拥挤，因为每个人都想看到这个世界著名的人，他推翻了宇宙的法则，证明了空间的"弯曲"。普通民众并不真正知道这究竟是一个巨大的骗局，还是一项科学成就。尽管如此，他们还是对这两件事感到惊奇。我们准备去听演讲的时候，一个在公众生活中很有影响力的人，亲自做了很多工作来组织这次会议，他穿过人群对我说："请快速地用一个词告诉我，爱因斯坦的理论是真的吗？还是这一切都是一派胡言？"爱因斯坦尽可能讲得简单明了。但是公众太过兴奋，所以他们最后都无法理解这次演讲的意义。比起对新知的渴望，人们其实更想参与到这件让他们热血澎湃的事情当中。

演讲结束后，乌拉尼亚主席召集了一些客人与爱因斯坦共度良宵。他们做了几次演讲，当轮到爱因斯坦回答时，他说："如果我不做演讲，而是用小提琴为你演奏一段，也许会更愉快，也更容易理解。"对他来说，用这种方式表达自己的感情更容易。他用他那简单、准确，而倍加感人的方式演奏了一首莫扎特的奏鸣曲。他的演奏表明了他对用简单公式表示复杂宇宙的强烈感受，同时也表明了他自己的喜悦之情。

另一晚，爱因斯坦留在了布拉格，参加一个关于他的理论的讨论，这个讨论将在尤雷尼亚举行，届时将有大批听众出席。爱因斯坦的主要对手是布拉格大学的哲学家奥斯卡·克劳斯，他是一位在法哲学方面敏锐的思想家。他没有试图去探索真理，而只是想通过在爱因斯坦的支持者的著作中找出矛盾的段落来反驳他的对手。在这方面他是成功的，凡是想普遍介绍一门复杂学科的人，都必须进行一些简化。但是每个作者根据自己的口味或者他对读者口味的看法在不同的地方介绍它们。如果普及者的每一句话都照字面意思理解，那么必然会出现矛盾，但这与爱因斯坦理论的正确性毫无关系。

克劳斯教授是这一理论典型的支持者，他认为人们可以通过简单的"直觉"来了解身体的几何学和物理学行为。任何与这种直觉相悖的东西，他都认为是荒谬的。在这些荒谬理论之中，他接纳了爱因斯坦的断言：我们在学校里学到的欧几里得的几何学，严格来说可能并不正确。因为在克劳斯看来，普通几何学的真理对每个普通人来说都必须是清楚的，像爱因斯坦这样的人怎么会相信与此相反的东西呢。他的妻子提醒我，不要和他谈论爱因斯坦的理论。她说，他经常在睡梦中谈论这件事，一想到有人会"相信荒谬之事"，他就情绪激动。一想到这样的事情是有可能发生的，他就感到痛苦不堪。

这位哲学家是反对爱因斯坦理论的主要发言人。我主持了这次讨论，并想要在中途大家都不发言的时候借机结束这场讨论。但是期间冒出了一些人，他们想利用这个可能再也不会出现在他们面前的机会，疯狂地向爱因斯坦提问。他们现在可以把私下里形成的意见直接扔给著名的爱因斯坦，而且爱因斯坦还不得不听他们的意见，结果发生了几件滑稽的事。因此，理工学院的一位机械工程教授发表了一些错误的评论，但听起来相当合理。讲座结束后，爱因斯坦对我说："那个工人说话很天真，但他并不是一无所知。"当我回答说他不是一个工人，而是一个工程学教授时，他说："那样的话就太天真了。"

　　第二天，爱因斯坦就要离开了，但是上午早些时候，消息已经传开，说爱因斯坦正待在物理实验室里，许多人都急急忙忙地找他谈话。我很难安排一次相对安静的出行。一个年轻人带来了一份手稿，根据爱因斯坦的方程式 $E=mc^2$，他想利用原子中的能量制造可怕的炸药，他发明了一种不可能发挥作用的机器。他告诉我，他已经等待这个时刻很多年了，无论如何，他想亲自和爱因斯坦谈谈。我终于说服爱因斯坦接见了他。时间不多了，爱因斯坦对他说："冷静点。如果我不和你详细讨论你的工作，你不会失去任何东西。你的研究一眼看上去就知道很愚蠢，就算我们长时间讨论也毫无意义。"爱因斯坦已经读过大约100个这样的"发明"文件，但是25年之后，也就是1945年，"真正的发明"在日本广岛爆炸。

3. 奥地利之行

　　爱因斯坦从布拉格到维也纳，在那里他还做了一次演讲。这个战后时期的维也纳与爱因斯坦于1913年造访的城市完全不同。现在它不再是一个大帝国的首都，而只是一个小共和国的首都。

　　爱因斯坦的朋友们也有了很明显的变化。他的朋友弗里德里希·阿德勒成了一名公众人物。战争期间，奥地利政府拒绝召集议会并将其行动方案提交给人民代表时，弗里德里希·阿德勒满怀着一种狂热的欲望，想要达到他所想要的目的，于是在一家高级酒店的晚宴上射杀了政府首脑。

阿德勒被逮捕并判处死刑，但皇帝将其减刑为无期徒刑，因为他的父亲是社会党的领袖，在政府圈子里享有很高的声望。有人说阿德勒在刺杀政府首脑时精神失常，这一说辞会让减刑变得更加容易，但是对他精神状况的调查还是非常引人注目的。在监狱里，阿德勒写了一本关于爱因斯坦相对论的著作，他相信自己能够提出令人信服的论据来反驳它。这份手稿被法院送给精神病专家和物理学家。他们将确定是否可以从中得出作者精神错乱的结论。就这样，我收到了这份手稿。因为此事，专家们被置于一个非常困难的境地，尤其是物理学家。阿德勒的父亲和家人希望这项工作能成为阿德勒精神错乱意见的基础。但这必然是对作者的极大侮辱，因为他相信自己已经取得了卓越的科学成就。此外，毫无疑问，除了他的论点是错误的以外，没有什么不正常的地方。然而，我猜想，他减刑是因为他父亲的威望和帝国政府的妥协所致，而不是因为他反对相对论的疯狂论点。

在维也纳，爱因斯坦与著名的物理学家菲利克斯·埃伦哈夫特生活在一起，他的整个工作方式与爱因斯坦截然相反，但是爱因斯坦偶尔也会因为这个原因发现他和自己志趣相投。爱因斯坦对那些确定几个基本原理就可以推断出结论的东西很感兴趣。自然现象越能用一种简单的模式表达出来，他就越感兴趣。然而，埃伦哈夫特是一个经验主义者，他只相信他所看到的，并且不断地发现孤立的现象，而这些现象并不适合这个宏大的计划。由于这个原因，他经常受到蔑视，特别是那些把一般计划当作信条的人。像爱因斯坦这样的人，把这些一般原则带到了生活中，每当他听到无章可循的事情时，总是感到有一股神秘的力量吸引着他。尽管爱因斯坦不相信它们的存在，但他猜想在这些观察中可能会有新知识萌芽。

埃伦哈夫特的妻子在维也纳妇女中是一个引人注目的人物，她是一个物理学家，也是奥地利女子教育的杰出组织者。爱因斯坦来的时候只带了一个白色领子，她感到很惊讶。她问他："你也许把什么东西忘在家里了吧？"爱因斯坦回答说："不，我只想要这个。"作为一个贤良的家庭主妇，她把他随身带来的两条裤子中的一条拿给裁缝熨烫。但是让她无法理解的是，她在讲座上注意到他穿的是一条没有熨过的裤子，埃伦哈夫特太太还以为他把卧室拖鞋忘在家里了，便给他买了一双新的。早饭前，她在大厅里遇到爱因斯坦时，注意到他光着脚。她问爱因斯坦有没有在他的房间里看见拖鞋。"它们完全是不必要的东西"，他回答。他一点也不喜欢鞋子，在家里，当他真的想放松的时候，他经常穿着袜子，有时候有不太重要的客人来访时，他也会这样子。

在他逗留期间，爱因斯坦也接触了维也纳的两股思潮，这两股思潮对我们这个时代的思想生活影响最大，它们分别是西格蒙德·弗洛伊德的心理分析和恩斯特·马赫的实证主义传统。爱因斯坦拜访了约瑟夫·布鲁尔和作家波普尔·林基乌斯，前者是一位医生，曾与弗洛伊德一起发表了第一篇关于癔症瘫痪的心理学原因的论文；后者是工程师兼作家，也是恩斯特·马赫最亲密的朋友，恩斯特·马赫曾说，起初波普尔·林基乌斯是唯一理解他的观点的人。这时候，波普尔·林基乌斯已经80岁了，只能躺在沙发上，但在理智上，他仍然非常机警，总是渴望结识新的、有趣的人。他制订了一个计划，通过引进一般劳工制度来消除德国的经济困境。这个计划后来被阿道夫·希特勒以歪曲的方式付诸实施。这是一个很有意义的机会，波普尔认识了爱因斯坦，他已成为马赫观点在物理领域的真正继承人。

爱因斯坦的演讲是在一个巨大的音乐厅里，在大约三千名听众面前进行的，这可能是他第一次做这种类型的演讲，这里的听众甚至比布拉格的听众更要兴奋和激动，这种精神状态不再与能否听懂和理解有关系，人们只会觉得他们正处在一个奇迹正在发生的地方。

4. 相邀美国

　　爱因斯坦回到柏林后，他比以往任何时候都更为人们所关注。就像以前忘记带伞的德国教授，在肉店买野兔的猎人，或者寻找男人的老处女在德国喜剧杂志上反复出现一样，现在爱因斯坦这个名字成了一个通用名，只要有人可以写出一些难以理解的东西并因此受到钦佩，人们都会称他为爱因斯坦。尤其是"相对的"这个词，会刺激人们去开各种有的没的的玩笑。从某种程度上讲，他们是怀有恶意的，他们试图以某种方式将爱因斯坦的理论与胜利的法国从德国榨取尽可能多的赔款联系起来。德国政府总是想要表明这个国家现在一贫如洗，而法国人则对此表示怀疑。因此，一本德国漫画杂志刊登了爱因斯坦与法国总统米勒兰德进行的对话，米勒兰德是"让德国付出代价"政策的积极倡导者。米勒兰德对爱因斯坦说："你难道不能说服头脑简单的德国佬，即使他们的赤字绝对达到6.7亿马克，他们仍然相对富裕吗？"

　　然而，爱因斯坦很少关注这些政治和个人的烦恼，而是努力消除科学和哲学对他的理论的误解。许多人认为爱因斯坦的理论非常荒谬，因为他认为欧几里得几何在引力场是无效的，空间是弯曲，甚至可能是有限的。这是因为每个人在学校里都知道几何学的假设是绝对正确的，因为它们不是建立在经验的基础上的，经验不可靠，但是建立在绝对可靠的纯粹思想或更绝对可靠的"多元感知"上是绝对没错的。

　　1921年1月，爱因斯坦在普鲁士学院发表演讲，阐明了"几何学与经验"之间的关系。他在演讲中说："就几何学的确定性而言，它没有提到现实世界，就我们的经验而言，它是不确定的。"他做了一个明确的区分：一方面是数学几何，它只处理可以从某些假设中得出的结论，而不讨论这些假设的真实性，在这个区域里，一切都是确定的；另一方面是物理几何学，爱因斯坦在他的引力理论中使用到几何学，它涉及物理实体的测量结果，是物理学的一部分，就像力学一样。同样，它也和几何学一样具有确定性或不确定性。这次演讲通过其清晰的表述，将秩序带入了一个经常出现混乱的领域，在某些情况下，这甚至存在于数学家和物理学家中。从那时起，爱因斯坦的公式开始被引用，人们认为他的公式是最清晰、最好的，他的公式甚至还被一些哲学家引用。

但是当爱因斯坦在做这个演讲的时候，另一种想法也在他的脑海中闪过。不久之前，他收到犹太复国主义运动领袖魏茨曼的邀请，要他陪同前往美国。

当时，只有极少数德国科学家和极少数德国犹太人对即将到来的德国纳粹革命有暗示，爱因斯坦已经非常清楚，那里的条件正在逐步成熟，可能会变得令他非常不快。他感觉到，这个组织的活动在后来成为国家社会主义党执政的表面之下不断发展。事实上，爱因斯坦是第一个感受到这一运动影响的人。当爱因斯坦在布拉格讲述他的理论时，他告诉了我这些担忧。当时他觉得自己不想在德国再待十年。那是1921年。他的估计过于保守，现实比预估仅仅晚了两年。

魏茨曼计划此行的目的是在美国获得帮助，以便在巴勒斯坦建立一个犹太民族的家园，尤其是为了在那里建立希伯来大学。由于美国犹太人被认为是世界上最富有的人，这些目标只能通过他们的经济援助才能实现。魏茨曼非常重视这种团队合作。他希望爱因斯坦的科学名声能够鼓励美国犹太人为一项崇高的事业做出贡献。爱因斯坦现在可以把他的声望交给犹太复国主义运动来达到这些目的，他认为这对犹太人具有非常重要的教育意义。考虑了几天之后，爱因斯坦接受了魏茨曼的邀请。

他的动机主要是希望不仅作为一个纯粹的科学家积极活跃起来，而且为受迫害的人类的福祉做出贡献。他还渴望亲眼看看美国，熟悉这个新世界的生活。他觉得有必要让自己了解一下大西洋彼岸这个国家，这个国家的民主和宽容的传统一度在他心中引起共鸣。

5. 美国人的接待

在热情的欢迎之中，爱因斯坦和他的妻子来到纽约港，这种热情可能是因为见到了以前从来没有见过的科学家，尤其当一个科学家所涉足的领域是数学、物理时。大批记者和摄影记者蜂拥上船为他拍照或问他各种问题。

在诸多考验面前，面对镜头是最简单的一个。结束后，爱因斯坦说："我觉得自己像个首席女高音。"他还很幽默地回答了记者们提出的问题。事实上，他已经习惯了那些奇奇怪怪的问题，并且已经发展出某种技巧来回答那些无法理性回答的问题。爱因斯坦向来不是一个会扫人兴的人，在这种情况下，他通常会说一些不是对这个问题的直接回答，但仍然相当有趣的东西，当印刷出来时，这些东西会向读者传达一个合理的想法，或者至少给他们一些有笑点的东西。

提问者主要关心三件事。第一个问题是最难的："怎样用几句话来解释相对论的内容？"要回答这个问题几乎是不可能的，但是这个问题已经被问到过很多次了，所以爱因斯坦提前准备好了答案。他说："如果你不把这个答案看得太严肃，只把它当作一种玩笑，那么我可以这样解释。过去人们认为，如果宇宙中所有的物质都消失了，时间和空间就会被留下。然而，根据相对论，时间和空间会随着其他物质一起消失。"

第二个问题非常"紧急"："世界上真的只有十二个人了解相对论吗？"爱因斯坦否认他曾经做过这样的断言。他认为每一个研究这个理论的物理学家都能轻易地理解它，他在柏林的学生也都能理解它。尽管如此，爱因斯坦最后的断言还是过于乐观了。

　　第三个问题，从另一个角度来看，是一个非常微妙的问题：记者要求爱因斯坦解释，为何大众对如此难以理解的抽象理论持有高度热情。爱因斯坦开了个玩笑作为回答。他认为，这该是一个由心理病理学调查的问题，以确定为什么那些对其他方面的科学问题不感兴趣的人，会突然对相对论狂热起来，并想在爱因斯坦到来时迎接他。其中一个记者问他，这是不是因为这个理论与宇宙有关，而宇宙又与宗教有关。爱因斯坦回答说"这是完全有可能的"。但是，在该理论对大众的普遍意义方面，他尽力不让有任何夸大性的观点出现，他说："但这不会改变普通人的观念。"他解释说，这一理论的唯一意义在于，它源于一些相对简单的原理，某些自然现象发生之前都是源自复杂的原理。这对于哲学家来说当然很重要，但对于普通人来说却很难理解。

　　在这次抽象的讨论之后，人们提问的欲望有所降低，爱因斯坦最后说了这样一句话："好了，先生们，我希望我已经通过了考试。"接着，为了能增加一些趣味性，爱因斯坦夫人被问到她是否也理解这个理论。"哦，我不知道，"她用一种友好但有点吃惊的语气回答说，"虽然他已经向我解释了很多次，但这对我的幸福来说是无关紧要的。"

　　爱因斯坦夫妇终于可以上岸了。爱因斯坦穿过拥挤的围观群众，一手拿着荆棘烟斗，一手拿着小提琴盒。现在，他已经不再是宇宙新体系的神秘预言者，也不是时间和空间的变革者，他是一位友好的音乐家，吸着烟斗，为了纽约的音乐会而来。

　　公众对爱因斯坦到达纽约所表现出的热情是20世纪文化史上的一件大事。这种现象出现的原因是综合性的。首先，人们普遍对相对论感兴趣，这本身就是一件令人吃惊的事情。其次，爱因斯坦两年前在英国得到的认可，当时对日食的观察证实了他的理论。最后，他的旅行还掺杂了一些浪漫的东西。他不单是以科学家的身份来到这里，同时也是为了完成一项政治使命，这项使命不是一项普通的政治任务，而是其本身就笼罩着一层浪漫主义的光环。他对美国的访问是他对这场运动的贡献，这场运动的目的是使游离在世界各国两千多年的犹太人能够回到他们的祖国。对于那些或多或少觉得自己在世界各地都是外地人的犹太人来说，这些都是让人感到幸福的消息；对于美国的每个人来说，这些都让他们想起了圣地和犹太流浪者的传说，因此引起了强烈的共鸣，并引起了许多基督徒深刻的同情。

爱因斯坦非常冷静地处理了整个事情。然而，他感到惊讶的是，竟然有这么多人对他曾经默默思索过的事情感兴趣，而他原以为这些事情可能永远只限于一小部分人。爱因斯坦的敌人经常声称这种热情是新闻界制造出来的。然而，这种断言微不足道，漏洞百出。报纸不断地宣传各种各样的事情，他们成功地激发了人们对足球比赛和电影明星的热情，但是没有什么报纸能够如此热情地宣传一个数学物理学家，即使媒体已宣传过各种各样的科学家。这种成功一定有其本身的原因，这是爱因斯坦的成就、个性，和他所在的时代的智力需求的独特巧合。有一次，我问爱因斯坦，当他看到自己受到这样的尊敬时，他的心情是怎样的，他回答说："当我想起一个获胜的拳击手受到更大的热情欢迎时，这种印象就不会太深刻了。"

他自己总是倾向于公众的性情，并且抛开他自己的性情来看这种现象产生的原因。因此，他有时开玩笑说："纽约的女士们每年都想有一个新的风格，所以今年的时尚是相对的。"

然而，如果一个人现实而冷静地思考这个问题，他一定会惊讶地问：一个数学物理学家是如何变得像拳击手一样受欢迎的呢？客观地看，这确实是纽约大众品位的一个很好的标志。也可能仅仅是对感觉的渴望，但如果是这样，为什么这种普遍的兴趣集中在爱因斯坦身上呢？

有些人认为这是美国人民文化水平高的象征。美国最受欢迎的科学期刊的编辑说："没有一个欧洲民众会欢迎这样一位有热情的杰出的科学家。美国没有一个对科学和哲学抱有传统兴趣的闲暇阶层。但是，通过阅读和教育方面的努力，人们认为爱因斯坦应该从表面价值上接受授予他的荣誉，这证明在他这个同行寥寥无几的领域，人们对爱因斯坦有着极大的兴趣。"

　　也许有些人会觉得奇怪，但事实是，爱因斯坦从来没有担心过他的大脑对相对论产生兴趣的原因。他对周围世界的态度，从某种程度上来说，总是像一个看表演的旁观者。他习惯于相信很多事情是不可理解的，人类的行为并不是他感兴趣的事情之一。作为一个正常的普通人，当他受到友好且善意的对待时，他会觉得很快乐，且不需要过多地探究这种善意的原因。他从来没有把公众的好感看得太高，也从来没有把它看得太重。他的话从来不会引起廉价的掌声。在后来的岁月里，他清楚地意识到，许多人对他所说的每一句话都给予了极大的关注，并且为了达到教育的目的而利用人们的权力也是很重要的。出于这个原因，在接受新闻记者采访时，他经常说一些对这些报纸的读者来说不是很愉快或不是很容易理解的话。他的想法是，当机会出现时，就应该播下好的种子，它们总会在某个地方生根发芽。

　　爱因斯坦听从犹太复国主义领导人的安排，认为他的出席将有助于犹太民族基金的宣传，特别是为耶路撒冷的大学募集善款。在美国许多出于这些目的而组织的会议上，他坐在魏茨曼附近，一般都保持沉默，有时候说几句话来支持他。他真诚地希望成为犹太人重生运动的忠实成员。在一次会议上，他在魏茨曼之后发言，就好像他是一名普通成员，不想出风头，只想为事业服务。他说："你们的领导人魏茨曼博士发表了讲话，他发表了对我们每个人都很有意义的讲话。跟随他，你就会做得很好。这就是我要说的。"这句话听起来几乎像是按照领导要求的精神说的。从某些方面来说，爱因斯坦感到自己是植根于广大人民群众的一个大众运动的成员，这对他来说可能是一种解脱，因为他总是孤立无援。但这种感觉总是很短暂。不久，他又不可避免地厌恶一切把他与聚会联系在一起的东西，尽管在某些方面，他可能对这些东西很感兴趣。

爱因斯坦和魏茨曼被美国所有的官方人士视为犹太人民的授权代表，并受到热烈的欢迎。哈定总统在给一次会议的信中写道，爱因斯坦和魏茨曼在会上发表了讲话，"他们两个代表了不同领域的领导地位，他们的访问提醒人们，犹太人种为人类做出了巨大的贡献"。

同样，纽约市长海兰在市政厅欢迎了他们，并称他们为本国人民的代表，他说："请允许我这样说，在纽约，我们可以骄傲地指出，我们的犹太人在第二次世界大战中表现出了勇气和忠诚。"

美国的犹太人认为爱因斯坦的到访是一位精神领袖的到访，这让他们充满了骄傲和喜悦。犹太人认为他们在同胞中的声望是由这样一个事实提高的：一个像爱因斯坦那样被普遍认可的伟大知识分子公开承认他是犹太社区的成员，并把他们的利益作为自己的利益。当爱因斯坦和魏茨曼一起抵达克利夫兰时，所有的犹太商人都关闭了他们的店铺，以便能够参加陪同爱因斯坦从车站到市政厅的游行。当爱因斯坦和魏茨曼在犹太复国主义者大会上发表演讲时，犹太人的政治和精神领袖似乎正在出现。

这些为组织服务的表现代表了他的一些政治和文化目标，穿插着关于他的科学理论的讲座，有时他以一种非常随便的方式出现。因此，他旁听了卡斯纳教授在哥伦比亚大学的课，当时他正在向他的学生解释相对论。爱因斯坦祝贺卡斯纳以可理解的方式做了这件事，然后亲自对学生们讲了大约20分钟。

随后，他向哥伦比亚大学的学生和教师发表演讲，并受到杰出的物理学教授迈克尔·普平的欢迎。这个杰出的人，曾经是一个塞尔维亚牧羊人，已经成了世界上重要的发明家和科学家之一，通过他对电气现象的理解，建成第一条跨大西洋电话电缆已经成为可能。他以实验室工作者的冷静态度看待所有理论，但与其他许多人不同的是，他并不把爱因斯坦看作是一个发明了荒谬的和耸人听闻的东西的人，而是看作是"一种理论的发现者，这是一种进化，而不是动力学科学的革命"。

这时的爱因斯坦还总是用德语讲课，因为他还没有完全掌握英语。1933年5月9日，他获得了普林斯顿高等研究院的职位。这所研究院的希本院长在德语演讲中称赞他："我们向科学界的新哥伦布致敬，他独自航行在奇异的思想之海。"后来爱因斯坦在普林斯顿做了几次演讲，在演讲中他对相对论进行了全面的论述。

然而，爱因斯坦不仅仅被认为是犹太人的代表。他放弃了在柏林学院的工作，来到了美国，由于他讲德语，他也被认为是德国科学的代表。鉴于战争刚刚结束不久，这引起了一些方面的敌对反应。

有时，当政治攻击针对他时，没有人知道他是作为犹太人还是作为德国人而受到攻击，这时就会发生一些很滑稽的事情。当时还发生了一个小插曲，纽约市主席菲奥雷洛·亨利·拉瓜迪亚，提议授予爱因斯坦"纽约市的自由"这个称号。所有市议员都赞成这个决议，只有一个人宣称：直到昨天他才听说了爱因斯坦，他要求别人给他解释，但是没有人愿意解释相对论。但是犹太人和德国人并不相信爱因斯坦的对手是真的天真。他的观点受到指责，部分是因为反犹太主义，部分是因为反德国。他从爱国的角度为自己的行为辩护：他不想让自己热爱的家乡成为科学界和全国上下的笑柄。他在会议上说："不幸的是，1909年，这座城市的钥匙交给了假装发现北极的库克博士。"也许，他认为爱因斯坦并没有真正发现相对论。此外，他继续说："我得到保证，爱因斯坦教授出生在德国，被带到瑞士，但在战争之前回到德国。因此，他是德国公民，是敌国公民，我们应该将他视为敌国公民。"

每个人都对爱因斯坦的理论及其意义十分感兴趣，所以纽约的国会议员约翰·金德瑞德请求众议院允许在《国会记录》中发表一篇广受欢迎的相对论演讲。马萨诸塞州众议员戴维·沃尔什觉得这种与国会无关的东西不应该出现在《国会记录》中，并且这种理论也太难为人所理解了。

沃尔什众议员说："好吧，议长先生，通常我们只会把那些人人都能理解的东西记录在《国会记录》中，这位来自纽约的先生能否把这个话题弄成我们能够理解的理论呢？"金德瑞德回答说："我已经认真地研究这个理论三个星期了，现在开始有了些眉目。"但后来沃尔什众议员问他："这将对什么立法产生影响？"对于这位代表的问题，金德雷德只能回答说："它可能会影响到未来与宇宙有关的立法。"

爱因斯坦在美国的时候，伟大的发明家托马斯·爱迪生的一句话在全国引起了轩然大波。他否认大学教育的价值，并主张教育应该以学习相关事实为导向。他设计了一份调查问卷，其中包含了他认为与实践者相关的问题，并建议进行测试，这将表明大多数大学毕业生无法回答这些问题。

爱因斯坦住在波士顿科普利广场酒店时，他收到了一份来自爱迪生的调查问卷，看看他是否能回答这些问题。读到"声速是多少"这个问题时，他说："我不知道。我不会刻意去背那些在任何教科书上都能轻易找到的知识。"他也不同意爱迪生关于大学教育无用的观点。他说："对一个人来说，学习事实并不那么重要。因此，他并不真的需要上大学。他可以从书本上学习。文科院校教育的价值不在于学习许多事实，而在于训练大脑思考课本上学不到的东西。"因此，根据爱因斯坦的理论，即使在我们这个时代，普通大学教育的价值也是毋庸置疑的。

爱因斯坦和爱迪生经常被同时提及，他们都被认为是物理科学界的杰出代表。爱迪生致力于发展物理学的技术应用，而爱因斯坦则更注重理论基础的建设。

爱因斯坦还参观了美国最古老的大学——哈佛大学的物理实验室。以光学研究而闻名的西奥多·莱曼教授向他介绍了那里正在进行的研究工作。莱曼感到，爱因斯坦多次参与了把他当作政治宣传工具的会议后，虽然他是出于完全同情的目的，但是现在他终于可以自由地呼吸，终于可以再次置身于实验室，让自己沉浸在自然的问题之中了。大多数参观实验室的人都会很快经过实验室，漫不经心地听学生讲解。然而，爱因斯坦并不满足于一句肤浅的"这很有趣"，或者一些类似的客气话，相反，他允许几个学生给他详细解释他们正在研究的问题。同时，他也思考了这些问题，一些学生从他那里得到了有助于他们研究的建议。这种在艰苦旅途中的专注，只有对于一个拥有两种特质的人才有可能，而这两种特质很少能同时出现在一个人身上：第一，拥有一种不同寻常的能力，能够迅速熟悉自己不熟悉的问题；第二，享受帮助从事科学研究的人的能力。

毫无疑问，爱因斯坦的第一次美国之旅不仅是为了服务于科学和未来的耶路撒冷大学，还因为他对这片熟悉的大陆上的生活特别感兴趣，这对他来说是全新的。然而，这第一次旅行对于这个目的的实现并不十分有利。整个旅程以旋风般的速度进行着，所以他没有时间进行任何安静的思考。因此，爱因斯坦在第一次访问美国时对美国的印象都是很表面的，是那种第一眼看后留下深刻印象的东西。首先，他对美国年轻人印象深刻，因为他们对获取知识和进行研究感到好奇，并且充满渴望。他曾经说过："美国青年期待的东西太多了，他们就像是一根尚未抽过的烟斗，年轻而新鲜。"此外，还有对许多定居美国的人民的印象，尽管他们的出身不同，但他们在一个宽容的民主制度下和平共处。尤其是当他谈到纽约市时，他说："我喜欢空气中带有国家色彩的餐馆。每个城市都有自己的氛围。这就像一个国家的花园，你从一个国家转移到另一个国家。"他还对美国生活中的女性角色感到震惊，因为他注意到，美国的女性比欧洲的女性扮演的角色要更多。

他们努力争取希望爱因斯坦可以支持限制烟草的使用和周日娱乐的活动。然而，在这些问题上，爱因斯坦并不赞成对个人自由进行任何过分的限制。他是一个非常自然的人，认识到日常生活中天真无邪的快乐的重要性。他不相信那些通过命令人们什么是工作，什么是娱乐，来使人们快乐的老套计划。在回答一个人关于星期天如何休息的问题时，他说："是的，人们必须休息。但什么是休息呢？你不能制定法律，告诉人们如何去做。有些人在躺下睡觉的时候会休息。另一些人在完全清醒和受到刺激时得到休息。有些人必须工作、写作或去娱乐场所休息。如果你通过了一项法律，向所有人展示如何休息，那就意味着你要让每个人都变得一样，但并非每个人都是一样的。"

爱因斯坦毕生致力于发现物理定律，这些物理定律可以从一些普遍原理中推导出来，他不认为生命可以按照一些抽象的原理来调节。他认为依靠自然的本能调节会更好。作为一个吸烟爱好者，他总会谈及以下情景："如果你拿走了烟草和其他所有东西，你还剩下什么？我还是抽烟斗吧。"

保持安静对他来说不太实际，他简单的快乐多来自享受类似吸烟这样的事情。禁欲主义的本能几乎和他无关。

6. 英格兰之行

1919年，英国天文学家向伦敦皇家学会提交的报告为爱因斯坦在世界上的声誉奠定了基础。但是爱因斯坦本人还没有去过伦敦。1919年，在战后敌视德国的气氛中，承认德国人的理论确实是可能的，但是这不代表他们会尊重德国人。霍尔丹勋爵一直致力于改善英德关系，在爱因斯坦抵达柏林之前不久，他曾到过柏林，但受到德皇的冷眼。然而，德国战败后不久，霍尔丹又开始与德国建立新的文化关系。在他看来，爱因斯坦是一个可以成为"楔子"的细端，他是一个可以看透敌意和偏见的人。其中似乎存在着许多有利的因素：爱因斯坦对日食探测结果的预测引来了社会的极大好评，这为英国科学界取得成就提供了很大的机会，最后，还有一个有利的环境，即爱因斯坦不属于那种令人讨厌的德国人；事实上，如果一个人想要另眼看待他的话，可以将他视为非德国人。因此，似乎爱因斯坦是专门为充当中间人而创造出来的。此外，对霍尔丹勋爵来说，还有一个非常重要的个人因素，他是那些爱好科学和哲学思考相结合的英国政治家之一。霍尔丹给自己设定了一个问题：尽管战后他感到深深的失望，怀疑主义已经在宗教、道德、政治甚至科学中盛行，但人们仍然可以保留对真理的客观概念。他在1921年出版的《相对论的统治》一书中指出，怀疑论者视为不同的观点实际上只是同一真理的不同方面，因此存在着单一的客观真理。或者，用霍尔丹自己的话说：

"对真理的检验可能必须具有更全面的充分性，这种形式不仅涉及用平衡或规则衡量的结果，而且涉及价值，这种价值不能如此衡量，而取决于其他思维顺序。从一个立场来看是真理的东西，从另一个立场来看可能不一定代表真理。由于使用标准的不同，相对论也会以不同的形式呈现。所以，我们可以笼统地说，如果一个观点是充分的，则它就是真实的，若它从各个角度看都是真实的，那它就是完全充分的。每一种可适用的检验形式都必须满足于完全充分的概念，否则我们只能拥有相对于特定立场的真理。"

这种哲学在培养对同胞的宽容以及反对高估政治学说的斗争中得到了实际应用。在爱因斯坦的理论中，霍尔丹看到了自己哲学的一个特殊例子。他相信物理相对论会给他的相对论哲学带来更大的确定性和更高的智慧。因此霍尔丹努力劝说爱因斯坦从美国回来后在英国停留几天，在那里发表几次演讲，并亲自会见科学家和公众人物。

　　这种个人接触不仅存在政治上的困难，而且英国物理学家的整个精神状态也不足以使他们对相对论这样的理论充满热情。英国的科学总是更注重实践和理论之间的直接联系。在英国物理学家看来，像爱因斯坦这样的理论包含在长长的思想链中，它往往是一个哲学幻象。在英国，哲学家、天文学家、数学家，甚至神学家和政治家都对相对论产生了浓厚的兴趣，但是物理学家们自己对"相对论"这个基本概念还是相当冷静的。

　　霍尔丹勋爵在国王学院主持了爱因斯坦的讲座。他在演讲开始时说，对他来说，当爱因斯坦在西敏寺公墓献花圈时，那是一个非常感人的时刻，他说："因为爱因斯坦对于20世纪的意义不亚于牛顿对于18世纪的意义。"

　　在霍尔丹的房子里，也就是爱因斯坦居住的地方，他遇到了许多著名的英国人，比如劳埃德·乔治、萧伯纳和数学家兼哲学家怀特海德。怀特海德与爱因斯坦进行了长时间的讨论，并一再试图说服他，在形而上学的基础上，必须尝试在没有空间弯曲假设的情况下继续研究。然而，爱因斯坦并不打算放弃一个既不能引用逻辑理论也不能引用实验理论，也不能考虑简单性和美的理论。怀特海德的形而上学在他看来似乎并不合理。

　　坎特伯雷大主教——英国国教的领袖，特别渴望见到爱因斯坦。霍尔丹勋爵呼吁世界各地关注相对论的哲学意义，他告诉坎特伯雷相对论对神学也有重要的影响，作为英国圣公会的领袖，他有责任熟悉相对论。此后不久，在雅典娜神庙俱乐部，大主教的一位朋友会见了物理学家、皇家学会主席汤姆森，请求他在一件非常重要的事情上给予帮助。"大主教是最有责任心的人，他购买了几本关于相对论的书籍，并一直试图读懂这些书籍，这些书让他对自己的智商感到绝望。我自己也读过其中的一些，并且起草了一份备忘录，我认为这份备忘录可能对他有帮助。"

汤姆森对这些困难感到惊讶，他说他不认为相对论与宗教有如此密切的联系，以致大主教必须对此有所了解。尽管如此，尽职尽责的教会领袖并不满意，爱因斯坦来到伦敦后，霍尔丹勋爵安排了一次晚宴，大主教也要参加。大主教被安排坐在爱因斯坦旁边，他能够听到霍尔丹关于相对论对神学的重要性的断言是否正确，或者汤姆森是否正确。在晚宴上，大主教直言不讳地问道："相对论会对宗教能产生什么影响？"爱因斯坦简短地回答说："没有。相对论是纯粹的科学问题，与宗教无关。"

7. 爱因斯坦塔和拉特瑙谋杀案

1921年6月，在访问了美国和英国之后，爱因斯坦回到了柏林。他在国外获得的荣誉在德国也产生了影响。那些对科学不感兴趣的人，他们用心良苦，想尽各种可能的方式去了解爱因斯坦的理论，但他们毫无自己的思想。结果，一些人通过说服别人从讲授相对论中获益。例如，这个时候，一部所谓的"爱因斯坦电影"在电影院上映，这部电影本应该纯粹地讲授这个理论。开头它展示了一个学生正在听一个教授讲着无聊又乏味的讲座，并且叹息道："这个讲座还要持续多久？还要一刻钟吗？"然后画面显示同一个学生和一个漂亮的女孩坐在花园的长椅上，抱怨道："我只能再待15分钟了"。这是为了向公众传授"时间的相对性"。正如我们所看到的，这与爱因斯坦的理论毫无关系。这样的宣传扭曲了这个理论，使它变得微不足道，这比攻击爱因斯坦更让他恼火。

在柏林，人们也用英国的轶事来自我娱乐。例如，爱因斯坦和萧伯纳之间的一次假想对话被描述出来，其中怀疑论者问道："告诉我，亲爱的爱因斯坦同志，你真的理解你写的东西吗？"爱因斯坦对他笑了笑，回答说："亲爱的萧伯纳同志，就像你可以理解你的东西一样。"

在这个时候，一个住在巴黎的美国人渴望用一个简短且易于理解的方式展示爱因斯坦的理论，他对伦敦日食探险报告印象深刻，他们以不超过3000字的篇幅提供5000美元的奖金，作为对爱因斯坦理论的最佳论文的奖励，受到三个字五美元的报酬所吸引，许多人参加了比赛，但是，实际上，很难找到评委，因为每个熟悉这个主题的人都愿意参加比赛。爱因斯坦开玩笑说："我是我整个朋友圈里唯一一个不参与的人，我不相信我有能力完成这项任务。"1921年6月21日，在提交的300篇论文中，奖励给了一位61岁的爱尔兰的都柏林人，和爱因斯坦一样在伦敦专利局工作了很长时间，并且他是一位物理学的"半吊子"。很难说他的文章比他的竞争对手的好，也很难说它在传播对相对论的理解上有任何进一步的影响。公众只记得一个事实，那就是有人可以通过这种方式赚到5000美元，并得出结论，这种方式一定值得研究。

1921年秋天，一个重要的举措被用以通过爱因斯坦理论来研究另一个天文学结论。法本是德国最大的化工企业，在合成染料、药物和炸药的生产方面表现突出，博施博士捐赠了一大笔资金，用于在波茨坦建立一个与天体物理观测站相连的研究所，在那里可以非常精确地研究太阳光的颜色组成。我们可以回忆起爱因斯坦在他的万有引力理论中曾经预言，从恒星发出的光的颜色取决于光线经过的引力场的强度。这个预测将通过精确的观测得到验证。

天文学家埃尔温·弗罗因德利希被任命为该研究所所长。实验室是以塔的形式建造的，建筑设计是那个时期典型的现代柏林风格，所以结果就建出来一个纽约摩天大楼和埃及金字塔的混合体。这座塔通常被称为爱因斯坦塔。它的外观本身就足以激起民族主义团体的愤怒，他们更喜欢一种更像德国中世纪模特或者至少是古典时代的风格。

经历了一系列奇怪的遭遇后，爱因斯坦塔被腓特烈·威廉·鲁登道夫控制，他是著名的鲁登道夫将军的兄弟，他一直与阿道夫·希特勒合作。当时，天文学家鲁登道夫仍然允许在爱因斯坦理论的基础上研究太阳光。尽管哥白尼的纪念碑矗立在华沙，但是为了满足自己的民族主义情绪，他还是竭力证明哥白尼是德国人，而不是波兰人。

1922年6月24日，德国当时的外交部部长瓦尔特·拉特瑙被几名疯狂的学生谋杀。这起谋杀案揭示了右派为革命所做的准备，甚至那些有意或无意忽视这一犯罪背景的人也不得不对此事采取更加严肃的态度。这对爱因斯坦的影响比对普通大众的影响更为强烈，因为通过他的洞察力和他本能的感知，他已经清楚地认识到，对德意志共和国的忠诚仅限于一小部分人；除他们之外，其他人都认为德意志共和国是一个充满仇恨的深渊。

爱因斯坦认识拉特瑙，并且很喜欢这个在德国政治家中视野开阔的人。拉特瑙是柏林一个富裕的犹太家庭的后裔，在战争期间一直是德国计划经济的动力。巴西共和国成立之后，拉特瑙作为政府的经济顾问发挥了重要作用，通过他的国际声誉，他能够为政府的外交政策提供各种服务。在天主教财政大臣沃思执政期间，拉特瑙接任了外交部部长的职位，结束了《拉巴洛条约》，与苏联建立了友好关系。这个条约标志着他是一个"布尔什维克"，而且，作为一个犹太人，他在君主主义者和"右派革命"的拥护者中变得极不受欢迎。

共和国政府下令将拉特瑙的葬礼定为哀悼日，并命令所有学校和剧院继续关闭。大学里的讲座也要被取消，但是之前提到的爱因斯坦的反对者——海德堡物理学家菲利普·莱纳德拒绝服从命令。当社会主义工人在城市里游行，组织抗议集会反对杀人犯和他们的反动支持者时，莱纳德则定期发表演讲，并充满激情。一些同情刺客的学生热情地听着他讲话。一群路过大楼的工人看到演讲在进行，认为这是支持杀人犯的示威游行，于是进入大楼，把莱纳德拖了出来。当他们经过内卡河时，其中一些人想要把莱纳德扔进河里，但温和派阻止了他们，并把他交给警察，警察立即释放了他。

在全德国人的眼中，这些事件把反对爱因斯坦理论的斗争与反对共和国统治的斗争联系在一起。谣言开始传播，在寻找杀害拉特瑙的凶手的过程中，人们发现了一份名单，其中包含了将成为同一组织未来受害者的其他人的名字，而这份名单应该包含了爱因斯坦的名字。警方否认了这些谣言，但是一种关于爱因斯坦个人的不安情绪开始蔓延。爱因斯坦本人相信宇宙中不可避免的事情，他没有迷信的预感和恐惧的倾向，也没有受到影响。但是人们对他的反应却更加强烈。

德国科学家和医生的年度会议于每年9月举行。今年计划举行一个特别的庆祝活动，因为这是百年纪念会议。会议将在莱比锡举行。因为在过去的几年里，爱因斯坦为提高德国科学在全世界的声望做出了最大的贡献，所以爱因斯坦被邀请作为主要发言人，强调这一场合的特殊性质。他本来是想接受邀请的，但是在拉特瑙被杀之后，他不想在公共场合露面，所以拒绝参加。然而，该协会的执行委员会坚持由其他科学家就爱因斯坦理论的重要性发表演讲，一个是物理学家马克斯·冯·劳厄的演讲，另一个是哲学家莫里茨·施利克的演讲。

由于支持暴力情绪的蔓延，也由于他自己的冒险经历，莱纳德感到自己被施压，他们鼓励他去抗议德国科学家在莱比锡的会议。他认为，通过安排关于爱因斯坦工作的讲座，德国科学家协会是在进行反对右翼革命主义者的宣传，并代表了被"公正地"杀害的拉特瑙所属的团体。莱纳德召集了一群人，他们起草了一份反对德国科学家会议的抗议书，这份抗议书发给了莱比锡所有的报纸，并在演讲厅的门口散发。

然而，莱纳德并没有成功地引诱任何一位有创造力的德国物理学家在他的抗议书上签名。同样，在柏林爱乐音乐厅参加会议的也只有这三类人。

8. 法国之行

　　爱因斯坦的旅行在一定程度上增进了德国科学家与美国和英国科学家之间的关系。这对德意志联邦共和国政府和德国科学家来说是可以接受的，但是对于那些努力坚持认为，在西欧，德国人被看作是一个劣等民族并且想要摧毁他们的文化团体来说，却是非常恼火的。这种"暴行宣传"的效果被爱因斯坦受到友好接待的报道所扰乱。长期以来，人们一直在讨论爱因斯坦现在是否有足够的勇气去访问作为德国"死敌"的法国首都巴黎。有传言说，法国的科学团体正试图引导爱因斯坦进行这样一次访问，以便能够与他本人讨论新的理论。他们在法国也受到极大的赞赏，但许多人发现很难理解他们。因此，法国数学家保罗·潘诺夫，在"二战"期间担任战争部长，后来担任总理和法国下议院主席，他在法国政治中扮演主要角色，他对爱因斯坦的工作非常感兴趣，但是由于这种误解而在许多方面曲解并攻击它。后来他收回了所有的反对意见。伟大的法国物理学家保罗·兰格温对爱因斯坦理论的含义理解得很快，他曾经对我说："潘诺夫非常仔细地研究了爱因斯坦的工作，但不幸的是，他写了关于爱因斯坦的文章之后才开始仔细研究，也许他已经习惯了政治上的这种顺序。"

　　朗之万不仅是一位睿智的科学家，他还积极参与推动国际调解的各项事业。在法国最高科学院法兰西学院，他提出了一项决议，邀请爱因斯坦来巴黎。出于这个目的，他提议利用一笔捐款，邀请其他杰出的外国科学家在这个机构演讲。这项决议得到了潘诺夫的热烈支持。然而，也有一些反对意见。民族主义者不希望通过接受一位德国科学家来产生一种印象，即他们的仇恨是可能减少的。他们用各种各样的威胁试图劝说朗之万和他的朋友们不要发出邀请，就像德国的类似团体试图迫使爱因斯坦拒绝邀请一样。然而，在那个时候，这两个群体都还没有强大到足以实现它的目标。爱因斯坦接受了法兰西学院的邀请，于1922年3月底前往巴黎。

物理学家朗之万和天文学家查尔斯·诺德曼前往位于比利时边境的朱蒙特会见爱因斯坦，并与他一同前往巴黎。在访问期间，他们讨论了与这次访问有关的科学和政治问题。在这次谈话中，他们询问了爱因斯坦对于左派在德国政治和文化生活中的目标和影响的看法。爱因斯坦回答说，"是的，所谓的左派实际上是一个多维结构。"爱因斯坦已经感觉到，通往左派和右派的道路可能偶尔会导致同样的结果。

在整个旅途中，朗之万都很担心。在爱因斯坦离开巴黎之前，有传言说"爱国青年"和其他民族主义团体会聚集在车站，给爱因斯坦一个不友好的接待。朗之万和法国官员都不希望这种干扰影响爱因斯坦访问的因素出现。在路上，朗之万询问了巴黎的情况。他收到一封来自巴黎警方的电报，通知他一群兴奋的年轻人正聚集在比利时火车到达的北站。由于人们认为他们是"爱国者"，朗之万被建议和爱因斯坦一起在没有人预料到的侧轨上离开火车。他们照做了，爱因斯坦很高兴能够从火车站的侧门溜到大街上，这样他就不会被记者或摄像师打扰，也不会被任何人发现。

然而，在巴黎北站，一群学生在朗之万儿子的带领下，热烈欢迎爱因斯坦，并防止"爱国者"可能进行的敌对示威，他们等待他的到来，但徒劳无功。正是因为这些爱因斯坦的崇拜者被警方视为充满敌意的人群，所以爱因斯坦才从他们那里偷偷溜出去。

3月31日，爱因斯坦在法国学院做了他的第一次演讲。只有持票的人才能进场，这些票只发给明确对这一主题有实际兴趣的人，只是为了组织一次敌对示威的这些人不会出席。前总理潘诺夫站在门口，看着一个个只有收到邀请函的人才能进去。

爱因斯坦在恩斯特·雷南和亨利·柏格森等伟大哲学家当众演讲的大厅里发表了演讲。在这里，他比在英国和美国更容易与听众接触，因为他的法语说得流利而自信，但语速缓慢，这是法国人不太习惯的，再加上他那轻微的外国口音，他的演讲更具有某种魅力和吸引力。让他的演讲更具有某种魅力和吸引力——较少的专业性表达和较多的隐喻性表达形成了鲜明的比较，让演讲有了一丝神秘感，比起全盘托出，他更注重逻辑思维的表达。许多国际知名的学者和公众人物参加了这次演讲，其中包括镭的发现者居里夫人、伟大的哲学家亨利·柏格森、罗兰·波拿巴王子以及其他许多人。

除了这个公开的演讲，还有一些哲学和数学学会的会议，科学家们想要一个详细的讨论，在那里每个人都可以向爱因斯坦提出问题及各种各样的反对意见，爱因斯坦详尽地回答了每一个问题，许多误解也消除了。

让人觉得奇怪的是，法国物理学协会没有正式参与任何这些安排，即使它的许多成员偶然遇到了爱因斯坦，这种态度主要是由其民族主义倾向决定的，在物理学家和技术人员中，这种倾向似乎比在抽象思维的物理学家、天文学家和科学哲学家中更为强烈。

就像在德国一样，"纯"实验物理学家之间也可能存在某种阻力。在法国也有"纯粹的经验主义者"，就是爱因斯坦经常提到的那种物理学家："他们在18岁之前所学的一切都被认为是经验。他们后来听到的都是理论和推测。"

著名的科学院多年来一直受到法国文学界的攻击和嘲笑，被认为是各种偏见的中心，在爱因斯坦访问期间同样保持了它的声誉。关于爱因斯坦是否应该或者可以被邀请做一次演讲，人们进行了长时间的讨论。一些成员认为，这是不可能的，因为德国不是国际联盟的成员。另一些人则认为，这样的邀请会引发一个棘手的礼仪问题。因为爱因斯坦不是学院的成员，他不能坐在成员中间，必须坐在观众中间。然而，这样一个不被重视的位置是不能给这么有名的人的。最后，学院的30名成员非常坦率地表示，如果爱因斯坦进入房间，他们将立即离开，没有任何微妙的措辞。为了让他的法国朋友免受不愉快和烦恼，爱因斯坦本人拒绝参加学院安排的这次会议。

这一次，一家巴黎报纸嘲讽地问道："如果一个德国人发现了治疗癌症或肺结核的方法，这30位院士是不是要等到德国加入联盟后才能使用这种方法呢？"

巴黎的招待会表明，所有国家的科学家都需要了解不同民族、个人的思维方式和工作方法，只要有几个勇敢的人就可以满足这种需要。同样清楚的是，极端民族主义势力在各地都只是等待一个适当的时机才出现在表面上。为了能够正确地判断这些事件，我们不能忘记一个情况。正是那些因为爱因斯坦是德国人而对接受爱因斯坦表示强烈抗议的团体，在纳粹夺取德国政权之后，成了与德国"合作"政策最热心的支持者。这些法国"爱国者"为1940年法国战败和德国统治欧洲大陆做好了准备。

法国和德国一样，人们对爱因斯坦的态度在很大程度上取决于他们的政治同情心，因为他们中的大多数人并没有认真地对爱因斯坦的理论形成意见。索邦大学的一位著名历史学家说："我不理解爱因斯坦的方程式。我只知道德雷福斯的追随者声称他是个天才，而德雷福斯的反对者则说他是个混蛋。"德雷福斯是法国军队的一名上尉，他在1894年被反犹太宣传者指控犯有叛国罪。这件事发展成为共和国与其敌人之间的斗争，整个国家被分成两个阵营，即德雷福斯的捍卫者和他们的反对者。"值得注意的是，"这位历史学家补充说，"尽管德雷福斯事件早已被人们遗忘，但同样的群体却排成一队，面对微不足道的挑衅。"

在德国，共和政府受到攻击是因为它允许爱因斯坦去巴黎，并向法国人提出"建议"；在法国，数学家和哲学家遭到攻击，是因为他们想听一句"他们的人杀了我们的儿子"。当爱因斯坦回到柏林，再次参加普鲁士学院的第一届会议时，他周围的很多座位都空着。

9. 中国、日本、巴勒斯坦和西班牙之行

在英国和法国，爱因斯坦的停留总是与紧张的政治形势联系在一起，不可能真正享受到新旅程，这些旅行之后，爱因斯坦去远东国家旅行，给自己留下了各种各样的印象，就像一个玩耍的孩子去享受世界的各种事物，而不必总是考虑国内或国外的民族情感是否受到了侮辱，这对他来说是一种解脱。

爱因斯坦于1922年11月15日抵达上海，并于11月20日抵达日本神户。他一直留在日本，直到2月份乘船前往欧洲。

爱因斯坦在世界各地都受到尊敬，不仅是作为一名科学家，而且也作为德国的代表。在上海，他在码头受到德国学校老师和学生们的欢迎，他们演唱了德意志——他们赞美了德意志，德意志高于一切。在日本，他受到皇后的亲自接见，皇后用法语和他交谈。

有一次我问爱因斯坦，他在游走在这些风景如画、充满异国情调的国家时，是不是经历了许多奇怪的事情。他回答说："我只在自己的家乡见过奇怪的事情，例如在普鲁士科学院的会议上。"

东方人——印度教徒、中国人、日本人，他们的冷静、沉思和礼貌，让爱因斯坦着迷。他们对节制和美丽的喜爱对他来说是一种真正的放松，因为他在自己的国家和邻国受到了过度的赞美和仇恨。

由于爱因斯坦偏爱莫扎特、巴赫和意大利古老大师的音乐，他必然对东方音乐非常陌生。他在里面找不到任何有趣的东西。然而，这些国家的人对艺术的热爱给他留下了深刻的印象。日本家庭一天中大部分时间都在剧院里听音乐，带着食物，不离开现场。

日本人在某些方面有类似的态度，成百上千的日本人耐心地听爱因斯坦的演讲，尽管他们不理解他讲的语言，更不用说演讲内容。有一次，爱因斯坦观察到，他的演讲，连同附加的日语翻译，持续了

四个多小时。他对这件事情感到非常震惊，因为他同情那些长时间耐心地听他说话的人，他们中的大多数人并不理解他说的话。他在下一次讲课时，缩短了讲课时间，只持续了两个半小时。在去下一个城市的火车上，他注意到他的日本同伴正在用日语交头接耳，看着他，然后又开始窃窃私语。爱因斯坦开始感到不安，因为在礼貌的日本人面前，这种行为是很不寻常的。最后，爱因斯坦对他的一个同伴说："如果有什么不对劲的地方，请坦率地告诉我。"于是，彬彬有礼的日本人尴尬地回答说："我们不敢对你说这件事，但是安排第二次讲座的人觉得他们受到了侮辱，因为讲座没有像第一次那样持续四个小时。他们认为这是一种怠慢。"

在回来的路上，爱因斯坦访问了巴勒斯坦。对他来说，这片土地与中国或日本不属于同一类别。在这里，他不能仅作为一个不参与的观察者，脱离工作，通过观看各种各样的风景来愉快地放松自己。在这里，他将经历令人愉快和不愉快的紧张关系，因为爱因斯坦本人曾经为在巴勒斯坦建立一个犹太民族家园进行宣传，并在某种程度上认为自己对此负有责任。然而，很多事情并没有按照他所想象的那样发展，结果就是很多人认为他要对那些自己并不同情的事情负责。爱因斯坦在巴勒斯坦发展方面的合作总是朝向主要目标前进，他认为这是可取的。在这种发展的具体细节中，只有极少数可以归因于他的建议。因此，他很好奇，想知道这个看似模糊的梦实现了以后到底会是什么样的。

作为犹太殖民主义著名的倡导者之一，作为整个犹太人世界中的杰出人物之一，爱因斯坦在巴勒斯坦受到的接待甚至超过其他国家，他成了一个公众人物。巴勒斯坦总督邀请爱因斯坦住在他家里。当时的总督是赫伯特·塞缪尔子爵，他已经在英国国内政治中享有盛誉。他本人就是犹太人，英国政府明显认为这是其对犹太人民族家园友好发展态度的特别恰当的表现。然而实际上，事情并没有那么顺利。面对犹太人和阿拉伯人之间日益激烈的争论，犹太总督的地位尤其受到人们的崇拜。他每天都要证明英国政府在这场冲突中是绝对公正的。因为他自己也是犹太人，所以很自然地认为他对犹太人有某种偏爱，所以他不得不向后者妥协，通过支持阿拉伯人来弥补这种偏爱，结果他最终歧视了犹太人。他没办法使自己完全不受欢迎。

与霍尔丹勋爵一样，赫伯特·塞缪尔子爵也是英国政治家之一，他很专注于科学，尤其是科学哲学。和霍尔丹一样，他也对相对论有着浓厚的兴趣。就其哲学解释而言，赫伯特·塞缪尔的观点与爱因斯坦的观点相反，大多沿着传统哲学的路线。

在这片被视为殖民地的土地上，为了让包括犹太人和阿拉伯人在内的"当地人"顺从和尊敬，英国统治者不得不展示一个宏伟的战线。当他离开富丽堂皇的住所时，炮声响起；当他骑马穿过城市时，有骑兵随行。在他的住所里，盛行着一种仪式性的礼节，使人想起英国宫廷的仪式惯例。在国王的直接代表面前，有必要唤起"当地人"的敬畏之情。爱因斯坦对这一切并没有给予太多的关注。他和其他人一样单纯自然。然而，爱因斯坦的夫人感到相当不安。她后来说："我是一个单纯的德国家庭主妇，我喜欢舒适的东西，在这样正式的气氛中我感到不快乐。对我丈夫来说，这是另外一回事，他是个名人。当他违反礼仪时，人们就会说他这样做因为他是个天才。然而，如果换成是我，他们就会说我缺少文化素养。"有时候，为了避开那些烦琐的礼仪，她宁可早点上床睡觉。

爱因斯坦怀着极大的兴趣研究了犹太人发展独立国家生活的工作。他看到了犹太人的新城特拉维夫。在欧洲，犹太人通常只属于一个特定阶层；他们经常受到其他阶层的迫害，这些阶层认为犹太人从事的工作特别容易或特别令人讨厌。然而，在特拉维夫这个城市里，所有工作都由犹太人做。在这里，他们不能轻易地获得作为一个种族和经济群体占据一个不正常地位的感觉。

尽管如此，爱因斯坦还是看到了犹太人处境的艰难，尤其是与阿拉伯人之间不令人满意的关系。他们没有足够多的国家党派人士去做许多其他人所做的事情，也就是说，他们只把责任归咎于阿拉伯人的忘恩负义和英国对犹太人的支持不足，才导致了现在的情况。他要求犹太人努力了解阿拉伯人的文化生活，并与他们交朋友。

出于这个原因，并非所有的犹太复国主义团体都欢迎爱因斯坦。极端民族主义者怀疑地看待他，就像看待犹太正统宗教的信徒一样。他认为遵守古老的仪式并不重要，有时甚至会冒险开个玩笑。

1923年3月，爱因斯坦从巴勒斯坦乘船回到马赛。然后他去了西班牙，那里的风景和艺术总是能给他带来快乐。正如他与女性天皇交谈一样，他也与阿方索十三世国王进行了交谈。因此，他不仅看到了陌生的土地和城市，而且还获得了一个通常不为科学家所知的人类阶层的个人印象。爱因斯坦总是保留着一个聪明孩子的好奇心，所有这些经历都为他的创造性工作积累了新的力量。这一切对他来说就像一场梦，他有时会对妻子说："在我们醒来之前，让我们享受当下的一切吧。"

10. 诺贝尔奖与苏联之行

1922年11月10日，爱因斯坦正在东方旅行，瑞典科学院委员会授予他诺贝尔物理学奖。虽然他长期以来一直被认为是那个时代伟大的物理学家之一，但委员会花了很长时间才决定授予他这个奖项。在建立捐赠基金时，阿尔弗雷德·诺贝尔规定，诺贝尔奖应该颁发给最近的物理学发现，因为人类从中获得了巨大的利益。没有人能确定爱因斯坦的相对论是否是一个"发现"。最初，它并没有指出新的现象，而是一个原则，与以前相比，许多事实可以更为简单地从中得出。此外，这一发现是否对人类有重大用途，自然是个人意见的问题。在爱因斯坦的理论成为众多攻击的对象，甚至与政治争议联系在一起之后，瑞典皇家科学院认为应该谨慎行事，暂时不要将诺贝尔奖授予爱因斯坦。在1945年原子弹爆炸之后，科学院显然认识到了爱因斯坦的相对论对人类的巨大用处，并迅速将奖项授予了铀裂变的发现者欧·哈恩。

然而，到了1922年年底，学院想出了一个聪明的权宜之计，可以授予爱因斯坦诺贝尔和平奖，而不必坚持他的相对论。它授予爱因斯坦在"量子理论"方面的工作奖（见第三章和第四章）。这项工作并没有像相对论那样受到热烈讨论。但是，在量子理论中"事实被发现"，也就是可以从很少的结论中推断出可观察到的现象。在相对论的案例中，这一系列的推理过程要长得多。然而，这种微妙的区别授权学院在光电和光化学定律的情况下谈论"发现的事实"，而在相对论的情况下不会这样做。通过这种权宜之计，学院成功地避免了对有争议的相对论发表任何意见。该奖项的声明用了非常笼统的措辞："该奖项是授予爱因斯坦的光电定律和他在理论物理学领域的工作。"

爱因斯坦的敌对者一听到这个消息，就更强烈地断言说这件事一定有问题。他们说，爱因斯坦的发现不够重要，配不上这样的奖项。1923年初，爱因斯坦的宿敌莱纳德给瑞典皇家科学院写了一封信，信中他称整个行动是"在不损害学院本身的情况下，恢复爱因斯坦失去的声望"的一次尝试。

1923年7月，当爱因斯坦获奖时，他正在哥德堡举行的斯堪的纳维亚科学家会议上发表演讲，瑞典国王也出席了会议。

由于公众，尤其是德国的公众，对爱因斯坦所做的一切都非常关注，一些人怀着热情，一些人怀着怀疑和仇恨，下面这份于9月15日发表在《德意志汇报》的报告，是为受过更多教育和更富有的民族主义团体撰写的，引起了人们极大的兴奋，有些人甚至为之愤怒：

"从莫斯科我们得知爱因斯坦教授预计将于9月底到达那里。他将在那里发表相对论的演讲。苏联科学家怀着极大的兴趣期待着这次演讲。1920年，爱因斯坦的著作被空运到俄罗斯，立即被翻译成俄语，出现在布尔什维克国家出版社的第一批著作中。"

我们必须记住，在德国，爱因斯坦的相对论被描述为"物理学上的布尔什维克主义"，许多人相信爱因斯坦和拉特瑙参与了犹太阴谋，最后，拉特瑙与苏联缔结了友好条约。当时，德国民族主义者还不认为与苏联结盟是为德国国家利益服务的特别精明的外交政策，而是对德国人民的背叛。因此，许多人将爱因斯坦的旅行报道看作是他参与布尔什维克对德国实施阴谋的迹象，所以他们散布各种谣言也就不足为奇了。

10月6日，民主党的《柏林日报》写道："爱因斯坦教授已经去莫斯科了。莫斯科正在准备迎接这位著名的德国科学家。"

10月27日，民族主义《柏林证券报》报道说："苏联媒体称爱因斯坦将于10月28日抵达彼得堡，并将向一群受过科学训练的工作人员讲述相对论。"

11月2日，《基勒日报》报道："爱因斯坦将在彼得堡待三天。"

11月中旬，当人们认为爱因斯坦已经从苏联返回时，他收到了很多恐吓信，信中的民族主义狂热分子威胁说，如果他继续与布尔什维克共谋，他将像拉特瑙一样被"处决"。然而，值得注意的是，无论是当时，还是他一生中的其他时刻，爱因斯坦从未去过苏联。他去法国和英国时经常被人误解，也给他在德国带来了很多不愉快。显然，如果一个人曾经成为充满仇恨的煽动者的目标，即使避免这种不受欢迎的旅行也是无济于事的。

1923年底，爱因斯坦结束了他的世界之旅。这次旅行中，他充当了一名促进国家间相互理解的信使，同时，还是一名对宇宙本质的最一般问题有着兴趣的代表人物。1925年，爱因斯坦去了南美，之后的几年基本都是在柏林度过的。

第九章

原子物理学的发展

1. 爱因斯坦执教柏林

1924年，结束了各处游历的爱因斯坦再次在柏林定居下来。之前他用不同的语言在各个国家给不同学术背景的人做报告，现在则要按部就班地教授物理这门学科。这一过渡过程并不是十分顺利。因为爱因斯坦不需要常规授课，所以他更愿意上两种风格迥异的课。他喜欢为两种群体上课，一种是受过良好教育的外行，他会尽可能简单明了地为他们讲解一般性的科学原理，为这些听众描绘一幅科学思想发展趋势的栩栩如生的画面；另一种是高层次的学生，他为他们上一些技术含量高的课程，讲他那时的所思所想。

那时候，他在世界上的声誉吸引了很多外国人前来柏林。这些人在柏林有许多要参观的，有自由女神的勃兰登堡门、胜利大道上的普鲁士王子雕像、柏林莱因哈特的话剧，还有著名的爱因斯坦。很多来听他课的人甚至都不知道他到底是物理学家、数学家、哲学家还是梦想家。如果观光客的数量太多，爱因斯坦就会说："现在我要暂停几分钟，那些没兴趣再听下去的人就可以离场了。"通常，只有八到十个学生会坚持到最后。那时爱因斯坦会很高兴，因为他终于能够侃侃而谈他最关心的问题了，也不必再为看到那些一无所知的听众而分心。

要听懂爱因斯坦的课并不容易，就算是那些有志成为物理学家的学生也是一样。即使是那些比较聪明的学生通常也希望爱因斯坦的授课模式能更适用于广大学生，以便于他们能弄懂爱因斯坦文中阐述的著名发现和别人对这些发现的看法。尽管如此，爱因斯坦对已经定论和发表的研究缺乏兴趣，他总在寻求新问题的解决方案。即使是在柏林这样一个大规模的学术中心，有意愿且有能力独立思考这些艰深问题的学生也非常少。

我前面已经提到过，爱因斯坦一开始对于高等数学在物理学理论发展中的应用持怀疑态度。1908年，闵可夫斯基把爱因斯坦的狭义相对论用非常简单的四维几何语言解释了一遍，而爱因斯坦则认为几何形式的引入使得物理理论的实际内容更难理解了。马克斯·冯·劳厄写成了第一本解释爱因斯坦相对论的专著，此书用一种非常优美的数学形式介绍了爱因斯坦的相对论理论。那时爱因斯坦调侃道："我自己也很难看懂劳厄的书。"

在这期间，德国数学教学与研究中心在哥廷根大学。闵可夫斯基在此执教，相对论数学公式也发源于这里。爱因斯坦曾这样调侃："哥廷根的那些人有时候让我吃惊，他们好像不是要帮人写数学公式，而是仅仅想要向我们这些物理学家们表示他们比我们聪明。"尽管如此，哥廷根最伟大的数学家戴维·希尔伯特意识到，爱因斯坦并不喜欢数学形式上的费解冗余，却懂得该如何适时应用数学。希尔伯特曾经说："我们哥廷根大街上的小孩儿懂得的四维几何知识都比爱因斯坦多。但是，提出相对论的是爱因斯坦，而不是那些数学家们。"而且，他也曾经问那些数学家们："你们知道为什么在我们这个时代，爱因斯坦对于时空的解释是最有创意和最伟大的吗？那是因为哲学和数学对于时空是如何解释的，他一无所知。"

但是，爱因斯坦的广义相对论理论必须要用到高等数学中被称作"张量分析"的一个分支，爱因斯坦采用它对非欧空间的物理现象进行充分的解释。因为这牵涉到复杂的计算，爱因斯坦意识到他需要一个得力的数学助理。为此，爱因斯坦需要一个有科学教育背景而且积极进取，但因为外部环境在事业单位中找不到工作的年轻人。他在柏林时有一位助理是俄裔犹太人，这个助理患有狮子面症，因为骨骼病理性的增大而面容丑陋，也因此没人想要他做自己的助理，更谈不上让他做老师了。很明显，没有学校愿意雇佣他这种长相的人，尽管如此，他依然希望爱因斯坦能帮他在学校谋到一份教职。他责备爱因斯坦没有为他尽全力，最后他还与爱因斯坦大吵一架。

对爱因斯坦来说，要找到一位得力的助理并不容易。虽然听上去不可思议，但的确情有可原。对于学物理的学生来说，他们非常希望能观摩与帮助爱因斯坦这样的人做创造性的工作。不仅如此，爱因斯坦个性有趣，对人友好，擅长沟通的艺术，与他一起工作令人感到愉悦。但有个很大的问题是，爱因斯坦在柏林并不从事常规的教学活动。大学里的博士生和想要通过物理教师资格考试的学生疲于应对繁重的学业。他们一般待在大学里，与能帮他们准备考试或者博士论文议题的教授一起。他们中很少有人会私下里接触爱因斯坦。结果就是，爱因斯坦的助理常常不是德国国籍的学生。这些外国人来柏林不是为了通过考试或者获得职位，他们来就是为了从杰出的科学家那里获取知识。他们很快就找到了普朗克、能斯特或者爱因斯坦这样的人。用这种方式，爱因斯坦先是找到了之前提到过的俄国人，后来又找到了匈牙利的科纳列斯·兰佐斯和奥地利的沃尔特·迈耶。后面这两位对爱因斯坦的帮助很大，他们还发表了对广义相对论而言很有价值的论文，他们现在都在美国大学里任教。

2. 原子结构

很长时间以来，人们都认为爱因斯坦的相对论是最不寻常的，对于物理学的改革也是最激进的。但实际上，与此同时，那个时代发展出了匪夷所思且影响更深远的关于物质本性的概念。

在第三章里我们提到过，1905年，还待在伯尔尼的爱因斯坦对于光子的结构做出了杰出的贡献。自那时起，他的注意力就转向了相对论和万有引力方面，这方面的理论主要涉及星星与行星这样巨大的物体，而和大自然中的基本粒子——原子，没有什么关系。他曾经研究过光线在引力场中的特性，但是在这些情况中，光仅仅是一种波动现象，或者说是一束光子的组合，都不会对这些特性有影响。

1905年，当爱因斯坦提出光量子（光子）的概念时，他当时觉得这只是一个临时的假设，还有无数的困难有待解决。比如说，光子的理论在解释热辐射和光电效应时取得了巨大的成功，但是它不能解释所有的光的干涉与衍射现象。另一方面，波动性理论可以解释干涉与衍射现象，在光子理论取得成功的领域里却又一无是处。

在与他人的谈话中，爱因斯坦曾这样解释光的双重特性："光波就像'豌豆'，存在于连续性的光波的某处。光的振幅决定了在任意一点的'豌豆'的数量，不过这个数量仅仅是一个数据上的平均值。永远没人能知道在某一特定时间会不会有那么一个'豌豆'在某一个特定的点上。"一开始爱因斯坦觉得这一定不是终极真理，他曾经说，他永远不会相信"上帝会跟这个世界掷骰子"。尽管如此，"上帝掷骰子"的设想还是渗入了物理学的几个方面。比如说，在放射性物质的衰变过程中，每秒都有一定比例的原子衰变释放出来，但是我们无法确定哪一个特定的原子会在下一秒钟衰变。

然而，爱因斯坦早期关于光线中的光子（光量子）的设想却被发扬光大了。这一"启发性观点"实际上给新的发现提供了灵感。1913年，丹麦物理学家尼尔斯·玻尔就曾试着找出原子结构与原子发出的光线之间的联系。英国的卢瑟福在1911年就已经表明原子包含有一个带正电的原子核和一些围绕着它旋转的带有负电荷的电子。而且有一点是早已被人熟知的，与发光的固态物质持续性发射出不同颜色的光不同，自由原子仅发射出特定频率的光，这种频率是这种原子的特性。玻尔在尝试解释这种自由原子发射出来的光的独特特性时，发现如果假设电子围绕原子核旋转，且旋转方式与牛顿力学里行星围绕太阳的方式一样的话，是完全行不通的。因此他提出了一种独立的假设，在这种假设里，他修改了牛顿力学，所用的方法和普朗克解释热辐射性质时使用的方法是基本一致的。玻尔假设电子只在特定的分离的圆形轨道（优选轨道）上绕原子核转动，处于不同轨道上的电子具有不同的能量，而当一个电子从一个高能量轨道跳到一个低能量轨道时，相差的能量则会以一个光量子（光子）的形式被释放出来。这种释放光子的概念可以被认为是对爱因斯坦的光电效应的反向演示。爱因斯坦的光电效应认为当一个光子被吸收时，就有一个电子被释放出来。同样地，在这种现象中，与放射性原子的情况一样，只能预测原子活动的一般性规律，但是无法推断出个别原子的运动轨迹。起初，这一不足没有引起太多的关注。人们认为这跟人寿保险公司的死亡率统计数据无异。根据这样的数据统计，可以准确预测人类的平均寿命，但是个体寿命则无法预知。因为每个个体的死亡都有其具体的原因。那时候，物理学家们相信是类似的原因导致了个体原子的运动方式，但他们那时还不了解具体是什么样的原因。

3. 原子力学

爱因斯坦结束了各处游历后再次在柏林定居下来。大概就是那个时候，他那认为"上帝不会跟这个世界掷骰子"的想法开始动摇了。1924年，路易·维克多·德布罗意王子，这位来自巴黎的研究生向朗之万教授提交了一篇博士论文。在这篇论文中，他对牛顿力学做出了更多的改动，这些改动比爱因斯坦在相对论中对牛顿力学做出的改动还要大。朗之万以在政治方面的激进而闻名，但是在这样大胆的设想前也犹豫了。德布罗意的设想对他来说匪夷所思，但是考虑到"玻尔轨道"也一样离奇，他想这个学生的论文中或许有一些有价值的东西。

德布罗意已经注意到，爱因斯坦在光学方面的"启发性观点"把物质粒子具有的特点赋予了光子，也就是赋予了光子能量与动量的特性，这有助于解释光的性质。德布罗意借鉴了这一灵感，并将类似的"启发性观点"引入了力学中。为了解决在解释亚原子（原子中的粒子）运动时遇到的困难，德布罗意提出将波动特性应用到粒子上。他假设，正如光子在光束中的运动由形成光波的电磁场决定一样，粒子的运动也是由一种新型的波来引导或者定向的，德布罗意称这种波为"物质波"，别的物理学家则称这种波为"德布罗意波"。根据这种观点，玻尔的优选轨道既有因内部扰动形成的德布罗意波的轨迹，也有因物质波之间的扰动互相抵消的所有其他轨迹。这种现象与光线穿过小孔时的干涉图像非常相似。当光线穿过小孔时会出现明亮区域和晦暗区域，某一区域是明亮还是晦暗取决于从不同方向射过来的光之间是互相叠加还是互相干涉。但是，德布罗意波的波长与粒子的动量成反比，而且仅能在质量极小的情况下体现出来，对亚原子粒子来说这种情况尤为明显。对于任何物体而言，例如台球，它的波长非常短，所以无法观测到物质波的特性。

　　两年后，奥地利人薛定谔在德布罗意理论的基础上发展出了一种新的原子力学理论。根据这种理论，可以计算任意力场中原子粒子的运动。玻尔的原子理论要将牛顿力学与任意假定的概念（优先轨道）结合在一起才能对原子粒子运动给出满意的结果。然而，薛定谔却用一种理论达到了同样的目的。

　　起初，德布罗意与薛定谔假定粒子与导向这些粒子运动的波之间的联系是严格"随机"的。但是到了1926年，德国的物理学家马克斯·玻恩与帕斯卡·约尔把德布罗意波的强度解释为位于单位体积的空间中的粒子的数量。物质波强度与粒子数量之间的关系与光的强度和爱因斯坦的光子的数量之间的关系完全一致。

　　这一由德布罗意、薛定谔以及玻恩发展出的理论，是一种不计算原子粒子本身的位置，而计算原子粒子的平均数值的方法，被称为波动力学。这样的命名是很恰当的，因为它强调了物质粒子的波动特性。根据这种理论，未来可观测的事件不能被精确预测而仅能预测其出现的概率。比如说，我们无法预测粒子或者光子会在哪一个特定的点上出现，而只能预测在一定的范围内，有占多大比例的粒子会出现。如果科学无法突破这一个阶段，正如爱因斯坦所说的"上帝就会真的跟这个世界掷骰子"。

物质粒子具有波动特性的想法出人意料地被一个实验证实了。1927年，克林顿·J.戴维森和雷斯特·革末这两个美国人，证明了电子流照射到金属晶体上产生的衍射方式，与光被光栅衍射的方式，以及X射线被晶体衍射的方式是完全一致的。衍射现象是仅有波才具有的一种特质，所以这一证实令人惊喜。在德布罗意提出并由戴维森和革末证实之前，人们连做梦都没想到过这种波是由物质粒子比如说电子造成的。不仅如此，相关电子的波长可以由衍射图样计算得出，这也与德布罗意的预估完全一致。

几乎与此同时，一名叫沃纳·海森堡的德国年轻人，找到了观测亚原子粒子和来自另一个方向的辐射之间的互动的途径。牛顿力学的基础概念认为如果一个粒子持续性位移则一定可以被追踪，海森堡则完全推翻了这个观念。

爱因斯坦的广义相对论从马赫原理开始展开。马赫原理认为，任何物理学理论最终都是可测量的数值之间的关系。以此为依据，"绝对运动"被"物体之间的相对运动"所取代。海森堡最初的设想也与此类似。他放弃计算原子中电子的绝对运动，因为任何测量方法都无法确定电子运动的路径，这是自然法则。在原子的特性中唯一可以实际测量的就是原子辐射的强度与频率。因此，海森堡提议根据辐射的强度和频率来确立亚原子现象的基本定律。力学物理中把"粒子的位置和速度"作为自然法则中的基础概念，而这一提议暗示经典力学物理被完全颠覆了。

如果我们接受海森堡的建议，亚原子粒子（比如电子或者光子）

将不再是牛顿概念中的"完全的粒子"，因为它们的运动无法用牛顿力学来解释。但是它们是带有一些粒子特性的物理客体。

这一关于原子的理论被称为"量子力学"。海森堡去哥本哈根与尼尔斯·玻尔合作后，这一理论在形式上发展得更加完善了。

4. 玻尔的互补性原理

玻尔认为，粒子运动理论作为解释亚原子现象的基础不该被抛诸脑后。最初海森堡提出的可观测的辐射强度与频率的概念则应该被取代，可以用"移动粒子"作为描述的原则性方法，只是应用要"受限"或"合乎标准"。海森堡的确证明了亚原子运动不能用牛顿力学定律来解释。根据牛顿力学定律，一旦作用在粒子上的力和粒子最初的位置和动量确认了，它后续任何时刻的位置与动量都可以被精确测定。海森堡发现这并不适用于亚原子颗粒。特定的某一个粒子在某一个时刻的位置和动量，与它在将来某一时刻位置和动量的数值之间的关系并没有规律可循。微观世界的运动另有一种特点。如果已知一个质量非常小的粒子（一个亚原子颗粒）的初始位置和动量在一个确定范围内，那么，这个亚原子颗粒在未来某个时刻的位置可以在一个确定范围内计算得出。但是用牛顿力学，我们无法获得足够小的初始范围。换句话说，假若我们要击中目标上的一点，就算我们瞄得非常准确，我们也无法确定是否能够击中它。根据海森堡的理论，我们如果想要在一个至少可以接受的范围内击中目标，需要考虑位置和动量的初始范围有着确定的关系。这两个范围的结果应该等于一个特定的数值，简单来说，就是普朗克常数。这就是著名的"不确定性原理"。

在这之后不久，玻尔很快对原子粒子的这种奇怪的运动方式给出了更完备的解释。他指出，小质量体（比如说一个电子）具有位置和动量这两种特性，就如同光子同时具有粒子性和波动性一样。说粒子处于一个特定的空间里，就如同说光能集中在光子里一样，而定义粒子的动量则与强调光的波动性特征类似。物质粒子和光都具有粒子性和波动性的双重特性，但它们的运动特性既不自相矛盾，也不一片混乱。玻尔再次强调了马赫原理，认为应该仅陈述可被确定的实验所检验的数据。据他所说，一束射出来的光或者电子是被描述为波还是一束移动的粒子应该仅取决于特定仪器观测的结果。根据这个观点，这两个显现出来的特性是同一个物理客体的"互补性"的特征。我们观察的结果取决于在测试中亚原子现象的那些可观测的反应。这一概念被称为玻尔的互补原理。

因此，与爱因斯坦的相对论相比，玻尔的观点与牛顿力学迥异。根据玻尔的理论，太阳发射的光到达地球之前，我们无法描述在太空中"实际"发生了什么，只能说当光线抵达测量仪器时我们观测到了什么。举例来说，我们可以说太阳发射的光是否击中了观测屏上的某一个点。或者，可以描述得更精确一点，我们不能描述粒子穿越太空的轨迹这样的"客观事实"，但是可以而且必须，描述通过在不同的时空安排的各种观测仪器所观察到的观测结果。我们在光子或者原子的位置与轨迹中看不到互相关联的物理学原理，但原理可以在这些观测结果中印证。这种观点被认为与"实证主义"的哲学观点一致，这种哲学观点断定科学无法发现这个世界实际上发生了什么，而仅可以描述和汇总不同的观测结果。

自20世纪初以来，人们越来越强调下面两种观点之间的冲突。一种观点认为，科学只能描述经系统整理观测的结果，而另一种观点则认为，科学能够而且必须研究真实的世界。在欧洲中部的物理学家中这一矛盾表现得尤为尖锐。马克斯·普朗克是后者的代言人，他称这种观点为"形而上学的观点"，对于那些在他看来属于对方阵营的激进分子，他发起了最为尖锐的论战。他尤其反对与玻尔的观点相一致的马赫的实证主义科学观。

差不多同时，在维也纳与布拉格开始了重构实证主义的浪潮。这一新运动与马赫原理密切相关。这一运动的中心人物有维也纳学圈内的科学家，莫里茨·施利克、R.卡尔纳普、奥图·纽拉特和其他一些人。在这个国家，这种理论被称为逻辑实证主义，并与已存的与此相关的趋势，比如实用主义和操作主义建立了联系。伯特兰·罗素在英国也领导了类似的运动。

5. 爱因斯坦的科学哲学观

因为爱因斯坦在相对论与原子物理学方面先驱性的工作激发了物理学上的实证主义概念，很多人把爱因斯坦当作实证主义哲学的守护神来看待。对于实证主义者来说，他带来了科学对人类的祝福，而对于反对者来说，他则是恶魔一般的存在。实际上，他自己对于实证主义和形而上学的态度绝不这么简单。我们见过他性格中矛盾的一面，这种矛盾既体现在他做教师时的行为里，体现在他对政治问题的态度上，也体现在他的哲学理念中。

爱因斯坦完全承认玻尔的理论成功解释了原子物理学的很多现象，但是从一个更加哲学的立场看来，他还没有做好准备去放弃探求物理学的真相，而仅仅满足于汇总观测结果。他意识到牛顿曾经想通过了解所有粒子的初始状态和运动定律去预测未来所有的运动，而这是不可能的。但是，爱因斯坦认为物理事件也许可以用一种现在未知的新理论来解释。这种理论含有一系列的应用广泛的引力场方程，可以把光子和粒子的运动法则作为一种特例包含在内。

必须承认，很长一段时间以来，我个人一直认为爱因斯坦是玻尔实证主义理论的拥护者。1929年，在布拉格的一个德国物理学家的会议上，我在演讲中反驳了德国物理学家们的形而上学立场，并维护了马赫的实证主义。演讲结束后，现场有一位知名的德国物理学家，我并不了解他拥护的是谁的理念。他起身说："我坚信一个人的观点，这个人对我来说不仅是我们这个时代最伟大的物理学家，也是我们这个时代最伟大的哲学家，他就是，阿尔伯特·爱因斯坦。"于是我松了一口气，并希望他能够支持我，反对另一方，但是我错了。他宣称爱因斯坦反对马赫的实证主义理论和支持者们，而且他认为物理学的法则不仅仅是观测结果的汇总。他补充道，爱因斯坦完全同意普朗克的观点，认为物理学应该揭示独立于我们存在的时空的真相。

　　那时，对于爱因斯坦观点的这一解释让我感到非常吃惊。这一解释的确过于简单，但是我很快意识到，爱因斯坦对于实证主义立场有些抗拒的态度是与他对于玻尔原子物理学的态度相关的。在那之后不久，我看到与爱因斯坦密切合作的兰佐斯的一篇论文。在论文中，他用以下方式对照了爱因斯坦的相对论和玻尔的理论：在物理学中，爱因斯坦的广义相对论与形而上学的科学观相一致；另一方面，玻尔的理论则与激进的实证主义概念相一致。看到相对论被赋予这样的特点让我非常震惊，我已经习惯于认为相对论是马赫原理的一种体现。

　　在那之后不久，我想是在1932年，我在柏林拜访了爱因斯坦。我们已经有很长时间没有私下里交谈过了，结果就是，对于他没有发表过的理论我知之甚少。我们讨论了玻尔的新物理学和学派，结果爱因斯坦半开玩笑地说："物理学开始流行新玩意儿了，通过一些巧妙制定的理论试验，证明了某些物理量是无法测定的，或者，精确一点说，根据可接受的自然定律，观测对象的运动方式阻碍了任何获得测量结果的尝试。据此可以得出结论，保存这些物理数据是毫无意义的。讨论它们就是纯粹的形而上学。"在他的这些说法和他谈到的其他的东西里，他明显提到了原子粒子的位置和动量这样的物理量。

　　听到爱因斯坦如是说，我想起了许多由他的相对论曾经引起的其他讨论。诸如此类的反对相对论的理由曾被反复提起：如果"两个事件之间的绝对时距"这样的物理量无法测量，我们就不应该总结说讨论这样的时距和那样的"绝对同时性"是毫无意义的了。爱因斯坦一直都这样回应类似的争议，物理学仅能讨论可被实验方法所观测的物理数据。不仅如此，布里奇曼教授主张仅有"可操作确定性"的数据能被物理学所用的实证主义，他认为爱因斯坦的同时性理论是对这一要求最好的例证。所以我对爱因斯坦说："但是你说这个流行趋势是你在1905年发明的？"一开始，他幽默地回答："这个笑话不错，留到关键时刻用。"然后他用一种更为严肃的语气向我说明，他认为相对论里没有任何描述体现了形而上学。不过，他的确认为电磁或者引力场是客观存在的。这之前人们认为物质也是客观存在的。相对论告诉我们对于同一个事实的不同解释之间的关系。

实际上，爱因斯坦一直是一名实证主义者和经验主义者，因为他从来就没想要接受任何一成不变的物理学架构。以物理学的发展的名义，他保留创造任何与观测结果相吻合的公式或者定律的权利。对于老派的实证主义来说，物理学的普遍规律是个别观测结果的集合。对于爱因斯坦来说，基本的理论定律是一种想象力的创造，是发明家的一个成果。据他推测，这个发明家应该受限于两个原则。其中一个是经验主义的原则，理论推断出来的结果必须被试验所验证；另一个是半逻辑半美学的原则，基础定律在数量上要尽可能地少，在逻辑上要尽可能地兼容。这种概念与"逻辑实证主义"几乎没有区别。逻辑实证主义认为，我们可以通过普遍定律逻辑推演出我们的观察结果。

20世纪，当爱因斯坦提出狭义相对论，尤其是广义相对论的时候，这证明物理学理论达到了前所未有的新高度，它已经不再是观测结果的简单汇总，理论的基础原则与观测结果之间的联系也比以往所想的要更紧密。从18世纪到爱因斯坦时期物理学的发展相应地也伴随着哲学的发展。普遍定律曾被认为是观测结果的汇总，现在这种观念则逐步被取代，新的观念认为普遍定律是想象力的产物，且这种产物有待被观察验证。马赫的实证主义被逻辑实证主义所代替。

　　1933年夏天，赫伯特·斯宾塞在彻底离开欧洲前，在牛津大学上了一堂课。在这堂课上，爱因斯坦很好地表达了他对于物理理论本质的看法。他首先讲到了18～19世纪的物理学——那还是力学物理的时代："那个时期的科学家大多认为物理学的基础概念不是人类思想的创造，与逻辑无关，他们更愿意相信，这些基础概念是抽象而来的——也就是说，有从实验结果出发到逻辑推理的这么一个过程。广义相对论以令人信服的方式证明了这一观点是错误的。"

　　在强调完基础理论是想象力的产物之后，爱因斯坦继续说："我在这里概述物理学的基础理论是想象力的产物，但在18～19世纪，这一特点是远未被广泛接受的，不过这一特点之所以越来越被人们所接受，是因为基础理论和定律与实验结果之间的分歧越来越大了——这一分歧随着逻辑结构的统一而日益增大——物理学的基础越来越需要概念具备逻辑性，分歧就产生了。"

　　与爱因斯坦对待他生活与思想中许多方面的态度一样，我们注意到他对实证主义科学的态度也有这样的内在冲突。一方面，他内在有一种驱动力想要明确物理学的逻辑，积极地将假设验证到底，拒绝接受不能被观察所验证的任何定律。然而，另一方面，他明白逻辑实证主义既不足以保障想象力在科学中所扮演的角色，也不能说明"绝对真理"隐藏于某处而人们只要尽力找出来就行。因此，对于不熟悉爱因斯坦的实证主义，不明白这种哲学要求只有基础观测事实的理论才能成立的人来说，爱因斯坦的科学哲学观常常给人一种形而上学的印象。

6. 统一场理论

　　爱因斯坦的相对论认为引力源于引力场的存在，物质的存在产生了引力场，继而又对其他物质产生了吸引效应。爱因斯坦认为时空弯曲是引力的结果。带电粒子也存在类似的情况。粒子之间存在引力，可以认为是电荷的存在形成了引力场，继而引力场又对其他的带电粒子产生吸引效应。因此物质与引力场的现象，与电荷与电磁场的现场非常相像。结果就是，爱因斯坦设法建立一种"同一场"理论，这一理论会是他引力理论的普适准则，并且可以解释所有的电磁现象。他也认为，用这种方式，他或许可以得到比玻尔更为完善的光量子（光子）理论，并由此推演出"物理学的真相"，而不仅仅是基于观察结果得到的定律。

用几何方法来解释广义相对论取得的巨大成就，顺理成章地给了他在四维空间的结构中发展新理论的灵感。在四维空间中，除了时空弯曲之外应该还会有其他引力效应而造成的现象。

1929年，爱因斯坦50岁时，他从事统一场理论研究的消息广为传播开来。爱因斯坦可能会在50岁生日那天发现最终解开宇宙秘密的魔力公式，这个点子让大多数人觉得非常有吸引力。爱因斯坦收到了世界各地的报纸和刊物发来的电报，希望他能透露一星半点新理论的内容。几百个记者把爱因斯坦家重重围住。当有些记者终于见到爱因斯坦时，他惊讶地说："我真的不需要任何宣传。"但是每个人都希望他能创造出新的理论，超越他自己曾创造的奇迹。人们获知，一次关于新理论的沟通将被发表在普鲁士科学学院的一期会刊里，报社的人试图从印刷商那里获得照片之类的证据，但是失败了，除了等待文章发表之外无事可做。为了让大家尽早收到消息，美国的一家报纸安排用传真立即传送这篇文章。

文章只有几页纸长，但是包含了大多数公众难以理解的数学公式。门外汉看它的感觉可能和看到亚述人用楔形文字写的铭文一样。要有抽象几何思维能力才能看懂这样的论文。对于有这个能力的人来说，这篇论文表示，通过对四维空间的想象，可以推演出统一场论的一般定律。也可以从这篇论文中获知，这些定律把已知的电磁场和爱因斯坦的引力场都作为个案包含在内了。尽管如此，迄今为止还没有可以被验证的结果能从这些定律里推演出来。因此，对于大多数人来说，新的理论比之前的理论更难懂。对于专家来说，新的理论则达到了逻辑和美学上的完美结合。

第十章

德国的政治动荡

1. 爱因斯坦的50岁生日

1929年3月到来之前，爱因斯坦和家人担心报纸会借他的50岁生日大造舆论，在他生日当天引起轰动，但这只会让爱因斯坦感到不悦。不少报社都承诺会发表爱因斯坦的言论，这些言论或多或少都涉及其个人问题。此外，当天来贺寿的崇拜者和友人可能会非常多，为了避免这样的事情发生，爱因斯坦决定暂避风头，离开家几天。可是，各种流言很快就传开了：有人说爱因斯坦去了法国，有人说他去了荷兰，还有人说他去了英国，甚至还有人说他去了美国。但这些说法都是子虚乌有的。他在柏林附近的乡村别墅里安静地过了他的生日，别墅是一位鞋油制造商的，他有时会让爱因斯坦随意布置花园，爱因斯坦便在美丽的湖畔旁设计了一座凉亭。在这里，他可以拉拉小提琴，也可以在湖中划划船。

爱因斯坦的妻子从他们柏林的家中带来了做好的食物。爱因斯坦的家人们都在这里陪他庆祝生日，有他的妻子，两个女儿和女婿。爱因斯坦的穿着非常舒适随性，他常常只在乡下才会这么穿，要么就是在城里没有陌生人的时候这样穿。他穿着旧长裤和毛衣，但是没穿夹克，还经常不穿鞋和袜子。爱因斯坦的妻子还从柏林的家中带来了一些贺信和礼物，剩下的东西太多，没法全部带来。

爱因斯坦参加过很多不同的活动，所以他收到了各行各业的人士送来的贺信和礼物，其中自然不乏物理学家和哲学家，也有反战人士和犹太复国主义者。甚至还有一些非常普通的人，他们崇拜爱因斯坦的伟大发现，想向他表达钦佩之情。其中，有一份来自下岗者的礼物，是一小包烟丝。大家都知道爱因斯坦抽烟，他的烟斗从不离手。爱因斯坦曾在提及相对论和场论时写道："烟草虽少，可它产自好地方。"

　　爱因斯坦的几个好朋友集资送了他一艘全新的现代帆船。爱因斯坦喜欢在柏林周边美丽的湖泊和河流上航行，他喜欢在船顺风航行的时候做做白日梦。玩帆船是一项令人愉悦的活动。帆船是一个非常简单的力学应用，爱因斯坦能把物理定律直接应用于最贴近生活经验的事上，这让他从中获得很大的乐趣，而不是整天想那些抽象的理论。他还撰写了一篇颇受欢迎的文章，他在文中向大众解释了物理定律，将风帆放置在某个位置进行曲折运动以达到特定目的，使人能够朝某个方向航行——也就是连续进行戗风行驶。

　　一群美国的犹太复国主义者在巴勒斯坦买了一块地，并在爱因斯坦生日当天种上了树。他们约定，今后在那片地上生长的树林就叫"爱因斯坦林"。

　　不过，最好看、最有意思的礼物还是来自柏林市政府的馈赠，爱因斯坦自1913年以来就一直生活在柏林，而且为这座城市做了不小的贡献，这里只举一个小例子，爱因斯坦定居柏林吸引了不少外国人。因为大家都知道爱因斯坦喜欢在哈维尔河和其支流的湖上航行，柏林市议会便决定赠送给爱因斯坦一栋乡村小别墅，别墅就在哈维尔河岸边，不远处就是哈维尔河流入万塞湖的地方。这栋别墅所处的地方属于柏林。柏林市议会的这一决定受到了全体市民的欢迎——这种情感是出于对科学的热爱，对杰出的同胞的尊重，以及对水上运动和航海的喜爱。所有的画报杂志都刊登了爱因斯坦的田园风别墅的照片。

　　爱因斯坦的妻子想看看这栋房子，却惊讶地发现居然有人住在里面。而房子的住户也很惊讶，居然有人想把自己的家占为己有，而且这个人还是名人爱因斯坦。后经证实，柏林市获得这处房产时，已经许可该房屋的居住者有权继续居住。议会向爱因斯坦赠送生日礼物时，似乎已经忘记了这一点。这种荒唐事居然会发生在柏林，这可是普鲁士的首都，向来以秩序井然著称。

一开始，这件事似乎只能说明土地产权登记处的工作杂乱无序。市议会的领导听说此事后，表示要尽快改正此错误。"爱因斯坦的别墅"所在的公园很大，种满了美丽的树，剩余的地方还够盖很多栋房子。因此，市议会在公园一处离湖很近的空地上另外盖了一栋房子，把它作为礼物送给了爱因斯坦。然而，盖房子的费用却要由爱因斯坦自己承担。爱因斯坦和妻子对此表示很满意，欣然接受了这一安排。但是，进一步调研发现，这一解决方法也无法实现。因为在"爱因斯坦的别墅"所有者获得居住权时，也得到一项保证，即公园内不能建造任何其他房屋，因为这可能会干扰他欣赏大自然的山川湖泊。

最后，这件事让爱因斯坦和市议会都感到非常扫兴。如此历经周折的礼物，换了谁都会不开心的。著名的模范城市柏林究竟发生了什么？这件事情变得越来越神秘。

然而，这件事还远远没有结束。市议会深刻反思后，又选了一块靠近湖泊的地方打算建一栋房子。可是，那里的地理位置不是很好，也不靠近水域。不过，那里的住户至少允许修一条通往湖的小航道，这份礼物越来越轻。最后，市议会发现自己没有权力动用这块土地，整个柏林都嘲笑他们。大家对市政当局的嘲笑合乎情理，但爱因斯坦也卷入其中，关键这还不是他的过错。

现在，市议会终于意识到，沿湖的地方没有一块土地可以用来给爱因斯坦建别墅。但是，市议会向这位柏林科学家赠送礼物的闹剧已经人尽皆知，议会成员感到极为羞耻，不想以惨败收场。一位议会代表亲自拜访了爱因斯坦，并说："为了确保我们赠予您的土地属于议会财产，请您从在售的地块中挑选一处合您心意的。我们会买下这块地。"爱因斯坦同意了。但是，爱因斯坦不想占用自己的时间去挑选，于是让妻子去看。最终，他的妻子在波茨坦附近的卡普思村找到了一处风景尚佳的地方。柏林市议会认可了这个选址，并表示在下次召开议会时提出购买该地块的议案。于是，整件事情开始逐渐发展为一场政治纷争。德国民族主义政党则开始探讨爱因斯坦究竟配不配得上如此贵重的礼物，这项议案也因此被延期至下一次会议继续讨论。

爱因斯坦的耐心已经耗光了。他居住的这座城市以所有公民的名义提出要赠予他的礼物已成为政治纷争的对象，在最有利的情况下，将导致一场政治交易。爱因斯坦给柏林市长写了一封信，这位市长是公众监督的主要对象，因为有消息披露，他曾接受了与政府签订合同的一方送给他妻子的礼物——一件皮草大衣。爱因斯坦那封信的内容大致如下："亲爱的市长先生：人生短暂，可是当局的工作效率却亟待提高。我觉得自己恐怕等不到你们的解决方案实现的那一天了。在此，我对当局的友好关心表示感谢。不过眼下，我的生日已经过去很久了，我也不需要这份生日礼物了。"

最终的结果就是，爱因斯坦不但要自掏腰包建房子，还要自费买下那块地。这一系列事情发生后，我在柏林见到爱因斯坦时，他对我说："这样一来，我们拥有了自己的房子，房子很漂亮，就在湖畔边上的森林中，可是我从没想过会拥有一栋自己的房子。我们为此花掉了大部分积蓄。虽然我们现在穷得叮当响，但是我们也算是有了自己的土地和房产。这倒是让我很有安全感呢。"

可是，这份安全感并没有维持多久，因为大约三年之后，爱因斯坦和妻子就不得不带着还崭新如初的家具，离开这座美丽的乡间别墅。这次是由爱因斯坦的私人原因而起。更有趣的是，为什么这种令人啼笑皆非的失误会在柏林这样一座井然有序的城市上演呢？这个问题的答案其实也是德意志联邦共和国出现问题的答案。显然，柏林市是由文化派的人领导，他们希望通过尊重爱因斯坦来表达自己的立场。然而，决定权却由蓄意破坏统治者工作的人掌握。柏林市官员阳奉阴违，导致市议会的命令无法落实，这显得共和党政府管理很荒唐。

德意志联邦共和国都存在这样的情况。总理和政府官员尊重艺术和科学，但即使在那个时候，真正的权力却已经由黑社会掌握。

2. 帕萨迪纳客座教授

在接下来的一年，也就是1930年，爱因斯坦接受了美国加州理工学院的邀请，于寒假期间在加州的帕萨迪纳市担任客座教授。于是，他在12月乘船前往美国。

这一次，爱因斯坦不需要在美国四处游说，因为这既麻烦又让人不安。他反而受邀参加了由加州理工学院和威尔逊山天文台正在进行的一项科学研究。加州理工和威尔逊山天文台都离帕萨迪纳很近，帕萨迪纳在洛杉矶的郊区，环境颇为宁静。在罗伯特·安德鲁·密立根的努力下，加州理工学院成为物理学研究中心。密立根是诺贝尔奖得主，他师从迈克尔逊，后来在实验中了解到爱因斯坦研究的整个趋势。密立根不仅擅长科学研究，管理能力也极佳，是个现实主义者。在密立根看来，爱因斯坦对和平主义的热切追求并不适合这个世界，这一观点很快就被证实。然而，有一件事，密立根与爱因斯坦观点一致：他们都不否认宗教团体在推动人类合作方面具有重要作用。但是，密立根和爱因斯坦都没有意识到，宗教教规会控制科学。

1931年春，爱因斯坦回到柏林，同年秋天再次前往帕萨迪纳，又在那里度过了一个冬天。1932年春，当爱因斯坦再次回到柏林的时候，他刚好目睹了德意志共和国的垂死挣扎。

德国大选将于1932年3月举行。年过八十的德意志陆军元帅兴登堡是社会民主党的候选人，他的对手则是阿道夫·希特勒——右翼革命的领导人。多亏了时任总理布吕宁的宣传，兴登堡赢得了此次大选。虽然共和党和民主党因此欢欣鼓舞，但其实真正的权力掌握在前德国君主制的支持者手中。兴登堡赢得大选，在此局势的直接影响下，他利用权力推翻了德意志共和国。

赢得大选后，兴登堡在5月份采取的第一项行动就是迫使布吕宁

（他最忠实的拥护者和大选成功的幕后推手）辞去总理一职。兴登堡任命帕彭为新一任总理，帕彭决心用暴力消灭共和党和民主党。兴登堡在德意志国民议会上宣布"全新的政权时代"来临，"物质主义"时代就此结束。在德国国防军的协助下，兴登堡推翻了普鲁士政府。

　　不少科学家对这些措施感到十分满意。他们认为，现在军队握着真正的权力。自俾斯麦时代以来，他们已经习惯了这样一种信念，德国作为一个国家和民族，"知识分子"的统治只会给国家带来不利。削弱"知识分子和民主派"的力量会让德国变得强大。

　　我现在都能回想起与爱因斯坦在1932年夏天的对话内容。我们当时在爱因斯坦位于卡普思的家中。那是一栋木房子，横梁很坚固，我们在透亮的窗前欣赏田园的森林景色。当时在场的一名教授表示，希望军事政权能抑制纳粹的力量，爱因斯坦对此说道："我认为军事政权阻止不了纳粹党即将发动的革命。军事独裁会压制民意，人民将寻求保护，避免在右翼革命中受到军队和军官的统治。"

　　有人问爱因斯坦对施莱谢尔的看法，施莱谢尔是"社会将军"，他可能在不久后掌握政权。"他上台的结果和现在的独裁统治不会有什么区别。"爱因斯坦答道。

　　同年夏天，著名的美国教育家亚伯拉罕·弗勒斯纳来到卡普思，他问爱因斯坦是否有兴趣加入他在普林斯顿进行的一项新研究。爱因斯坦说："目前来看，今年冬天我得在帕萨迪纳参与一项研究。不过，我打算之后与你合作。"

　　1932年秋，爱因斯坦和妻子准备前往加州，在离开卡普思那栋美丽的田园别墅时，他对妻子说："这次离开之前，你好好看看我们的家吧。"

　　妻子问道："为什么呢？"

　　"你以后见不到它了。"爱因斯坦平静地答道。妻子当时认为他在说胡话。

12月，施莱谢尔当选总理。他想要建立一个以工人阶级为基础的新政府，但是总统兴登堡利用权力对他施压。施莱谢尔担任总理的时期只是一个过渡阶段。1933年1月底，在美国，爱因斯坦正在阳光充沛的加州跟威尔逊山天文台的天文学家讨论宇宙空间中的物质分布等问题，而在德国，施莱谢尔辞去总理一职，总统兴登堡任命他在大选中的对手阿道夫·希特勒为新一任德意志帝国总理。

3. 德国大学的种族清洗运动

到目前为止，马克思主义还没有像德国教授那样令人反感，因为科学知识的发展居然受到了政治权力的影响。一直以来，他们的最高理想都是把科学从政治中独立出来，实现两者的分离。但是如今，政治权力由总理希特勒掌握，他领导的政党的首要原则是，政治在人民生活的各个方面中居于首要地位。政治的地位要高于经济生活、艺术和宗教，科学也不例外。

如果你还记得这一点，一个全新的国家不仅是一个新的政治组织，还声称代表了新的哲学，在生活的各个领域指引新方向，新政府的立场就不难理解了。他们所说的新方向就是，要集中所有力量来实现一个目标，为德国人民和日耳曼民族服务。与任何其他的活动一样，这是科学的终极目标。

德国政府有了新理念——必须让大学教授树立全新的"世界观"，所以政府就开始向大学教授施加压力。但由于科学自由是教授界受青睐的口号之一，新政府试图强制推行其目标，同时尽可能保留原有的表达方式。继续使用"自由"这个听起来很美好的词，但它被赋予了新的含义。在早期德国哲学中，对这个词的使用模棱两可，这为国家社会主义使用该词奠定了基础。美国哲学家乔治·桑塔耶拿曾在一篇有关"一战"背景下的"德国式自由"的文章中说道：

德国哲学所说的自由具有特殊的含义。这种自由既不指人们拥有任何选择的可能，也与首创精神无关。德国式自由可观而不可得，就像天使身在天堂自由自在，想见上帝便能见到，却不能犯罪。其深层含义是，对于已经存在的东西，你无法以既定以外的其他方式拥有它；你欣赏并祝福所有人，并认为这传达了你自己的精神。出于同情心，你被工作、国家和宇宙吞没，直到你分辨不出造物主、国家和自己之间的区别。你的义务服务也就在那时成了完美的自由。

在这一时期，德国教育学领袖克里克清楚地阐述了如何把这深奥的形而上学理论应用于实际生活：

"并不是科学必须受到限制，而是科研人员和教师要受到限制；那些具有科学才能的人要想在德国大学教书和做研究，只有一条路，那就是把个人的全部献给国家，认同世界种族概念以及德国的使命。"

因此，这为德国大学院系的"清洗运动"提供了哲学基础。

新理论首先应用于高等教育机构，消除那些种族低劣的高校教师，因为他们不适合用新哲学的精神教育青年人。这些被清洗的人都不是日耳曼人，他们被称为雅利安人。划分非德国人或非雅利安人的做法是专门针对犹太人的，因为他们认为，犹太群体接受的历史和教育会成为新统治者推行的教育精神的一个重大阻碍。"犹太人"指的不仅仅是犹太教的教徒。新政府对犹太教这种宗教采取中立态度。纳粹党的意思是，犹太人是一个种族，但又没有明确的标准来辨别犹太人。要给犹太人下定义是很难的，某种程度上来说，这种定义具有任意性，因此，所有的德国教授都认为不会发生种族"清洗"。因为对"犹太人"还没有一个明确的定义，所以德国政府暂时也做不了什么。

但他们仍然不了解新哲学的"务实"精神。新政府所需的有关犹太人的定义很快就完成了，即使该定义在准确性或逻辑兼容上并不符合德国教授对其在人类学、民族学或语言学中的要求。压根就没有"雅利安人"的科学定义，人们只能说某人讲"雅利安语系"的语言。然而，这样草率的定义是不成立的，不然，讲意第绪语的人也是雅利安人了，可意第绪语其实是德国的方言。因此，从一开始，他们定义的并不是"雅利安人"，而是定义了哪些人不是雅利安人。非雅利安人的定义规定，只要祖父母有一人不是雅利安人，这个人就不是雅利安人。然而，如何定义非雅利安人呢？只要一个人的祖父母说自己在犹太区，他们就不是雅利安人。这种定义方式与种族学意义上的人种毫无关系。人们想当然地认为，如果一个人的祖父母辈不是犹太人，这个人就是基督教信徒。

这种定义巧妙地把种族起源和宗教相结合，从而达到了预期的政治目的：排除一个群体，因为政府担心他们会改变学生的政治或意识形态，使其向危险的方向发展。然而，这种定义并不具备教授要求的科学清晰度和精确度。有不少人已准备好与政府合作，他们认为政府要进行的这种政治清洗运动是科学的，也是无可厚非的。

他们试图驱逐散落在各地的犹太人，只留下非雅利安人，这带来了许多困难。在纳粹党掌权之前，根据"雅利安"这个词的习惯意义和用法，除了犹太人之外，还有其他非雅利安人。起初，匈牙利人和芬兰人等深受纳粹欢迎的民族被冠以非雅利安人的称号，引起了这些人的不满。另一方面，我们不可以把匈牙利人叫作雅利安人，这是不对的。结果就是通过官方定义判断一个人的祖父母的宗教，以此来确定其是否为非雅利安人。尽管如此，即使一个匈牙利人可以证明自己不是非雅利安人，也不能说明他是雅利安人。因此，在这一定义中，普通逻辑是行不通的，也就是说不存在中间性，只能说某事物具有或不具有某一特征，不存在其他特征的可能性。然而，根据官方的新说法，匈牙利人既不是非雅利安人也不是雅利安人。

随着新政权在政治上取得成功，雅利安人和非雅利安人的数量都有前所未有的增加。不久，日本也加入了这一行列。然而，最终的结果是，当他们的反英政策迫使纳粹党想与"闪米特族"阿拉伯人建立友谊时，阿拉伯人也被列入了不是"非雅利安人"之列。以前，犹太人一直反对此事，因为据说犹太人是"闪米特"人的一支。然而现在，犹太人居然被纳入了高贵的种族，据说犹太人根本不属于任何种族，而是一个血统混杂的民族。

但是，由于纳粹政府仍然需要一种不基于宗教忏悔的种族判断标准，最终他们决定按生活区域判断，与德国种族有关的所有其他种族都生活在"集中定居点"，而犹太人的生活区域是分散在城市和商业中心的。

这一定义迟迟未定，纳粹政府心急如焚，现在终于成功了，德国的大学也全部要按照这一定义的规定进行"清洗"。起初，还有一些例外。所有由德意志帝国政府任命的大学教授都可以继续任教，而由共和党任命的教授则不可以继续任教，因为纳粹政府认为共和党是站在犹太人一边的。不止如此，那些参与"一战"的德军士兵或为协约国效力的人也可以继续留任。

然而，这些期待都落空了，清洗运动愈演愈烈。纳粹政府采取了进一步措施，根据政府颁布的规定，妻子是非雅利安人的教师都被解雇了。

在种族清洗运动进行的同时，政治清洗运动也展开了。但是政治清洗的规定更为严格。在被解雇的教授中，有人曾在社会民主党和共产党的活动中发挥过积极作用，还有人曾参与过共济会或和平主义组织。其他的规定则含糊不清。与种族清洗运动相比，政治清洗运动更加困难重重，因为在种族清洗运动中，个人的命运早已注定，无法改变。而政治清洗运动，一方面，只要表现良好，还是有希望改正之前所犯的政治错误的。因此，许多此前是"民主派"的教授现在突然开始同情经受种族清洗的人和他们的标语。还有人看到，这些民主"罪人"参与研究种族理论在数学、化学等领域的应用。另一方面，此前支持旧民族主义和君主主义团体的人对新政府持保留态度。事实上，一些在第一次政治清洗运动中的受害者后来在政府"改善"政策后恢复了以往的生活。

为了更加彻底地推行改革，出于对年龄的考虑，许多年龄较大的教授在种族或政治问题上都没有受到怀疑，因此他们可以安心退休养老。人们认为他们无法适应新政权。由于采取了这些措施，政府任命了许多他们认为可靠的新教师，认为他们会根据新的理念进行教学。

4. 敌视爱因斯坦

爱因斯坦很幸运，清洗运动展开的时候，他不在德国。然而，显而易见的是，新统治者对某些科学团体的敌意集中在爱因斯坦身上，这种敌意令人毛骨悚然，正如人们普遍对爱因斯坦的理论抱有热情，这是科学史上的惊人现象，要迫害一个提出这种抽象理论的人也同样令人费解。

爱因斯坦的敌对者可能会说："他可是犹太人，还因为提出了新理念而世界闻名。这与新统治者的观点不符，因为犹太人的智力发育不全。他还是和平主义者，对国际合作的努力表示同情。"然而，这还不足以解释他们对爱因斯坦的敌意。爱因斯坦的名声在不断扩大，与此同时，结晶过程也在发生。一方面，敌对者对爱因斯坦的仇恨不断累积，另一方面，他的名声也越来越大，这个过程好比晶体结晶的过程。

这一发展最终达到了这样的程度：纳粹认为爱因斯坦主导着一场秘密运动，这一运动有时被称为"共产主义"，有时被称为"犹太国际"，总之是反对新政府的。

可实际上，爱因斯坦对政治总是避而不谈。然而，纳粹不仅打算攻击爱因斯坦对政治的单纯性评论，虽然这些评论大多是学术性的，纳粹还试图证明他的理论中有"布尔什维克"和"犹太人"的字眼。

正如我们所看到的，在1918年"一战"结束时，纳粹对爱因斯坦的攻击已经很明显了。如今，发动反对爱因斯坦运动的领导者觉得时机已到。现在他们可以公开发表真心话，而不允许维护爱因斯坦的人为他辩护。因此，1933年5月，爱因斯坦的老对手莱纳德在《人民观察家报》上发表了一篇文章，该报是纳粹的主要刊物。莱纳德终于可以畅所欲言，不必再有所克制：

"犹太人对自然科学研究会产生危险的影响，最典型的例子就是爱因斯坦，他提供的基于数学的拙劣理论，全都是些陈旧的知识和任意的补充。该理论正逐渐变得碎片化，所有不符合科学本质的东西都命该如此。即使是那些做过扎实工作的科学家，也无法摆脱谴责，他们允许相对论在德国有一席之地，因为他们没有看到或者不想看到它在科学领域之外的错误，把这个犹太人视为一个好德国人。"

两年后，在一所新设立的物理学院开幕式上，莱纳德发表了就职演说，他说：

"我希望该研究所竖起反对亚洲科学精神的大旗。我们的元首在政治生活和国民经济中已经剔除了这种精神，它被称为马克思主义。然而，在自然科学中，人们过分推崇爱因斯坦，所以马克思主义仍然占据主导地位。我们必须要认识到，一个犹太人不值得德国知识分子去追随。所谓的自然科学，起源于雅利安人，今天的德国人也必须找到自己的方式探索未知世界。元首万岁。"

有证据表明，爱因斯坦的研究特征是"犹太人"，该特征由"犹太物理学"的定义而得出，"犹太物理学"包含爱因斯坦研究物理的所有特征。因此，如果理论非常"抽象"，它就被视为很"犹太化"。也就是说，如果只是通过长时间的思考，不直接用感官观察，就不会立即产生技术应用。所有这些现在都被视为"犹太化"。人们完全忘记了，无数的北欧学说追随者已经证明雅利安人偏重推测，而"非雅利安人"则看重物质世界，这是他用"低等智力"能理解的唯一概念。

一个必须尽快发展国家资源的新政体，无论是征服还是重建政策，科学是当前的实际需要，这并不少见。在苏联政权初期，我们发现了类似的特征。

1934年，纳粹第二领导人赫尔曼·戈林曾说道：

"我们以科学为荣，并且尊重科学，但它本身不应沦为知识分子傲慢的产物。现在，我们的科学家可以大展宏图。他们应该弄清楚，我们必须从国外进口的原材料在国内可以用什么来替代。"

纳粹政府教育部部长伯恩哈德·鲁斯特说了一句简短的话："国家社会主义党不反对科学，只反对空谈理论。"

不止爱因斯坦遭到谴责，整个科学界和理论物理学界都遭到了谴责。这时，一位在清洗运动中逃过一劫的德国科学家半开玩笑地跟我说："你一定知道吧，爱因斯坦曾经对整个科学界做过承诺。"

德国物理学家威廉·维恩对民族主义抱有同情，几年前，他还没与英国物理学家欧内斯特·卢瑟福交谈过，爱因斯坦那时就说过："你们盎格鲁–撒克逊人永远理解不了相对论，因为理解这种抽象的推论需要德国人与生俱来的智慧。"法国一位民族主义物理学家则说道："我们法国人渴求清晰，我们的确理解不了相对论。相对论是条顿人（古代日耳曼人的一个分支）毫无根据的猜想。"

我曾经说过，大清洗开展之时，爱因斯坦还在美国。爱因斯坦一听说德国发生了这样的事，立马赶赴纽约去找了德国领事。鉴于自己的职责，德国领事告诉爱因斯坦无须害怕回国。现在掌权的是一个"民族"政府，会进行公正裁决的。如果爱因斯坦无罪，他不会有事的。然而，爱因斯坦决定不回德国，因为当局依然在执政，于是他用开放式的话回答了领事。爱因斯坦与领事谈完后，领事的副手私下告诉爱因斯坦："教授，我现在不以官员的身份跟你谈话，我只能告诉你，不回国就对了。"

许多记者都想知道爱因斯坦是如何评价最近在德国发生的事件。但是爱因斯坦重复了他经常说的话：他不想住在一个没有表达自由权的国家，这里对其他人种和宗教也不够包容。然而，爱因斯坦也并没有进行更具体的讨论。

1933年春，爱因斯坦乘船前往欧洲，暂住在离比利时奥斯坦德不远的海边度假村勒科克。一开始，他就知道自己与普鲁士科学院的联系中断了。唯一的问题是，他究竟应该主动辞去在科学院的职务，还是应该等科学院开除自己。当时主管科学院的是马克斯·普朗克，他是爱因斯坦的伯乐，是他说爱因斯坦会成为20世纪的哥白尼，也是不管发生什么事都会支持爱因斯坦。他们坚持认为爱因斯坦在柏林。可想而知，普朗克是不想把爱因斯坦从科学院开除的。反过来，爱因斯坦则希望自己能够帮普朗克做出这一步。他给普朗克写了一封简明扼要的信，信中说，在纳粹政府执政的情况下，自己无法继续为普鲁士服务，因此辞去职务。

起初，普鲁士科学院对辞职一事避而不谈，而是讨论科学院应该做些什么。一方面，他们希望维护科学院作为帝国科学机构的名誉，另一方面，他们也想服从纳粹政府的决定。能斯特一直都是个自由主义者，他在一次会议中说："为什么我们非要让科学院成员成为具有全国意识的德国人呢？况且爱因斯坦还是一名伟大的科学家。让我们今天感到自豪的，难道不是达朗贝尔、莫佩尔蒂和伏尔泰这些成员吗？更何况，这些人还是法国人。"能斯特见到一位院士时，他不停地重复自己的观点，并说："后辈会怎么看待咱们科学院呢？难道我们不会被视作屈从于强权的懦夫吗？"

但是，由于纳粹的报纸上写满了攻击爱因斯坦的文章，给爱因斯坦定罪，指控他在国外煽动反德情绪，最终，科学院决定发表一篇言辞悲凉的声明，称科学院与爱因斯坦毫无关系。声明中写道："对于爱因斯坦辞职一事，我院并不遗憾……我院对他在国外的煽动活动感到震惊。科学院成员一直以来都忠于普鲁士。尽管我院不参与政党政治，但我们总是强调要对国家忠诚。"

爱因斯坦对自己在国外"积极参与煽动情绪"一事并不知情，4月5日，他在给科学院的信中做了回复：

"我并不知道自己在国外传播了所谓的德国'暴行'。说实话，我没有注意到有任何'暴行'。我所注意到的是，德国新政府的言论不断修改，特别是还有一个摧毁德国犹太人的计划……我希望普鲁士科学院能将这封信转发给院内成员，并尽其所能将其内容传达给德国公众。因为我被媒体恶意诽谤，科学院在其中也起了不少负面作用。"

由于学院不再声称爱因斯坦编造了"暴行"事件，也无法将其传播到国外，科学院在声明中的说法有所收敛：虽然爱因斯坦没有编造故事，但他没有做任何努力反对那些传播者，没有捍卫他的祖国。

4月7日，科学院给爱因斯坦回了一封信，内容大致如下：

"我们一直有信心能等到像你这样的人，很长一段时间以来，你都是我院的成员，可你却让自己处在了我们国家的边缘，对本国政治没有同情心，没有反对散播谣言。这些天，当德国民族以荒谬的方式被污蔑时，像你这样的人如果能说一些德国的好话，会在国外产生很大的影响力。

"相反，你却为敌人发声，他们不仅是现在的德国政府的敌人，也是德国人民的敌人。这让我们大失所望。即使你不写辞职信，在这种情况下，我们也会分道扬镳。"

现在，爱因斯坦明白了，已经没有必要继续沟通了。4月12日，他给科学院写了一封告别信，曾几何时，他与科学院有着很多工作上的联系。他在信中写道：

"你们说，如果我为德国人民说一番好话就会在国外产生很大影响。对此，我必须说，这种'善意的谎话'本身就违背了我一生奉行的理念—正义和自由。我不会像你们一样说这种谎话。相反，这只会破坏德国人民在文明世界中的思想和原则，而正是这些思想和原则才能让德国人在世界上有所成就。如果我说这样的谎话，即使造成间接影响，我也是助长了野蛮的行为，破坏了文化价值。

"你们的信让我明白了一件事，我辞去在科学院的职务是非常正确的。"

爱因斯坦已经自愿辞去了在科学院的职位，以免像马克斯·普朗克一样，在纳粹的要求下被驱逐出学院，既痛苦又耻辱，普朗克是他心中非常有价值的科学院成员。有很多德国教授坚称，新统治者追求的是伟大而崇高的目标，马克斯·普朗克是其中之一。我们这些不了解政治的科学家不应该给政府制造困难。我们的任务是，尽可能减少个别科学家遭受折磨，最重要的是，我们应尽一切努力让德国在科学研究领域保持在较高水平。至少，那些心怀嫉妒的外国人不应该注意到我们国家各方面的水平都在下滑。

普朗克这类人普遍认为，对个人和机构实行的许多野蛮行为只是"右翼革命"的伴生现象。柏林大学一位杰出的科学家曾向普朗克求助，并说他希望马上离开柏林，在国外找个工作。那天，普朗克觉得这位科学家可能会成为清洗运动的下一位受害者。于是，普朗克对他说道："我的好兄弟，你怎么会有这么奇怪的想法！如果你现在找不到满意的大学职位，为什么不干脆请假在家休息一年呢？去国外旅游，顺便做做研究也不错。等你回来的时候，当局的一些不好的事情就都没有了。"

在担任威廉皇家科学院的院长期间，普朗克也同样努力安抚非雅利安科学家留下来。他相信，他能够以这种方式使他所看重的人免遭苦难。因此，他希望该研究所的研究工作和德国科学的名声不受到损害。

与教学领域相比，研究领域的非雅利安人被政府容忍了更长时间，这一情形也对普朗克有所帮助。因此，即使在柏林发动了全面的清洗运动，普朗克也成功地留住了这些研究人员。但是，清洗运动最终还是轮到了他们，情况十分糟糕。这时，他们再想离开德国去国外找工作变得十分困难。

普朗克曾试图通过个人的力量说服阿道夫·希特勒，把"非雅利安人的定义"机械地应用于教育和研究组织会产生不利影响。柏林大学圈里的人都在讨论普朗克与希特勒的此次会面。然而，普朗克几乎没有机会提出他的看法。希特勒就像在大型集会上传播煽动性言论，用辩论的口气跟普朗克讲话，而不像在办公室里对访客说话。希特勒表示，在教学和研究以外的领域，他会给犹太人一些工作机会，前提是他们不是布尔什维克。普朗克小心翼翼地提出，这显然不适用于像哈伯这样的人，希特勒说："你要相信我。表面上看不出来是布尔什维克的人，藏得很深的。"此外，希特勒还用果断的语气说："不要以为我很脆弱，这些鸡毛蒜皮的事还不至于让我偏离伟大的目标。最终，一切都将照常进行。"

正如我们所看到的，爱因斯坦避免了被普鲁士科学院开除的尴尬，但他也确实收到了巴伐利亚科学院的一封信，正式通知他被开除了。

纳粹政府派人搜查了爱因斯坦在卡普思的别墅。爱因斯坦被怀疑在家中帮共产党藏匿武器。之所以有这些指控，是因为有人认为爱因斯坦是某一政治团体的领袖或阴谋家。

爱因斯坦的财产、别墅和银行账户统统被国家没收了。纳粹政府发给爱因斯坦一份声明，对搜查和没收的原因进行了说明："该财产显然将用于资助共产党的叛乱活动。"柏林议会的"礼物"让爱因斯坦花光了大部分积蓄才建了自己的别墅，而现在别墅被没收了，爱因斯坦的财产所剩无几。与此同时，很明显的是，爱因斯坦把自己视为德国公民，以作为对德意志联邦共和国同情的标志，这对他自己不利，因为如果他是外国人（比如瑞士），他将受到保护，不会被没收财产。

爱因斯坦有关相对论的著作在柏林国家歌剧院前的广场上被公开烧毁，一起烧毁的还有其他一些被认为传播淫秽内容的书籍，以及一些被认为是布尔什维克主义的书籍。有一段时间，甚至有一个规定，即犹太人写书都要标注"译自希伯来语"。这是为了表达他们是特意用德语写的。当时在德国，有一位临时物理教授，他在讲授相对论的时候，开玩笑地说："如果你们认为爱因斯坦的原著是从希伯来语翻译过来的，那你们可错了。"

正如人们所料，一些反对爱因斯坦的科学人士利用新政权对爱因斯坦的敌意，费尽心思在德国大学阻止向学生教授爱因斯坦的理论。在这些反对者中，除了前面提到的莱纳德之外，还有一位著名的物理学家约翰尼斯·斯塔克。他在实验中有一些重大发现，跟莱纳德一样，他也因此获得了诺贝尔奖。但他和莱纳德一样，无法理解复杂的理论结构。他认为从感官方面来看，某种"非德语"的东西在爱因斯坦的理论中占主导地位，因此必须从德国学校根除相对论。斯塔克还发现了能解释这一点的证据，即许多德国物理学家接受了相对论，尽管该理论与德国精神并不一致。他解释说，这是因为许多物理学家的妻子都是犹太人。

这种利用政治权力迫使人们接受某种科学观点的做法引起了德国物理学家们的极大关注。当时，一位声望颇高的物理学家对我说："幸运的是，莱纳德和斯塔克已经不再年轻。如果他们还拥有年轻人的冲劲，他们便可以指挥物理教学了。"

然而，爱因斯坦的反对者并没有如愿以偿，有些事情并没有像他们希望的那样彻底完成。纳粹党甚至通过了一项决议，决议规定任何物理理论都不能自称是"真正的民族社会主义"。因此，爱因斯坦的理论并没有在德国的大学里被根除。这取决于授课教师个人的胆魄。有些老师在教相对论时并没有提到爱因斯坦的名字，还有一些老师干脆没用"相对论"这个词。其他老师则更进一步，他们将符合相对论的单个事实作为经验传授给学生，不过他们对相对论与这些事实之间的逻辑联系只字不提。没有物理学家可以忽略这些重要的事实，例如质量和能量的关系、质量和速度的关系。

大多数德国物理学家都在绞尽脑汁地想办法，以保护自己免受像莱纳德一类的政治物理学家对他们进行政治干扰，一些人想到一个办法，虽然当时的情况严肃到不容玩笑，但这个办法的确有点滑稽。他们认为，只有一种方法可以动摇莱纳德在新政府的威望，那就是证明他是非雅利安人。这似乎是可行的，因为莱纳德的父亲在普雷斯堡（现名布拉迪斯拉发），也就是后来斯洛伐克的首都，做过经纪人。由于这个城市的许多居民都是犹太人，经纪人的职业被认为是犹太人的职业，所以莱纳德的父亲很可能是犹太人。当时我在捷克斯洛伐克教书，当时普雷斯堡属于捷克斯洛伐克，我不止一次收到一些杰出的德国物理学家的请求，希望我在普雷斯堡调查一下莱纳德的四个祖父母。我必须承认，我并不是搞家族谱系研究的。我就把调查的事情拜托给了我在普雷斯堡的一个朋友，但他对此事并不是很上心。调查范围并没有囊括莱纳德父母以外的人。他们有可能不信奉犹太教。

然而，这一时期的一大特点是，德国物理学家为了科学的利益而对这些问题抱有极大热情。

5. 欧洲的最后几个星期

爱因斯坦在别墅度过了他在欧洲的最后几个星期，这座别墅藏在比利时美丽的游泳胜地勒科克的巨大沙丘中。沙丘四周，孩子们造了巨大的沙雕城堡，还有女人在那里散步，她们身穿巴黎款泳衣，非常迷人。爱因斯坦则处于一种特殊的境地，他还没有回到德国，他的朋友们便提醒他，如果他回国，肯定会被逮捕或谋杀。

　　勒科克离德国倒不是很远。许多人担心，狂热分子会越过边境把爱因斯坦杀死。如果他们在德国境外杀掉爱因斯坦，然后逃回德国，他们就无须害怕受到任何惩罚，因为这正是纳粹政府想做的。这种做法已有先例。甚至有传言说，有人出高价要爱因斯坦的人头，但是，要检验这种说法是真是假显然很难。

　　爱因斯坦在比利时有几位好朋友。天主教神父乔治·爱德华·勒梅特发现，爱因斯坦提出的宇宙空间中的引力场方程与宇宙中物质的分布相一致，宇宙中物质的分布并不是一直保持平均水平。因此，神父可以做出这样的假设，各个星系离彼此越来越远。因此，他创立了宇宙膨胀理论。早在十多年前，苏联数学家弗里德曼就预言过宇宙膨胀，并称与爱因斯坦的理论有关。勒梅特首先使该理论受到关注，后来爱丁顿让该理论获得了更多的关注，并得到了天文台的支持。由于勒梅特神父是比利时科学界的一位重要人物，比利时女王也对爱因斯坦的理论产生了兴趣，并多次在不同场合与他交谈。

　　有传言说，刺客可能会到比利时刺杀爱因斯坦，比利时皇室和比利时政府十分担心爱因斯坦的安全。因此，比利时方面安排了两名保镖保护爱因斯坦，不论白天还是晚上都寸步不离。可想而知，爱因斯坦感到很不舒服。首先，爱因斯坦心地善良，他不会让这两个保镖忙得不可开交，这会让爱因斯坦觉得不开心；其次，爱因斯坦放荡不羁，受人监视的滋味让他觉得不爽。然而，比利时政府不希望爱因斯坦在比利时发生什么意外，以免背黑锅。

　　1933年夏天，我从伦敦前往欧洲大陆，经过奥斯坦德时，想起爱因斯坦就住在附近，于是决定想办法找到他。我不知道他具体住在哪里，但我冒险去了勒科克，我问那里的居民知不知道爱因斯坦住在哪里。后来我才知道，比利时当局已经下令，严禁居民向任何人透露爱因斯坦住所的信息。因为我不知道这些预防措施，所以当我很天真地问当地的居民时，也得到了他们同样质朴的回答，这些信息正是我想要的。

我终于到了沙丘中间的一座别墅，看到爱因斯坦夫人正坐在阳台上，我知道我终于找到他了。从远处能看到两个特别健壮的男人正在跟爱因斯坦夫人激动地说着什么。对于这两位来访者，我感到非常惊讶，因为通常情况下，爱因斯坦只会跟科学家、作家和艺术家这样的人待在一起。我走近别墅。那两个人一看见我，就扑过来，把我抓住了。爱因斯坦夫人吓得跳了起来，一脸惊恐，面色惨白。最终，她认出了我，然后说："他们把你当成大家传言中的刺客了。"她让保镖不用担心，然后把我领进了屋。

过了一会儿，爱因斯坦便下楼了。与此同时，爱因斯坦夫人问我是怎么找到这里的。我说，邻居们告诉我的。爱因斯坦夫人说："但比利时政府不许他们告诉别人我们的住处啊。"爱因斯坦自己也因警察没能采取保护措施而大笑起来。

这时，他仍然在想与柏林科学院通信的事情。他给我看了所有的信件，并对这件事中各种人所扮演的角色做了一番评论。他详细地说到了马克斯·普朗克的性格。最后他说："为了摆脱烦恼，我写了几首打油诗。我把所有的信都放在一个文件夹里，并在上面作诗。"诗的开头是：

"谢谢你们如此温和的话语；

"用纯正的德语书写，就像你们自己一样，是真正的德国人。"

爱因斯坦的骨子里还真有些艺术天分。这让我想起歌德在自传中的一段话，他通过艺术再加工摆脱了所有烦恼。为了排解烦恼，爱因斯坦会用小提琴拉一段短促、激昂的旋律，或者创作几首诙谐的打油诗。尽管他没有达到歌德的经典之作《浮士德》的水平，但从心理作用来看，他达到了同样的效果。

爱因斯坦反复强调，在如此的处境中，他在摆脱柏林影响的同时，也在一定程度上解放了内心。爱因斯坦夫人也参与了这次谈话，但她不认同这个说法。从情感上来说，她还对德国有所依恋。她说："但是，你不应该一棒子打死。你在德国也有很多快乐的时光。比方说，物理讨论会后，你回到家经常对我说，当今世界上别的地方都不会有这么棒的物理学家聚会。"

"是的，"爱因斯坦说，"单从科学的角度来看，在柏林生活非常美好。然而，我总感觉好像有什么东西压在我身上，我总有预感，结局不会很好。"然后，我们聊到十一年前，他第一次去美国前在布拉格对我说的预言。德国的灾难实际上就是在他预料的时间发生的。

"你知道吗，"爱因斯坦说，"我最近经历了一件非常特别的事。你应该还记得我的朋友和同事，著名的化学家弗里茨·哈伯。"读者应该能记得，哈伯是爱因斯坦的柏林好友圈中的一员。他一直力劝爱因斯坦适应纳粹的思想，而且他自己也做了表率。"我最近收到了弗里茨·哈伯的来信，"爱因斯坦说，"他告诉我，他打算申请耶路撒冷的希伯来大学的职位。你也看到了，现在全世界都乱成一团。"

我们谈了很多关于这所大学的事，爱因斯坦为这所大学的创立做了很多贡献。既然爱因斯坦决定伸出援手，耶路撒冷这所大学就竭尽全力想请他过去任教。但爱因斯坦不太愿意。在对犹太人如此重要的时期，这所大学却一心想聘请有名的教授来提高声望，爱因斯坦不喜欢也不认同这样的做法。在这么多年轻犹太学者的前途危在旦夕之际，爱因斯坦认为，大学应该挑选出最有能力的年轻人，让他们能够教课并继续进行科研。鉴于这些原因，爱因斯坦还建议哈伯这么有名的教授不要去耶路撒冷。

我们讨论了如果爱因斯坦是政治家会怎么样，而德国当前的统治阶级也在讨论这个问题。爱因斯坦夫人提到了最近发生的一件事。

他们收到了一封来自德国的匿名信，写信人急切地要求爱因斯坦与他见面。由于比利时政府严禁陌生人接近爱因斯坦，怕爱因斯坦遭到暗杀，爱因斯坦夫人拒绝会面。写信人一再强调事关重大，爱因斯坦夫人终于松口，准备在爱因斯坦不在的时候见见这个人。写信人的确来了，并说他是纳粹暴风部队的一员。不过他与纳粹党闹翻了，现在他反对纳粹。他知道纳粹所有的秘密，想以五万法郎的价格卖给纳粹的死对头。他想知道爱因斯坦要不要买这些情报。爱因斯坦夫人问道："你为什么认为爱因斯坦教授会对你之前所在党派的秘密情报感兴趣呢？"这位纳粹前暴风部队队员答道："咳，爱因斯坦教授是当今世界反对党的领袖，这不是大家都知道的吗，所以这笔买卖对他来说非常重要。"爱因斯坦夫人向他解释说他搞错了，不管这些情报是真是假，爱因斯坦都不感兴趣。

然而，这件事却让他们感到很不舒服。众所周知，当时纳粹党已经是世界上最强大的一支力量，而纳粹将爱因斯坦视为其对手的领袖，这就会引来很多不愉快的事情。

6. 爱因斯坦对服兵役的看法

德国右派的革命党向弱小的邻国表示，如果有必要，德国会挣脱《凡尔赛和约》的束缚。很明显，任何了解历史教训的聪明人都知道，德国会不断打破《凡尔赛和约》中的"不平等条款"，并借机为自己争取更多的权力，以实现其扩展"生存空间"的夙愿。1914～1918年的"一战"让比利时意识到，德国政治家把比利时划进了这"生存空间"的范围。早在1933年，也就是爱因斯坦刚到比利时的时候，这件事就让许多人感到不安全。

另一方面，当时比利时的青年人认为，所有的战争都是由资产阶级组织发动来镇压工人的。因此，每一个有社会意识的进步青年都不应该以任何方式支持战争。但即便如此，许多比利时人已经清楚地认识到，如果对每一场战争都坚决反对，比利时会轻易被邻国吞并，因为这些邻国宣扬战争是最重要的政治手段。因此，思想极端的年轻人就面临着这样一个问题：是继续宣传反对服兵役和做军事准备，让好战的邻国更容易入侵，还是入伍保卫祖国，遵循曾经被视为剥削者借口的口号，与本国的工人作战呢？比利时的一个和平主义青年组织向爱因斯坦求助，因为大家都以为爱因斯坦是反对战争和服兵役的激进拥护者。早在1931年春，爱因斯坦就收到了美国神职人员发表的一份宣言，声明他们未来不会参加任何战争，即使政府说是为了保卫自己的国家。爱因斯坦据此写道：

"美国神职人员的意愿揭示了54%的受访者表示自己未来不会参加任何战争，这让我很欣慰。只有立场如此坚定才能帮助世界，因为任何国家的政府都一定会把战争说成是卫国战争。"

但是当比利时年轻人问爱因斯坦，如果比利时卷入了一场反对其强大邻国的战争，他们应不应该拒绝合作时，爱因斯坦并没有被这个问题困住。爱因斯坦一开始就知道，在当时的情况下，要回答这个问题，他必须鼓励他们采取他认为可取的行动。他不允许自己被虚荣冲昏头脑，让别人觉得他在任何情况下都坚持自己的原则。这样的人会坚持他们的原则，即使会发生他们不赞同的事情，导致他们不愿意看到的结果。爱因斯坦意识到，在公共和私人生活中，原则仅仅是为了鼓励人们做出大家认可的结果而存在。然而，原则本身不应被视为达到某种目的的手段。于是，爱因斯坦简明扼要地回答说：在这种情况下，每个人都应该尽他所能为祖国比利时的自由而战。

这个回答在当时引起了轰动。许多人甚至怀疑这段话的真实性。有不少人说："一项原则不会因为其偶然导致的人们不愿看到的结果而变成错误，例如，在这种情况下，纳粹会得逞。"

那些认为爱因斯坦会坚持自己的原则而不考虑后果的人，根本不理解爱因斯坦的实证主义思想和务实的本质。从根本上来说，爱因斯坦用同一种方式思考政治和物理。当他着手处理具体问题时，他思想中的实证主义就凸显出来了。他认为，除了会导致某种后果之外，原则没有任何意义，而我们可以根据自己的经验来检验事实。有时，他喜欢思考原则的措辞产生的情感效果。因此，他在物理方面的话语在政治方面得到了应用。但这只是一种或多或少富有诗意的说话方式，能与人类情感产生共鸣。

总的来说，爱因斯坦的立场总是很明确：他永远不会因某一原则听起来很不错而予以支持，因为这种原则可能会导致他并不认可的后果。

正因如此，那些反对原则的人对爱因斯坦进行攻击，他们与爱因斯坦在物理方面的死敌别无两样，他们用爱因斯坦于1905年首次提出的狭义相对论中的光速恒定原理攻击爱因斯坦，爱因斯坦后来把它从引力论中删掉了。因为根据引力论，光传播的速度取决于引力场的强度。爱因斯坦的一些敌对者指责他前后矛盾，还指责他试图掩盖这种矛盾。然而，这种描述具有误导性。只有在非常特殊的条件下，即没有强大的引力场时，光速才具有恒定性。某一原则的有效性是会受到限制的，这样的例子有很多，所以我们都是矛盾的，但这反而会让我们更加了解世界。

爱因斯坦对服兵役问题的态度也是如此。当时我没有机会亲自和他讨论这件事，但在爱因斯坦抵达美国后不久，同样的问题在那里变得尖锐起来。以美国青年代表大会为代表的激进青年运动，一开始就坚持绝对反战的原则，即使是民主国家反对法西斯的战争也不例外，因为对他们来说，这样的战争从原则上讲就是帝国主义战争。然而，爱因斯坦因对这种争论感到迷惑，他认为在比利时，这些"反战者"仅仅是为了取得最伟大的军事力量的胜利。结果他们只能事与愿违。爱因斯坦认为，无论哪方胜利都不会给人民带来效果迥异的影响，只有在这种情况下，绝对不参战的原则才有意义。1918年"一战"结束后，欧洲人可能会说：无论是被法国统治，还是被德国、美国或是英国统治，都没有多大区别。不过，这并不能证明战争是正义的。但是，当有些国家的政府原则差异巨大，像纳粹德国和其邻国那样时，这种观点就不再适用了。在这种情况下，没有人会对战争结果漠不关心。正如光速恒定原则只有在引力势差异较小时才有效，因此，如果没有绝对强大的力量，绝对拒绝参军的原则只有在对立国家的政府原则没有极端差异时才有效。

在美国，伯特兰·罗素和阿齐博尔德·麦克利什等反对服兵役，他们得出了同样的结论。很多形而上学的人说这些人"前后矛盾"，并质疑像罗素这样的逻辑学家居然不按逻辑办事。然而，爱因斯坦的亲身经历已经表明，形而上学意义上的一致性——即紧扣某一原则的字面意思——但从科学角度来说，这并非前后一致，而是只看到了其理想结果。因此，爱因斯坦因为直率和诚实而再次成了一些人的攻击对象，甚至在他就要离开欧洲的时候，"进步"和"激进"人士都开始攻击他了。

当时，爱因斯坦最为关心的是成千上万的学者和科学家，无论年轻还是年老，这些人都因德国的清洗运动而惨遭开除。英国科学家试图给难民提供一些条件更好的工作机会。伟大的英国物理学家卢瑟福亲自领导了这场运动，并在伦敦筹建了学术援助委员会。爱因斯坦作为受害者受邀出席第一次会议，以他巨大的威望呼吁人们加入进来。你完全可以想象到，这对爱因斯坦来说不是什么开心的事。他不喜欢在公开场合参与自己已经卷入的麻烦中。然而，在严峻的形势下，尽快做出救济措施很重要，这促使他前往伦敦，发表了"科学与自由"的主题演讲。会上，他坐在主持会议的卢瑟福勋爵旁边。大会开场白之后，卢瑟福立刻神采奕奕地指着旁边的爱因斯坦，并自豪地向大家介绍："女生们，先生们，这是我的老朋友兼同事，爱因斯坦教授。"

爱因斯坦说话则非常谨慎。他试图指出，需要采取救济措施，同时还要避免所有的政治打击。再多的话都是空谈，实干才能解决问题。爱因斯坦说："多年来，德国都是我亲爱的祖国，所以我无法胜任法官的角色。也许在需要行动的时候，不需要进行审判。"这次会议后不久，在1933年10月初，爱因斯坦在南安普敦搭乘一艘从安特卫普来的中型客轮，前往纽约。

但是，在讲述爱因斯坦在美国的新生活之前，我们要继续讲一讲欧洲发生的事情，看看政治和宗教团体如何利用爱因斯坦的抽象理论达到其目的。

第十一章

作为政治武器和政治目标
的爱因斯坦理论

1. 科学理论与政治意识形态

对于那些真正理解或认为自己理解爱因斯坦理论的物理学家和数学家来说，听到那些一知半解的人对爱因斯坦理论发出争议时，他们感到非常不解。比如这些问题：爱因斯坦的理论到底是欧洲布尔什维克化的产物，还是欧洲自由主义到法西斯主义的一个过渡阶段；爱因斯坦理论是否支持宗教与唯物主义的斗争；爱因斯坦的理论是否直接否定了传统宗教的宇宙观等。专业物理学家在爱因斯坦理论中找不到这些想法的踪迹。他们认为，理论的有效性仅取决于某些计算的正确性，以及某些精细的实验是否是谨慎进行的。因此，他们一定意识到，这些关于爱因斯坦理论的争论仅是无知和疯狂的结果。

但是，无论是谁研究其他关于宇宙的新理论的结局——例如哥白尼体系、牛顿理论、能量定律的命运——都会发现，所有这些理论都会引发讨论，而从物理学家和数学家的角度来看，这种讨论似乎是多余甚至是愚蠢的。

从科学到政治思想的转变是通过哲学来实现的。科学的概括是用哲学语言来表达的，其中诸如"唯心主义""唯物主义""力""能量"等术语起了一定作用。同样的话也出现在哲学学说中，告诉人们如何在私生活和政治生活中行动。这样，科学的概括就逐渐转化为道德和政治哲学的原则。

在这一点上，塞缪尔子爵，一个精通科学、哲学和政治的人，他与爱因斯坦有过很多交流，他说：

"某种哲学推动着国家的发展。我们的每一块土地上都回荡着军队的脚步声，军队背后是独裁者和议会，独裁者和议会背后是政治信条——共产主义、国家社会主义、法西斯主义、民主——政治信条背后是马克思、恩格斯、黑格尔、尼采、索雷尔、米尔和其他哲学家。"

为了有"确切"的基础，哲学体系喜欢利用最新的科学理论，但是哲学以这种方式得到的帮助并不会有明确的结果。一个同样的科学理论可以用来支持不同的政治信条。伯特兰·罗素很好地描述了这种歧义：

"对于一个新的科学理论来说，每个哲学家都有这样一种趋势，即按照自己的形而上学体系来解释爱因斯坦的理论，并认为其结果是对哲学家先前所持观点的有力补充。"

哲学原理的解释并不能完全依靠物理知识。通常情况下，某个理论所蕴含的物理知识是由描述该理论的语言、图像及类比解释构成。

爱因斯坦相对论的解释通常与他和他的拥护者所用语言的两个特征有关。第一个特点是放弃机械类比。他的理论没有提到在日常生活中常见到的机械学，例如，理论中没有解释"动尺缩短"的原理。相反，他采用逻辑经验的表达方式，即给出一个数学公式系统，并描述了这些公式中的量可以用经验测量来操作。第二个特点是使用"相对于某个特定的人"的表达方式。这种表达方式的使用产生了所谓"相对论"的语言比较，例如，伦理相对论，它认为任何人类行为的好或坏只能"相对于某个特定的民族和历史时期"来评定等。

放弃机械类比，爱因斯坦的理论在一定程度上与反对机械主义世界观以及相关的唯物主义哲学的所有思潮相协调。第二种语言表达方式让他的观点更接近那些所谓的道德怀疑论或者与之相关的唯物主义哲学。

因此，爱因斯坦的理论既可以用来宣传唯物主义，也可以用来反对唯物主义。由于"唯物主义""唯心主义""相对主义"等词经常被用作政治意识形态的口号，我们可以理解，爱因斯坦的理论经常被用作政党斗争的武器。

2. 亲法西斯解释

法西斯集团一直主张共产主义哲学是唯物主义的，而他们的主张是反唯物主义，即唯心主义。因此，如果爱因斯坦的理论被解释为反对唯物主义，主张唯心主义的论据，那么它们就可以为法西斯主义可用。

早在1927年，也就是在纳粹夺取政权之前，约瑟夫·戈培尔就已经表明了如何运用德国理想主义哲学语言服务于他的政党。首先，他对康德的"事物本身"（自在之物）这一德国唯心主义的特征概念进行了阐释。戈培尔说："群众是人类的组成部分。人类不是事物本身，个人也不是事物本身。群众才是事物本身……"

戈培尔继续说："唯物主义者只把群众看作一种工具，不想承认它是一个独立的客观现实。对他来说，群众是人与人之间的中间物，人类是他的终极目标……因此，唯物主义者必然是一个民主党人。唯心主义者在'人性'一词中只看到一个概念，即人类只是想象出来的，不是实体……"

通过强调其反机械主义的方面，法西斯确实有可能利用爱因斯坦的相对论作为反对"唯物主义"民主的武器。德国物理学家认为，即使在德国社会主义国家，教授爱因斯坦的理论也是可取的，他们偶尔也会利用这种可能性。例如，帕斯卡尔·乔丹在他的《20世纪物理学》一书中写道，根除这种哲学是"20世纪新世界的一个重要部分，这个新世界已经开始，尤其是在意大利和德国"。"新世界"是指法西斯主义和国家社会主义的世界。

许多反对爱因斯坦理论的人想利用国家社会主义政党的政治权力与爱因斯坦作斗争，他们对像约旦这样付出努力的人感到非常气愤。例如雨果·丁格勒，早在国家社会主义政党之前就已经鼓动反对爱因斯坦，但没有取得任何巨大的成功，他对约旦的书表示愤慨："把这种破坏性的爱因斯坦哲学挂在德国和意大利的民族运动的外衣上实在有点过了。"

丁格勒用"破坏性"这个形容词直接触及了相对论语言的另一个特点，即"相对性"一词的使用。他将爱因斯坦的理论与大卫·休谟的英国启蒙哲学联系起来，根据普遍的概念，后者只是唯物主义的一种变体，并且是国家社会主义政党觉得有必要反对的。

如果相对论是由爱因斯坦以外的人提出的，它完全有可能不会受到国家社会党一致攻击。相对论很可能像其他各种哲学一样，一直是这些圈子里争论不休的对象。然而，爱因斯坦的犹太血统，以及他作为和平主义者的政治态度，使他的理论不可避免地遭受攻击。

3. 因理论中的犹太思想受到抨击

一般来说，国家社会主义作家认为以下两种特征是犹太人思想的典型。首先，据说犹太人喜欢纯粹的推测而不是实验性地观察自然。其次，有人断言犹太人不承认纯粹的精神概念，只相信可以通过物质事物的感官体验发现真理。显然，在任何一个物理学家身上都不难发现这些特征中的某个特质。

很多人认为爱因斯坦的理论纯属推测，因此对他发出强烈抨击，其中积极性最高的是菲利普·莱纳德，他鼓吹德意志物理学，并在自己的书《德国物理》中写道：

犹太物理学是非常出众的，特别是纯正犹太血统出身的阿尔伯特·爱因斯坦，他就是最杰出的犹太物理学代表。他的相对论要改变和支配所有物理学，但是当面对现实时，它不再有可以支撑的论据。本来也没有人期望这是真的。与雅利安科学家对真理同样难以解决但热切的渴望相反，犹太人对真理的理解程度极低——也就是说，除了与独立于人类思想的现实的明显一致之外，还缺乏其他任何东西。

1937年，慕尼黑师生协会举行了一场学术会议，这种"犹太人"

看待自然的方式的起源和发展被指出与第一次世界大战后的政治环境有关。此次会议提出以下内容：

"整个自然科学的发展是雅利安科学家的共同努力，其中德国人在数量上居于首位。海因里希·赫兹时期恰逢犹太自然科学的逐渐发展，它利用了以太物理学中的模糊情况，从雅利安物理学的发展过程中分出了分支。通过系统地用犹太人填补学术地位，并采取越来越独裁的态度，犹太自然科学将其理论作为教条阐释，压制所有关于自然的思想，试图撼动雅利安物理学的基础。结果，一个被称为相对论的很迷惑的理论取代了雅利安物理学基础，同时，在相对论的表达中体现了犹太人的禁忌，即——不可言说。这种发展是暂时的，也与战后犹太人在其他领域的胜利有因果关系。"

1938年，为了宣传国家社会主义科学观，《普通科学》创刊。在文章《数学和物理的种族依赖》中，我们读到了以下内容：

犹太人对自然科学发展的影响，首先是由于他们对实验与理论的基本关系的态度不同，他们更偏向于后者。理论的构建不考虑人类思维和感知的形式，也不考虑严格的推理方法……爱因斯坦的相对论为我们提供了一个最清晰的犹太教条主义理论的例子。它是由一个教条，即光速恒定的原理所领导的。在真空中，光速应该是恒定的，与光源和观察者的运动状态无关。人们错误地认为这是一种事实经验。

实际上，与其他物理理论的基本假设一样，爱因斯坦关于光速恒定性的原理，只是一个信条，一种经验事实。正是由于爱因斯坦理论的错误和有缺陷的表述，许多人认为理论和经验之间的关系从此不同于旧理论。

这种所谓的犹太人对理论讨论的偏好与雅利安人争取具体行动形成了对比。政治上也出现了同样的对比：关于民主国家的永恒思考和优柔寡断与德国国家社会主义的坚定行动。

但在纳粹哲学的一般发言人看来，爱因斯坦的理论被认为是唯物主义的，因此与马克思主义联系在一起。1936年，在国家社会主义学生会自然科学专业组的营地举行了一次讲座，有人讲道：

"爱因斯坦的理论只能得到一代人如此热烈的欢迎，而这一代人已经在唯物主义的思维模式中得到了培养和训练。因此，除了马克思主义的土壤之外，它在其他任何地方都无法以这种方式繁荣起来，而马克思主义的土壤就是科学的表达方式，就好比近年造型艺术中的立体主义，又如音乐界中缺乏旋律和节奏一样。"

发言者在声明中总结了他的观点："广义相对论作为自然原则的表述，只是一种彻底唯物主义心理和精神态度的表达。"

当然，可以在某个事情不同的表达之间进行比较。但是，我们很快就会看到，爱因斯坦的理论是在马克思主义的基础上发展起来的，这对于马克思主义者来说显然是没有根据的。

后来（1937年），这位发言者对他的讲话发表了评论：

"在启蒙哲学的影响下，19世纪是一个过度地信奉事物表面和价值高于一切尺度的时期。因此，大多数科学家无法掌握和发展以太概念，因为它的本质是遵循物质以外的其他规律。只有少数人，其中包括菲利普·莱纳德，能具备这样的跨越所必需的心灵和思想的广度。其他人落入了犹太人的手中，犹太人本能地抓住机会并利用了这种形势。"

为了判断这些论点正确与否，我们必须记住，以太被引入物理学只是为了通过与力学的类比来解释现象。爱因斯坦是第一个认识到机械解释光学现象不可能的人，因此他摆脱了以太。这是爱因斯坦的一贯行动，他认识到自然的机械观念是不可抗拒的。国家社会主义科学的支持者不想采取这一方法。他们不想放弃物理学的机械概念，因为它在某种程度上符合他们自然朴素的哲学观，但由于他们同时反对唯物主义，他们的立场也变得相当矛盾。他们引入了一种非物质属性的以太，而自然的物质属性正是这种以太被引入的原因。

后来，莱纳德也提出了这个折中方案。自从纳粹夺取政权以来，他从一个新的角度攻击爱因斯坦。以前他反对爱因斯坦，因为爱因斯坦摒弃了物理学的机械解释；现在他指责爱因斯坦是唯物主义者，并且没有认识到这种非物质的以太。然而，爱因斯坦并没有引入任何关于光学现象的力学基础，从机械意义上来说，他比莱纳德离唯物主义更远。

反对爱因斯坦的另一个原因是——"力"这个词是国家社会主义者特别喜欢使用的一个词，他们认为这个词从物理学中消失是一大不幸。为这个词而战清楚地揭示了物理和政治之间的联系。

奥地利的恩斯特·马赫和德国的古斯塔夫·基尔霍夫是众多物理学家中首先构建力学系统的人，在这个系统中，"力"一词并没有出现在运动定律中，只是作为一个辅助概念来缩写表达方式。由于国家社会主义者把他们不喜欢的一切都称为"犹太人"，他们把消除"力"这个词看作是犹太人的工作，正如我们所看到的，尽管这无疑是由德国物理学家首先完成的。在他们的力学中，发现电波的海因里希·赫兹跟随马赫和基尔霍夫，寻找一种新的方法将"力"这个词从运动的基本定律中消除。国家社会主义者把这场斗争归因于赫兹的犹太血统，其中一位写道："如果我们想起犹太物理学家爱因斯坦也想从物理学中去除力的概念，我们肯定会提出一个问题，即这里是否不会出现内在的、种族决定的关系。"在爱因斯坦的引力理论中，力的概念并不是作为一个基本概念出现。物体在由"最短"可能曲线呈现的路径中移动。

这种消除力的基本概念被认为是犹太人思维方式的特征。在《科学》杂志的一篇文章中，我们看到：

"力的概念，是雅利安科学家为解释速度变化的因果关系而提出的，显然是源于人类劳动和手工创物的个人经验，这是雅利安人生活的基本内容。由'力'而产生的相关思想，让人类对世界有了更清晰的认识。但当犹太人掌握了自然科学以后，所有这些都从根本上改变了……"

作者将"犹太物理学"与纳粹最喜欢的政治目标犹太法典《塔木德》联系起来：

"这种表现在爱因斯坦的理论中的思想方式应用到其他日常事务中，我们称之为'塔木德思想'。塔木德的任务是通过绕开塔木德思想来执行托拉戒律和圣经法则，通过实现对法律中出现的概念适当定义和纯粹形式化解释及应用。想起来一个塔木德犹太人，他把一个食品容器放在火车车厢的座位下面，就把这片区域当成了自己的住所，并且严格按照安息日的规定，活动范围不超过住所的一千米。犹太人在安息日当天只能在自己住所周围一千米的范围内活动。对犹太人来说，这是一种很重要的形式。

"这种形式主义的塔木德思想同样表现在犹太物理学中。在相对论中，光速恒定原理和自然现象广义相对性原理也体现了'托拉'，即在任何情况下都必须满足条件。为了实现这一目标，我们需要一个很大的数学装置。像以前一样，认为'居住'和'携带'的概念是无生命的并给予其一个更恰当的定义，所以在犹太相对论中，空间和时间的概念被剥夺了所有的精神并以一种得当的纯理性的方式定义。"

与传统物理学的定义相比，爱因斯坦将"长度""时间"等定义为"无生命的"，关于这一点只有以下解释。在科学发展的每一个阶段，概念都是通过与特定阶段相对应的定义来引入的，也就是说，为了展示现有的知识，它们要尽可能实用。当这样一个阶段持续了很长一段时间后，科学中使用的词语逐渐成为日常生活中的词语，它们获得了一种情感的暗示，无处不在。而每次引入新的定义，我们似乎都在创造"无生命"的概念。

有一次，我在火车上遇到一位日本外交官，他刚从拜罗伊特的瓦格纳音乐节回来。我问他觉得瓦格纳音乐怎么样。他回答说："瓦格纳音乐的演奏技巧超群，但与日本音乐相比，它缺乏灵魂。"对于一个听着日本音乐长大的人来说，瓦格纳的音乐就像爱因斯坦理论中定义的"无生命的"和"理智的"概念一样，对于一个一生都沉浸在牛顿力学中的人来说也是一样。

4. 爱因斯坦的苏联哲学态度

苏联政府出版了《苏联大百科全书》，从苏联学者的角度展示了我们这个时代的全部知识。其中这篇关于"爱因斯坦"的文章以一句话开头："爱因斯坦是我们这个时代最伟大的物理学家。"在苏联哲学家中，他被认为是一位伟大的物理学家，他因经济环境受到阻碍，却在这种环境中得出了正确的哲学结论。关于爱因斯坦的哲学观点，该书中写道："爱因斯坦的哲学立场是不一致的。唯物主义，辩证法因素与主张马赫主义交织在一起，而后者几乎在爱因斯坦的所有言论中占据主导地位。"

为了理解这些评论，我们必须记住，辩证唯物主义是苏联的官方哲学，而作为恩斯特·马赫教授的马赫主义是其攻击的主要目标。

在查阅同一本百科全书中关于"以太"的文章时，我们发现了以下内容：

"在物理学中，我们经常发现以太和物质之间存在着完全错误的对比。由于物理学家只把重力和惯性作为衡量物质性的标准，他们倾向于否定以太的物质性。对此，20世纪初，我们对物质的物理概念和哲学概念有着同样的困惑，而列宁在思考自然科学的危机时，分析了这些概念……以太是一种物质，与其他物质具有相同的客观现实……以太与物质的对立是无意义的，并且导致了不可知论和唯心主义的争论……相对论借助于数学描述，它放弃了对物理现象客观本质问题的回答，也就是说，在以太问题中它采用了马赫的观点。"

通过对列宁夺取政权以来苏联所发生事件的研究，我们可以看出，从来没有人试图对物理理论施加适当的政治影响，而当个人想要这样做时，却没有得到当局的批准。另一方面，理论的哲学解释是一个政治问题，党及其机关，例如莫斯科的共产主义科学院，也认为这是一个政治问题。自然，物理理论和哲学解释之间的界限不能总是如此清晰，而且在各种情况下，边界侵入已经发生。有一次，列宁说："在那些对化学、历史或物理学的特殊领域做出最有贡献价值的人中，没有一个教授是值得信赖的，即使在哲学方面，也没有一个词是值得信赖的。"

1934年，苏联顶尖物理学家乔飞，在共产党哲学研究所纪念会议上发表的讲话中，清楚地阐述了物理、哲学和政治之间的相互关系。这次会议是为了纪念二十五年前列宁的主要哲学著作《唯物主义和经验批判主义》的出版，其中包括列宁对现代物理学和对"马赫主义"的不同见解。乔夫在讲话中说：

"当玻尔、薛定谔和海森堡等物理学家在流行著作中表达他们有关物理学工作的哲学原理的观点时，不管是有意识的还是无意识的，他们的哲学有时是其生活的社会条件和所承担的社会任务的产物。因此，海森堡的物理理论是一种唯物主义理论，它是目前最接近现实的理论。列宁也没有批评马赫的科学研究，只是批评了他的哲学。"

罗马教会的哲学家们已经明确区分了哥白尼的天文理论和伽利略对这些理论的哲学解释。

1938年，苏联著名的物理哲学作家之一马克西莫夫在一篇探讨关于列宁所著的《唯物主义和经验批判主义》的意义的文章中说：

"没有物理理论产生过像爱因斯坦的相对论那样的理想主义幻想。神秘主义者、神职人员、各种各样的理想主义者，其中也有一些严肃的科学家，抓住了相对论的哲学结果。唯心主义者把他们所有的努力都指向对唯物主义的反驳。不知何故，爱因斯坦证明了时间和空间的哲学相对性，还有接下来的广义相对论，以及空间曲度和空间有限性理论。"

这里所说的"唯物主义的反驳"是指证明脱离牛顿力学和以太理论是必要的。马克西莫夫接着明确地提到了科学家表现出的理想主义倾向的政治原因。他说：

"在我们这个时代，许多国家的资产阶级已经抛弃了资本主义独裁的蒙蔽形式，转而使用独裁的斧头和棍棒。由于资本主义国家对科学世界观的迫害，许多科学家加入了反动阵营。这种忠诚度的变化在科学家中表现为理想主义和形而上学的公开承认。在过去的十到十五年里，资本主义国家自然科学的各个领域都出现了一种倒退的趋势。反对达尔文主义，反对康德——拉普拉斯物理学理论，反对能量守恒和转换定律，已经成为一种时尚。"

确实，相对论的理想主义"解释"经常被用来支持法西斯哲学。

1928年，广义相对论声名鹊起后不久，同样，马克西莫夫将其描述为一种植物，在战后神秘倾斜的土壤中发芽。回顾了战后德国的岁月后，他说：

"这种理想主义的氛围包围了相对论，至今仍围绕着它。因此，爱因斯坦的广义相对论的宣布很自然地被资产阶级知识分子所接受。由于学者们无法在资产阶级社会范围内摆脱这种影响，导致相对性原理只适用于宗教和形而上学的情感。

"我们应该与相对论有什么关系呢？我们应该接受所有的经验材料，以及逻辑上跟随得出的所有结论和原理概括……但我们必须发展一种辩证的理论表述，而不是资产阶级社会所推崇的相对论的理想主义表述。我们需要有能力的能完全融入无产阶级思想的年轻科学家。"

为了正确理解苏联对相对论的态度，我们必须分两个时期来看。在苏维埃政权的最初几年里，官方哲学家们普遍认为相对论与唯物主义相矛盾，因为他们将光学现象视为发生在物质体内的运动现象。这一观点得到了莫斯科一位物理学家的支持。所有物理学家对牛顿力学的赞同或不赞同来评判他们。

德国纳粹的重要物理学家勒纳德也反对爱因斯坦的理论，因为它不能提出光学运动的力学模型。莱纳德的书在1922年出版后不久就被翻译成俄语，并由蒂米里亚塞夫作了导言出版。同年，马克西莫夫在马克思主义的旗帜下，为苏联主要哲学期刊撰写了一篇关于莱纳德著作的评论，他说：

"当理想主义者爱因斯坦将绝对价值归因于心灵的创造，并将事件世界与经验世界置于平等的基础上时，莱纳德却持完全相反的观点。从常识的角度来看，莱纳德更倾向于坚持物质世界的经验，而不是哲学的需要，他更倾向于保留机械世界的画面。从一般纯唯物主义的观点出发，莱纳德清楚地认识到了由相对论引发的矛盾。"

另一方面，我们也看到了纳粹哲学的发言人经常宣称：爱因斯坦的理论只能在唯物主义的土壤中开花，并且与马克思主义一起出现。现在我们认识到，马克思主义的授权解释者显然不是这种观点。我们也认识到，把物理理论描述为"唯物主义"或"唯心主义"只取决于它的哲学解释。

早期苏联哲学家对马赫和爱因斯坦的攻击在许多方面与国家社会主义作家的攻击是一致的。我们只需要考虑爱因斯坦的理论只"描述"自然，而不"解释"它的批评，它们拒绝一切不能成为感官体验对象的事物，它们导致普遍的怀疑主义和破坏所有客观的自然知识，等等。

后来，唯物主义与"机械物理学"的混淆被苏联哲学研究所指责为与现代科学不相容的"反动"学说。所谓"唯物主义"，不应意味着所有的自然现象都可以简化为遵循牛顿定律的运动。事实上，这种"机械唯物主义"已经受到了马克思和恩格斯的谴责。但它很快又卷土重来了，因为有些物理学家把它当作武器来反对爱因斯坦的理论，就像德国纳粹物理学家莱纳德已经做的。在强调马克思、恩格斯和列宁意义上的辩证唯物主义时，"唯物主义"意味着科学必须与独立于人类意识的客观事实有关，但这些事实不必仅仅是物质粒子的运动。

苏联哲学的第二个时期，抛弃"机械唯物主义"之后，一位著名的物理学家瓦维洛夫证明，如果用马克思、恩格斯和列宁所说的意义来解释这个词，相对论与唯物主义是完全一致的。在1939年发表的一篇文章中，瓦维洛夫清楚地说：

"没有物质属性的客观真实空间，脱离物质的运动，都是形而上学的幻象，迟早要从世界的物理图景中剔除……爱因斯坦所提供的前所未有的服务是对旧形而上学的关于空间、时间概念的批判……在爱因斯坦的理论中，时空是物质本身不可分割的属性。这就是爱因斯坦广义相对论的基本思想，把时空作为一种思想范畴的理想主义观念一扫而光……在我们面前，是对空间和时间辩证唯物主义认识的第一个提纲，还远远不够完善。辩证唯物主义再次取得了胜利，最近，'纯哲学'与科学分离的危险在苏联得到了越来越多的承认。作为进步思想的唯一基础，哲学家越来越需要与科学家之间保持密切合作。物理学家和哲学家之间的讨论消除了最大的误解，1942年，苏联著名哲学家米廷院士在'苏联哲学发展二十五年'之后，在俄罗斯科学院二十五周年大会上发表演讲。在苏联的萨里，他庆祝了这二十五年哲学的一项重要成就：对爱因斯坦理论的攻击已经停止，它与唯物主义相容的良好声誉已经确立。"

米廷说："因此，我们的哲学家和物理学家所做的巨大贡献，经过许多热烈的讨论，现在可以说，关于这一理论的哲学结论已经得到了牢固的确立。相对论并不否认时间和空间、物质和运动在人类意识之外的客观存在意义上是绝对的……相对论只建立了运动的观察者测量时间和空间结果上的相对性。"

然后，米廷开始用与爱因斯坦几乎相同的词来描述爱因斯坦的理论，可以用一句话来概括米廷的理论的要点，这句话是在他第一次抵达纽约港时回答采访他的新闻记者们的。

米廷说："时间与空间、运动与物体是不可分割的，必须视为相对于运动的。在这方面，时间和空间是相对的……在旧的纯时间和空间的形而上学概念的基础上，我们获得了一种新的时空理论，它与物质和运动密不可分。"

5. 爱因斯坦理论中的宗教观点

我们已经看到爱因斯坦的理论是如何以一种相当模糊的方式与诸如"唯物主义"和"唯心主义"这样的概念联系在一起的，这种方式被用来支持政治信条。因此，在宗教思想的斗争中，它们也以类似的方式被利用，这并不奇怪。

在第八章第6节中，坎特伯雷大主教费了多大的劲来研究相对论，以及爱因斯坦申明自己的理论与宗教无关让他感到放心。然而，像亚瑟·爱丁顿爵士这样不仅是一位杰出的完全熟悉相对论的天文学家，而且在科学的哲学领域也获得了很高的声誉的人，完全不同意爱因斯坦的观点。他在1939年出版的《物理科学的哲学》一书中写道，爱因斯坦对大主教的回答不是很有说服力。因此，他想试图在爱因斯坦的理论和宗教之间建立联系。我们的出发点是：爱因斯坦的理论究竟是理想主义的还是唯物主义的呢？

几年前，波士顿大主教在演讲中说：

"回想一下，在我小时候，达尔文进化论和提出不到十年的爱因斯坦相对论曾引起轩然大波，但我想说，这些理论已经过时了，因为它们是由唯物主义主导的，经不起时间的考验。"精通理论物理的爱尔兰哲学家拉伊利也反对爱因斯坦的相对论，他觉得爱因斯坦的相对论是建立在"主观唯心主义"上的。

托马斯主义哲学目前被看作是天主教神学的科学基础，它既排斥理想主义，又排斥唯物主义。因此，对于站在宗教哲学基础上的天主教徒来说，对爱因斯坦理论的哲学解释是一种可以用来反对他的武器。然而，如果没有考虑到宗教基础，一个人仅仅参考自己的感受，那么一个宗教人士就会把任何可以被解释为理想主义论据的理论来作为支持自己信仰的工具。在爱因斯坦访问伦敦的时候，保守的《时代》周刊在一篇社论中骄傲地写道："事实上，观测科学已经导致了最纯粹的主观理想主义。"

这位记者对公众所做的简明的陈述很快就由英国哲学家威尔顿·卡尔在一本为哲学家和精神学家编写的书中进行了专业的阐释。他说：

"相对性原理的采用意味着主观因素与概念中的知识分不开，必须积极地引入物理科学中去……相对性原理的采用意味着主观因素将会自然地被引入物理科学中去…迄今为止，科学问题一直夹在自然观和哲学观中，没有一个合适的位置……现在，当现实被具体化时，正如广义相对论要求我们接受它一样，我们不把观察者从他所观察的事物中分离出来，不把思想从它的对象中分离出来，然后就观察者的首要地位一个接一个地争论不休。"

由此可知，宗教相对论的成就，简单地说就是它为精神与自然中提供了一个场所，在机械物理时期，它被认为是完全"物质的和无意识的"。

如果读者回忆起爱因斯坦的物理理论，很容易就会发现，相比这些理论的内容，这种解释与措辞更为亲切。在作者使用相对论的四维解释传统宗教论据时更为显而易见。作为一个典型的例子，我想引用国外一所英语学院神学系主任写的一篇文章，这篇文章发表在1939年的《希伯特》杂志上。他说：

"如果时间作为第四维度的概念是有效的，那么这个凡人的生命和'另一个生命'之间的区别，既不是时间上的区别，也不是生活质量上的区别。这只是我们对它的看法的不同——我们看到它的整体能力。虽然我们局限于三维的理解，但它是现实生活。当我们从四个维度感知它时，它就是永恒的生命。"

这显然是对相对论中使用的词语的解释，与它的事实内容几乎没有任何关系。然而，爱因斯坦对宗教的态度，从来没有被他的特殊物理理论所左右，而是由他对科学和信仰在人类生活中的作用的一般判断所决定，不过，爱因斯坦从未鼓励过将相对论作为深入神学领域的无数次尝试的跳板。

第十二章

爱因斯坦在美国

1. 高等研究所

　　由于德国的大学进行种族和政治清除，很快在世界范围内，很多有能力的人开始在德国以外的国家寻找工作或职位，其中大多数是一些声名显赫的人。因此，国外机构可以雇佣许多杰出的学者，同时还不需要花费太大的价钱。1933年夏天，我拜访了一位德国杰出的科学家。在他柏林的实验室里，他给我看了一长串可以找到的人，半开玩笑地说："我们应该在德国建立一个优质人才低价雇佣的市场。精明的人一定会抓住这个机会向我们雇佣。"

　　那些被解雇的德国学者实际上可以用这种方式与那些必须以低价出售的"临时"商品进行比较，就像出售残次商品一样，即便某个科学家妻子的祖先有问题，该科学家也会因为这样小小的缺陷而被连累。爱因斯坦也在这些低价"出售"的人才当中，该事件引起了轩然大波，就好像一个收藏品价值连城的博物馆突然以很低的价格出售伦勃朗最有价值的画作，而原因仅是新馆长不喜欢该种风格的作品。

　　对于爱因斯坦来说，找一份新工作是轻而易举的事情，很多大学向他伸出了橄榄枝。马德里和耶路撒冷，以及其他地方的一些大学邀请他，实际上，欧洲最古老且最受尊敬的机构，巴黎最负盛名的索邦大学也曾任命爱因斯坦为教授，但他从未真正从事过这个工作。爱因斯坦想离开欧洲，因为他不希望在不久的将来有任何改变。鉴于爱因斯坦的政治影响力和执政党的活动，他的朋友们也告诫他不要在德国附近定居，因为一些狂热分子想"清算"爱因斯坦的危险一直存在。

　　爱因斯坦做这个决定时并没有犹豫，因为他已经接受了美国提供的理想职位。这个邀请是在1932年夏天发出的，当时他正准备从欧洲移民，这对他来说是一个绝佳的机会。

1930年，路易斯·班伯格先生和费利克斯·富尔德夫人采取了对美国教育改革做出巨大贡献的亚伯拉罕·弗莱克斯纳的建议，捐赠了500万美元，用于建立一个全新的研究和教学机构。他们问弗莱克斯纳博士，他们怎样才能最有效地使用他们的钱，弗莱克斯纳博士回答说，在美国已经有许多大学可以让学生攻读哲学博士学位，但他觉得美国还缺乏另一种机构。他发现，那些完成了博士学位工作的有前途的青年学者，他们需要每天与各自领域的领导者进行非正式交流，继续他们的培训和研究。弗莱克斯纳认为，杰出学者和学生之间的这种非正式接触是德国大学在其黄金时代取得的巨大成就。他认为美国的大学在这方面还尚未成熟，他们的课程设定只是为了让学生获得学位，教授们负担过重，所以无法与已经完成学业的学生保持联系。

该研究所被命名为高级研究所，弗莱克斯纳博士为其设定方向，在该研究所中，其中一小部分教授担任一个更大的、更成熟的临时研究组的核心人员，尽管他们通常是年轻的学者，工作人员的选择和学生的录取完全取决于能力，不考虑必须在学院机构中任职的社会或政治属性。研究所的创办人在致受托人的一封信中明确了这一点，具体如下：

"我们希望研究所的工作人员完全由在各自学习领域中地位最高的男女组成。研究所通过给予追求深造的机会吸引人才，而且由于研究所的独立性，我们希望能避免外界的干扰。

"我们的宗旨和愿望是，在任命教职员工以及录取工人和学生时，不考虑种族、宗教或性别。我们非常认同美国最高尚的精神特征，尤其是在追求更高层次的学问时，任何人都有学习、提升自己的权利，与种族、信仰和性别无关。"

他还旨在尽可能地使研究院的教员远离所有行政和教学职责，以便他们能够集中精力从事学术工作。创始人在信中还说：

"我们希望聚集在该研究所中的教员能享有在其特定领域继续

进行研究的最有利机会，并且为达到此目的给予该教员最大的行动自由。"

在组织会议上，弗莱克斯纳特别强调研究所的成员要比大多数大学的生活条件更好。他说：

"一位美国教授和他的家人所做出的牺牲在很大程度上令人震撼，而所提供的条件很少有利于严肃、长期且基本的思考。那些有能力且有精力的人都因为工资太低而对学术研究丧失兴趣，甚至有些大学教师通过写无用的教科书或者从事类似黑客一样的工作来弥补低收入……因此，我们应该制定一个新的标准，这一点很重要。"

因此，该研究所的政策是设立一个由少数优秀但高薪的成员组成的机构。

起初，没人规定在研究所研究哪些学科，但如果要实现创始人和弗莱克斯纳博士制定的原则，最可行的方法是将其活动先限制在某个特定的范围内。经过大量的咨询和思考，弗莱克斯纳决定将研究所首先致力于数学科学。他做出这样的选择，有三个原因：首先，数学是基础性的；其次，它要求对设备和书籍的投资最少；第三，对于弗莱克斯纳来说，他能够与那些被认为是数学领域而不是任何其他领域的杰出领导者达成更大的一致。

在该研究所能够拥有自己的大楼之前，普林斯顿大学的希本校长将普林斯顿大学数学大楼范因大厅的一部分腾出来给了弗莱克斯纳。美丽的校园绿树成荫，哥特式建筑风格的英国大学为学者们提供了良好的研究氛围。该研究所通过与该大学的数学家合作，找到了他们研究的出发点。人们期望随着时间的推移，来自世界各地的优秀的数学博士都会来到数学楼。

从一开始，创始人就认为研究所应该与世隔绝。正如弗莱克斯纳曾经说过的："它应该是一个避风港，学者和科学家们只要待在实验室，他们不用被直接卷入世界动荡的旋涡中。"1940年，研究所离开了范因大厅和普林斯顿校区，在普林斯顿城外几英里处有了自己的大楼。

2. 入职高等研究所

弗莱克斯纳开始寻找大师组建自己的研究所。他周游美国和欧洲寻找这种级别的人。1932年冬天，他来到帕萨迪纳。在那里，他与著名的物理学家密立根讨论了这个问题，密立根对他说："你知道，爱因斯坦现在是这里的客人。你为什么不告诉他你的计划，听听他的意见？"起初，弗莱克斯纳想到要与一位传奇人物讨论有关教学和管理的问题，他非常犹豫。他害怕接近爱因斯坦，因为他是一个"过于受追捧的人"。然而，密立根告诉他，爱因斯坦对所有能提高年轻学者能力的培训项目都很感兴趣，他喜欢一切新的、大胆的东西。"我马上告诉他你的情况，你去加利福尼亚理工学院教员俱乐部拜访他，那里是外国学者的逗留之处，坐落在一个美丽的棕榈园中。"

弗莱克斯纳对这次访问的描述如下：

"我开车去了雅典娜，爱因斯坦和爱因斯坦夫人就住在那里，这是我第一次见他。我被他高贵的举止、单纯的魅力和真正的谦逊所吸引。我们在雅典娜宫的走廊里走来走去，走了一个多小时。"他问，我解释。十二点刚过，爱因斯坦夫人提醒他，他午餐时有一个约会。"很好，"他和蔼地说，"还有时间，我们再聊一会儿吧。"

那时，弗莱克斯纳还没有想过爱因斯坦会来研究所。他只想听听他对这个计划的意见。他们约定第二年夏天早些时候在牛津大学再次见面，爱因斯坦将在那里演讲。

如他们所计划的，爱因斯坦与弗莱克斯纳在牛津基督教堂的四方院子里相见，那是爱因斯坦的住所，四周环绕着美丽的草坪。弗莱克斯纳对这次访问描述如下：

　　"那是非常美好的一天，我们上下走来走去，讨论越来越接近这个问题。在谈话中，我突然意识到，也许他有兴趣加入拟议中的研究所，在我们分开之前，我对他说：'爱因斯坦教授，在新研究所我没给你提供职位，但是你如果想好来这个研究所工作，并且你很珍惜这样的机会，那你可以按照自己的想法来。'"

　　他们再次约定，这年夏天弗莱克斯纳继续前往柏林会谈。那时的德国由冯·帕彭的临时政府执政，那个夏天，德意志联邦共和国已经名存实亡。爱因斯坦清楚地看到了未来，并决定为自己开辟通往美国的道路。

　　那个夏天，当弗莱克斯纳来到柏林时，爱因斯坦已经住在他在波茨坦附近卡普思的家——也是我在第十章已经讲过的那一所房子。星期六下午三点，弗莱克斯纳到达爱因斯坦的乡间别墅。弗莱克斯纳是这样描述这次会面的：

　　"那天天气很冷，我还穿着冬天的衣服和厚外套。来到爱因斯坦的乡村别墅，我发现他穿着夏装坐在阳台上，他让我坐下，我问我是否可以穿着外套。'当然可以，'他说。'你不冷吗？'我一边问，一边打量着他的着装。'不冷，我的衣服是按季节穿的，不是按天气穿的，这是夏天。'

　　"接着我们坐在阳台上聊天，直到晚上，爱因斯坦邀请我留下来吃晚饭。晚饭后我们一直聊到十一点。那时，我非常清楚爱因斯坦和他的妻子已经准备好去美国了。我叫他说出自己的条件，他答应我几天内写信给我。"

　　和往常一样，爱因斯坦穿着毛衣，没有戴帽子，他和来访者一起冒雨到达车站。他在告别弗莱克斯纳时说的最后一句话是："我对此充满热情。"

　　爱因斯坦很快在一封信中把他接受新职位的条件传达给了弗莱克斯纳，弗莱克斯纳发现，他们这样的研究院就缺乏像爱因斯坦这样谦逊的人。爱因斯坦要求谈判由他自己和爱因斯坦夫人负责，合同就是在那时签订的。爱因斯坦指出，他必须在帕萨迪纳度过1932～1933年的冬天，直到1933年秋天才能去普林斯顿。那时，他还打算每年在柏林待一段时间，因为他不想对那里的物理界朋友不忠，但他非常清楚即将发生的事件。1933年初，纳粹革命爆发，爱因斯坦已经为移民美国做好了准备，1933年冬天，爱因斯坦接受了弗莱克斯纳在普林斯顿创立的高级研究所的新职位。现在，我们很明显还没讲到爱因斯坦每年在柏林度过的时光。爱因斯坦搬到了普林斯顿，他想成为美国的永久公民。然而，想达到这一目标，他还需要经过几个阶段。他是以访客身份进入这个国家的，当时没有合法权利永久留在这里，更不用说成为公民了。

3. 研究所的活动

爱因斯坦所在的研究所，在某些方面类似于他在柏林所属的威廉皇帝研究所。因此，他又一次在这里占据了一席之地，从某种程度上讲，这样的地位让他感到厌恶。如我已经提到过的，他总是认为任何人只因研究工作而得到报酬是不太合适的。这会诱惑研究者出版没有特殊价值的论文，因为人们不可能总是有真正有价值的想法。因此，科学家受到了痛苦的胁迫。但是，当一个教师压力适中时，他每天都会有一种在做对社会有用的工作的慰藉感。在这种情况下，人们会利用闲暇时间，根据自己的兴趣，做一些令自己满意的研究工作。

然而，另一方面，像爱因斯坦这样有创意的人却在日常的教学程序中烦躁不安。他觉得教书育人是一件高尚的事，同时他还可以进行一些研究工作，所以他没有拒绝。在新研究所，他能够指导那些已经获得博士学位的天才学生进行研究。然而，可惜的是，他只能接触到一小部分群体。爱因斯坦经常在一种不必做任何日常工作的满足感和一种与广大学生隔绝的孤独感之间摇摆不定，这种分裂的态度与他对待普通人的分裂态度是完全一致的，这一点我已经多次提到。这种分裂的态度伴随了他一生，他对普林斯顿的工作环境也是如此。对他来说，原本组织一次演讲或研讨会就足够简单了，许多学生可能都加入这个研讨会。然而，爱因斯坦认为，他这个有国际声誉的人和大学的教授们竞争是不公平的，有些教授还很年轻，他们有理由认为这是"不公平的竞争"。但无论如何，爱因斯坦还是避免发生此类竞争。然而，不公平的竞争依然存在。爱因斯坦以为，像他这样优秀的科学家，在普林斯顿大学应该会有很多人来向他学习。事实上，爱因斯坦高估了自己在别人心里的位置，根本就没有人来向他学习，他的价值也没有得到发挥。没有人，也许甚至爱因斯坦本人也不知道这种情况是否与他的性格有关，他欠缺对他人的体谅之心，同时，他还很讨厌与人密切交往。

总的来说，爱因斯坦离开柏林，来到普林斯顿做研究，真正的原因是他有自己的研究课题，也有解决这些课题的方法。他总是很独特地立于他的环境。正如二十五年前我们在柏林开会时，无论他是在书房里工作，还是在波茨坦的桥上工作，都无关紧要，所以现在他把办公室从柏林的西郊搬到了远洋之外的美国著名的大学城普林斯顿，对他来说没有什么不同。

爱因斯坦在这一时期忙于三个问题。首先，他希望将1905年、1912年和1916年的狭义相对论和广义相对论发展成一个逻辑上更加紧密相连的结构。在普林斯顿，爱因斯坦在这个重要的方面取得了巨大的进步。爱因斯坦将引力场视为空间的几何性质，可以称之为"曲率"。曲率是由空间中存在的物质决定的，可以根据物质的分布来计算。如果空间的曲率，或者换句话说，引力场是已知的，那么我们也可以知道存在于这个空间中的物体是如何运动的。这是由"运动方程"给出的，它可以简单地表述为：物体以这样的方式运动，即在四维时空连续体中，路径的表示是一条测地线（最短）。如果假设物质场和力场是两个完全不同的实体，那上述结论成立。粒子的质量实际上只是存在于该点的一个特别强的力场。因此，"质量运动"只是空间力场的变化。这种变化可以用"场方程"来表示，它决定了力场。但是如果物体的运动已经由场方程决定了，那么就没有特殊的运动规律了。除了场方程外，人们不能做出质量沿测地线运动的补充假设。因为，这些运动方程必须已经包含在场方程中。

爱因斯坦在柏林的同事兰佐斯勾勒出了从场方程中数学推导运动定律的想法。然而，爱因斯坦对他的推导并不满意，在普林斯顿，他成功地以一种完全令人信服的方式证明，只有知道场定律，才能从中推导出运动定律。这被认为是对"物质只是场在某一点上的集中"这一观点的证实。

我提到过爱因斯坦喜欢得到年轻物理学家或数学家的帮助，特别是当他处理涉及数学计算的问题时。他从柏林带来了维也纳数学家沃尔特·迈尔，但很快沃尔特·迈尔在高级研究所获得了独立的职位，之后便不再与爱因斯坦合作。爱因斯坦在美国的前几年里，一位才华横溢的波兰物理学家利奥波德·英费尔德来到普林斯顿，并在那里待了几年，他和爱因斯坦一起完成了前面提到的"场与物质统一"的证明。

爱因斯坦喜欢和英费尔德讨论各种各样的问题，包括物理学的基本问题及其发展。这些对话形成了爱因斯坦和英费尔德的著作《物理学的进化》，这本书已经获得了广泛的传播。它无疑是向广大公众展示物理学基本思想的最佳方式。

英费尔德还写了一本自传，题为《探索：科学家的制造》。这本书包含了许多关于爱因斯坦在普林斯顿的生活，以及爱因斯坦作为敏锐的观察者和有能力的合作者在书中也有体现。

在这段时间，第二个令爱因斯坦忙得不可开交的问题是对量子理论发展的批评，这一点在第九章中有描述。爱因斯坦觉得有必要通过具体的例子来证明量子理论是以"哥本哈根"的形式存在的，这是尼尔斯·玻尔提出的，但他并没有描述"物理现实"，如场只是场与测量仪器的相互作用。爱因斯坦与两位年轻的物理学家罗森和波多尔斯基共同发表的一篇论文在这场讨论中尤为重要。这篇论文通过一个简单的例子表明，量子理论描述某一空间区域内物理条件的方式不能称为该区域内物理现实的完整描述。

这项研究刺激了尼尔斯·玻尔，他更加清楚地阐述了自己在描述物理现实问题时的立足点。玻尔明确地拒绝他的理论受到的所有"神秘"的解释。其中包括空间区域的"真实状态"被观测"破坏"的概念，以及类似的观点。他明确指出，量子理论并没有描述场的任何性质，它只能用来描述场与测量仪器之间的相互作用。很明显，人们不能通过一般的逻辑考虑来决定爱因斯坦和玻尔的概念，因为他们并没有得出相反的结论，他们只是持有相反的建议。爱因斯坦提出暂时保留一种对空间中物理状态的描述，这种描述接近日常用语。这意味着他提议以这样一种方式来描述某一区域的物理状态，即本身不需要描述测量仪器的状态。爱因斯坦很清楚，放弃自己的立场，同意玻尔的观点也并不荒谬，因为物理定律是以"场"的形式来表述的，但是，只有在万不得已的情况下，他才会放弃自己的立场。

第三个问题，也是最令人兴奋的问题，爱因斯坦试图找到一个实际的物理场，这个物理场可以统一万有引力场和电磁场的方程，并允许建立亚原子现象的物理定律。爱因斯坦在这项任务中与两个年轻人合作，一个叫伯格曼，另一个叫巴格曼，他们名字的相似引起了许多笑话。

每天上午，爱因斯坦都会照常去高级研究所的办公室，在那里他要么见到彼得·伯格曼，要么见到瓦伦丁·巴格曼，要么两人都在。爱因斯坦向他们提出了各种构建空间结构的方法，不仅是四维的，有时也是五维的，也可以提供统一物理力场描述这种几何结构的大小。如果我们能找到所描述的量值之间的关系，就可以找到真实的力场，从而可以在物理的所有领域，包括原子物理学和核物理学中，推导出可观测现象的实际规律。

事实证明，这项任务的困难比预想的还要大，所有以前尝试过的路径似乎都没有达到目标。之后，爱因斯坦研究了新的场方程，即电子和质子将变成特定场——他绝对不会放弃任何希望。尽管玻尔的"实证主义"理论在实验上得到了广泛的证实，但根据爱因斯坦的说法，它仍然是一个悬而未决的问题，即从场论中得出相同的可观测事实，并且不依赖观测和测量装置而保存物理现实的历史概念是否是不可能的。

除了与该研究所相关的常规工作外，爱因斯坦还必须花一部分时间担任对科学感兴趣或有科学抱负的年轻人的顾问。爱因斯坦的命运往往不仅是作为一个个体，而且作为一种类型——事实上，甚至更多的是作为一个特定群体的象征。这种命运对他来说更痛苦，因为没有什么比他被归类为一个政党或一个团体的成员更让他痛苦的了。正如他为犹太人的事业勇敢地站出来一样，他被期望在犹太人的敌人和犹太人自己中间扮演一个领袖或至少是代表人民的角色。爱因斯坦的一生被认为是一个民族命运的象征，这个民族的人才华横溢，但经常受到攻击且被孤立。因此，在寻求爱因斯坦建议的人中，有许多年轻的犹太人，他们写信给他，请求得到他的帮助。在某种程度上，他在犹太人中扮演了托尔斯泰曾经在俄罗斯青年中扮演的角色。可怜的犹太年轻人把爱因斯坦看作他们的子民之一，他享誉世界，拥有无边无际的权力和财富。但是我敢说，这是一个很大的错误。他的财富和影响力与他的名声并不相称。

很多时候，任何背景的年轻人都会向他寻求关于开始学术生涯的建议，因为他们觉得自己有足够的知识，所以不应该在办公室或商店里从事机械的工作。爱因斯坦总是乐于提出他认为合适的建议，并且对每个人的情况都很感兴趣。然而，正如我们所了解到的，爱因斯坦还认为，通过"鞋匠贸易"谋生，把业余时间用来学习是一件好事。

爱因斯坦从来不喜欢谈论他为困苦的人们提供的物质和道德上的帮助。然而，有几个我能观察到的案例表明，爱因斯坦仍然对他帮助进入大学的学生感兴趣，并继续关注他们的学习进展。他会建议他们和哪位老师一起学习，读哪本书，甚至送书给他们。我清楚地记得这样一个案例：

案例是关于一个来自巴尔干半岛国家的学生。根据爱因斯坦的建议，他申请了布拉格的大学，并且被录取了。爱因斯坦让我多关注他，当他遇到困难时，让他向我请教。这名学生靠从家乡的一家大制造商那里获得生活津贴，这些钱勉强够他自己用，但这名学生还要供他的兄弟姐妹们上学。我们这个时代伟大的人之一正在关注他的学习，这是他一生中最伟大的事件，即使是最微小的经历也充满了非凡的辉煌。当年轻人第一次向爱因斯坦求助时，爱因斯坦仍然在柏林，但当年轻人到达布拉格时，爱因斯坦已经在美国了。这位学生写信给爱因斯坦，告诉他关于学习的每一个阶段，甚至是最微不足道的阶段；他经常收到来自美国的回信，这些回信给了他非常详细的建议。当这名学生在与老师或同学的关系中遇到困难时，他向爱因斯坦请教如何表现自己。爱因斯坦通常建议他和解。这对这个学生来说无疑是个很好的建议，因为他在陌生的环境中卷入了各种各样的冲突。他天生充满自豪感，因为他与所有其他学习物理学的学生的不同之处在于，他与我们这个时代最伟大的物理学家有着密切的联系。

在这种情况下，这位同学偶尔会把自己想象成爱因斯坦的代表，所以他认为对他的所有侮辱都是对爱因斯坦的侮辱。他甚至会觉得自己是一个烈士，他可以为爱因斯坦承担不幸，最后他甚至开始相信，通过与爱因斯坦的联系，他做出了牺牲，使自己陷入了困境。

4. 难民学者

随着德国及其卫星国对犹太人的迫害不断增加，希望在美国找到避风港的科学家、作家、艺术家、教师和其他人越来越多。正如当大量的商品以较低的价格投放市场时，会产生经济影响，甚至通货膨胀，所以当这些难民学者自食其力时，遇到了很大的困难。

新一轮移民潮开始时，美国还处于巨大的经济危机之中。当然，因为如果没有全世界的大萧条，德国的纳粹革命就不会发生，这并非巧合。随着移民人数的增加，关于他们的谣言也开始传播。人们经常说难民不是先驱者，他们没有像早期移民那样做任何建设性的工作，他们想的是如何不工作就可以致富，或者如何靠政府的补贴维生。很多人害怕他们，把他们看成是专业的竞争对手，还有许多人视他们为专业的竞争对手，并害怕他们，许多人只是把他们当作替罪羊，把各种各样的问题归咎于他们。那些老练的煽动者们甚至能够说服人们，大量的移民将很快改变美国人民的民族、种族构成。

英国数学家、哲学家伯特兰·罗素因对婚姻和宗教的传统观点持批判态度而被纽约市立大学拒之门外，爱因斯坦却还支持他。爱因斯坦认为，当个人和政治对手的攻击可以妨碍任命一位科学界杰出的教授时，这对科学的发展是有害的。然而，罗素的敌人利用爱因斯坦的支持达到了他们自己的目标。他们给报纸写了封信，信中说："裸体主义者罗素和难民爱因斯坦怎敢干涉美国的家庭生活！"值得注意的是，他们使用的"裸体主义者"和"难民"这两个词同样具有贬低性。

每一个想任命难民学者的研究所都陷入了困境。一方面，美国的大学很愿意帮助受到政治迫害的受害者，并且很高兴有机会获得有能力的人，但另一方面，他们有帮助自己的毕业生寻找学术职位的责任。如果他们的职位都由欧洲年龄大、声望高的学者填补，那将是一件非常令人失望的事。这种情况也使那些已经获得职位的难民学者陷入困境。他们觉得在道义上有义务帮助他们的同胞和不幸的遇难者，但他们也觉得有义务首先照顾学生的利益。其中有些人甚至说，如果一家机构已经接纳了一位有地位的难民，那么这家机构就没有资格再接受难民。

对爱因斯坦来说，情况更为艰难。在这里，他再次被视为整个难民学者群体的象征和领袖。难民之友认为他是即将来到美国的杰出人士的榜样，而他们的反对者则认为，为了反对这个难民团体，他们不得不贬低爱因斯坦。难民们认为爱因斯坦是他们天生的领袖。他们觉得他的名望可以帮助他们，于是向他求助。

爱因斯坦收到了数百封来自欧洲学者的信，这些学者想要移民，并请求爱因斯坦帮助他们获得美国移民条例所要求的职位或"支持宣誓书"。爱因斯坦努力帮助他们，甚至为许多人亲自写了这样的宣誓书。一些人一到美国就立即向爱因斯坦求助。他尽了最大的努力，但自然，他能真正帮助的人与向他求助的众多的人数相比是非常少的。

在推荐外国学者担任要职时，爱因斯坦一如既往地只考虑两件事：第一，要对每一个受苦受难的人表示同情；第二，不管情况如何，追求科学发展的脚步不能停。他很乐意为这些人写推荐信。他认为，如果机构需要一位外国科学家，他的推荐将会有所帮助，如果不需要，他将不会伤害被推荐的人或机构。

如果爱因斯坦研究了各个大学的情况，并利用涉及的个人、经济和政治因素，那么他可能会为难民做更多的事情，但是这样的行动对他来说是不可能的。因为对于聪明善良的人来说，这样的行为是不切实际的。这就解释了爱因斯坦的矛盾观点。有些人认为他是善良和忠诚的，另一些人则认为他对他人的命运漠不关心。

当爱因斯坦真诚地与慈善机构和政治组织合作时，他会突然告诉你："实话说，我从来没有对人感兴趣，只对事物感兴趣。"如果你问他"事物"是什么意思，他会说："物理现象和处理它们的方法。"

这些新难民的心理状况也有问题。许多人来自德国，他们一直把德国视为自己的祖国，他们觉得自己与德国的知识和文化生活是紧密相连的。他们被赶出去了，但这并不意味着他们因此失去了与之相关的一切。他们来到对他们很友好的外国，他们有可能开始新的生活，有时甚至比他们以前的国家更好。如果他们过于强调与德国文化的联系，就会很容易在新的国家引起敌对情绪。

另一方面，由于移民的环境，他们在政治和文化上都强烈反对德国的统治圈。结果，他们一方面被指责为有利于德国文化的宣传，另一方面又被指责为进行仇恨宣传，这可能会在美国和德国之间引起敌对情绪，甚至使他们卷入战争。值得注意的是，这些相互矛盾的指控往往是同时提出的。

爱因斯坦本人经常会感到惊讶，来自德国的新移民仍然如此依恋他们的祖国。对他来说，这是一个很大的困惑，为什么在德国遭受这么多苦难的犹太难民仍然对那个国家有着如此强烈的渴望。正如埃里卡和克劳斯·曼所报道的，爱因斯坦曾讲过这样一个故事：

我遇到一个住在纽约的年轻德国律师，一个所谓的雅利安人，我问他是否想家。"想家？"他说，"我？为何？我不是犹太人。"

"这难道不好吗？"爱因斯坦补充道，"这不是很典型的吗？难道犹太人的民族主义不就是多愁善感、哭哭啼啼的吗？他们对一个国家的那种阴郁、忧伤的爱，只存在于那些不确定哪个国家是他们的归属的人中间。""我也是犹太人，"爱因斯坦继续说，"但在我看来，美国的一切都那么美好，我不怀念任何一个国家，更不用说希特勒先生的德国了。"

我们知道爱因斯坦反对德皇统治下的德国统治阶级，更不用说希特勒的统治了。然而，同样强烈的是他对德国巴赫和莫扎特音乐的热爱。也许在某些方面，他甚至与德国民族主义者在艺术上有着相同的品味。他不喜欢"现代"音乐，甚至相当反感。一般来说，他喜欢所有源于前俾斯麦和前威廉主义时期的德语。他与充满德国古典音乐和文学精神的游客相处得很愉快。他甚至非常赞同康德哲学，部分原因可能是康德哲学与德国精神时期的情感关系。尽管在纯科学的基础上，他在所有的关键问题上都反对康德哲学，但他对康德哲学有一种同情的感觉。

令我震惊的事实是，尽管他强调对普鲁士军国主义统治下的德国精神怀有强烈的敌意，但他总是喜欢与那些保留着旧的德国精神的人交谈——例如，德裔美国人的部长们。

在美国，爱因斯坦经常被官方视为是犹太人的领袖。1939～1940年世界博览会在纽约开幕时，巴勒斯坦被一个展馆所代表。按照惯例，在一个展馆开幕时，某一国家的大使要发表讲话，因此问题出现了，谁应该在巴勒斯坦展馆的开幕式上发表这样的演说？这一选择并不是由犹太复国主义者的政治领袖决定，也不是由拉比来决定，而是由爱因斯坦来决定，爱因斯坦因此被正式承认是犹太人的精神领袖。

5. 爱因斯坦的宗教态度

要理解爱因斯坦对犹太人民的态度，就必须理解他对传统的基督教和一般宗教的态度。爱因斯坦对半神学主义持有不屈不挠的批判态度，这种主义在中世纪末期只剩最后残余，爱因斯坦的宗教态度就是纯粹地批判《圣经》，反对神学吗？爱因斯坦到美国后，他的宗教态度就备受关注。在这个国家，人们对科学和宗教之间的关系问题比欧洲人更感兴趣，他们更强烈地感到科学与宗教之间需要相互理解。

爱因斯坦对传统宗教的态度反过来又与他对社会关系的分裂态

度有关。我第一次见爱因斯坦，大约是在1910年，在我的印象里他不支持任何一种传统宗教。在布拉格任职时，爱因斯坦再次加入了犹太教，但他把这一行为看作是一种形式。那时，他的孩子们也即将开始读小学，在那儿他们将接受宗教教育。这是一个相当困难的问题，因为他信奉犹太教，他的妻子信奉希腊东正教。"不管怎样，"爱因斯坦说，"我非常不喜欢教我的孩子一些违背科学思维的东西。"他还开玩笑地回忆起孩子们在学校里了解到上帝的存在。"最终孩子们相信上帝是某种气态的脊椎动物。"这是对当时德国科学家和哲学家恩斯特·海克尔的一句话的影射。

当时，一个肤浅的观察者很容易对爱因斯坦的宗教态度持怀疑态度。因为爱因斯坦对一个正统犹太教徒说过一句话，这个人曾在布拉格的一个警察局见过爱因斯坦，他们一起去警局是为了拿签证。这个人问爱因斯坦，他是否知道布拉格的一家餐馆，那里只出售正宗的犹太食品——也就是说，那儿的食物是严格按照犹太教的宗教戒律准备的。爱因斯坦提到了一家众所周知的犹太酒店的名字。那人问爱因斯坦："这家酒店真的严格遵守犹太教规吗？"这让爱因斯坦有点恼火，他严肃地说："实际上，只有牛才会严格地吃犹太食品。"这位虔诚的犹太教徒有些受伤，愤怒地看着爱因斯坦。然而，爱因斯坦解释说，他那样说并没有冒犯到这位犹太人，他的态度是非常诚恳且毫无恶意："牛吃草，草没有加任何东西。所以草是唯一严格的犹太食品。"

爱因斯坦的态度常常可以彰显一个天才的瞬间反应，就像一个聪明孩子的反应。世界不再用传统的方式来判断，而是根据理性来判断。如果这种判断没有任何传统的委婉语，它通常被称为"愤世嫉俗"，但这其实应该被称为相当"真诚，有幽默感"。

曾经有人给爱因斯坦讲，一个智力相当平庸的物理学家被一辆公共汽车撞死了。他同情地说："我对他的遗体感到非常遗憾。"

另一次，爱因斯坦被一个委员会邀请参加一个著名学者的70岁生日庆祝聚会，并在聚会上发表讲话。爱因斯坦对委员会说："我和你们一样，非常尊敬这位学者，也很喜欢他。正因如此，我将在他生日那天独自在家为他安排晚餐。既然没有观众在场，我就把演讲留给自己听。这样做对你和你尊敬的学者来说不是更方便吗？"

他的讲话常带有冲动性，通过戏谑使世界上严肃的事物变得可以忍受，这是一种最终成为所有艺术活动基础的行为形式。对爱因斯坦来说，使用这种刻薄的词语是一种与世界相处的艺术方式，就像演奏莫扎特奏鸣曲一样，它也以一种幽默的方式表现了世界的邪恶。从某种意义上讲，莫扎特的所有音乐都可能被称为"愤世嫉俗"。它对我们的悲惨世界看得并不是太认真，而是用一种愉快的、轻松的节奏来反映。要认真理解爱因斯坦对宗教的看法，最好从他的物理科学和一般科学的概念入手。我已经反复强调过，根据爱因斯坦的说法，科学的一般规律不是归纳或概括的产物，而是自由想象的产物，必须通过物理观察来检验。爱因斯坦在牛津大学的演讲中问道：

"如果理论物理的公理基础不是经验的推论，而必须是自由的发明，我们有没有权利希望找到正确的方法，更重要的是，这种正确的方法是否存在于我们的想象中？"

对爱因斯坦来说，物理理论是人类创造力的产物，其正确性只能根据其逻辑简单性、其可观察到的结果与经验的一致性来判断。这正是逻辑实证主义所提倡的一种描述，对理论及其有效性标准的描述。对他们来说，相信"正确理论的存在"意味着"希望做出某种发明"。"正确理论的形式"与"飞机的正确形式"一样，显然这也是一种无意义的表达。

但是在牛津大学的演讲中，爱因斯坦完全偏离了逻辑实证主义的概念。他回答了一个问题，即是否有如下所示"正确的方法"：

"对此，我完全有把握回答，在我看来，有正确的道路，而且，我们有能力找到它。我们最新的经验证明，我们确信在自然界中，简单的数学概念可以实现。

"我深信，纯粹的数学结构使我们能够发现与它们相关的概念和规律，这是我们理解自然现象的关键。当然，经验可以指导我们选择有用的数学概念，但经验不可能是它们的来源。

"因此，在某种意义上，我认为，纯粹的想法能让人更加理解自然，这种想法是真实的，也是我们的祖先梦寐以求的。"

在这儿，爱因斯坦使用了理想主义哲学的语言，即先验知识的倡导，也就是，独立于经验的知识，尽管他是这种哲学的坚决反对者，然而，为了尽可能强烈地强调他反对以"实证主义"的名义出现的一些过于简单化的说法，他采用了一种表达方式，这种表达方式很容易被那些对爱因斯坦观点只有肤浅认知的人误解。

爱因斯坦的观点与他认为与之相关的"古人的梦"之间的区别如下：根据古代哲学家的观点，直觉的力量足以提出不需要经验检验的命题。但这不是爱因斯坦真正的意思。他认为，有些事情只有经验才可以解决，比如，创造性的能力可以给我们带来数学理论建构的各种可能性。爱因斯坦所说的，自然也给不出任何有说服力的理由。在这些理论中，总有一天会有这样一种理论：在逻辑的简单性和观察的简单表现方式上，它将大大优于所有对立理论，以致每个人都会在各个方面承认它是最好的。这种信念只不过是科学乐观主义的一种表现。它是对某种可观察到的自然构成的信仰的表达，常被称为"对自然合理性的信仰"。

这种自然的逻辑图景的存在，是一种不言而喻的特性，但我们通过经验认识它，如果我们更愿意用传统哲学的术语表述，我们可以称之为"自然理性"。当一个人想表达对某种感情有共鸣时，通常会使用这个术语，在哲学语言中，这种感情通常是一种赞美。因此，人们对"自然理性"的认识就逐渐变成了崇拜。在爱因斯坦看来，这种仰慕是宗教情感强大的根源之一。

当我们谈到与自然过程相对应的逻辑系统的存在时，"存在"一词在日常语言中只意味着有与人类相似的思维存在，而人类可以想象这样的系统。如果我们单说这样一个系统的"存在"，而不把它与一个有思想的产物联系起来，它就是一种模糊的表达方式。如果我们真的把它与一个有思想的产物联系起来，我们或多或少地会想象一个类似于拥有卓越智力的人的存在。因此，提及"理性"世界，总意味着模糊地思考一种比他人优越但又与他人相似的精神。这样，爱因斯坦的自然观就与通常被称为"宗教"的世界观有关。

爱因斯坦非常清楚，这不是一个关于自然的在任何方面都是科学的声明，但它表达了一种由对自然的沉思引起的感受。在这方面，他曾经说过：

"我们能体验到的最美的情感是神秘。它是一切真正艺术和科学的播种者。一个人如果对这种情感很陌生，就再也不能感到惊讶和敬畏，他就像死了一样。要知道我们无法洞察的东西是真实存在的，它表现为最高的智慧和最灿烂的美，而我们迟钝的能力只能以最原始的形式来理解它——这种知识，这种感觉，是真正宗教的中心。在这个意义上，也仅在这个意义上，我是虔诚的宗教徒。"

根据爱因斯坦的概念，特别是自然科学领域的科学家，尤其是数学物理领域的科学家有着这种神秘的经历。这就是爱因斯坦所说的"宇宙宗教"的根源。他曾经说过：

"最强大和最高贵的宇宙宗教经验都源于科学研究。没有一个人不欣赏伟大的努力和奉献，没有这些，科学思想中的先驱创造就不会产生，只有这样的工作才能仅凭感觉的力量判断，只有抛开现实生活才能成长。

"是谁对世界结构的合理性有着深刻的信仰？是谁渴望对世界上揭开科学基础上的谜团？想必开普勒和牛顿都有过！"

　　近年来，人们频繁提出20世纪的物理理论，特别是爱因斯坦的相对论和能量的量子结构，对于缓解宗教与科学之间的冲突具有重要意义。自从爱因斯坦提到基于科学的"宇宙宗教"以来，他经常被视为这种观点的拥护者。然而，这是一个巨大的误解。爱因斯坦对科学理论的逻辑结构有着清晰的洞察，他从来没有倡导过要对物理学进行宗教解释，但当时的科学家詹姆斯和爱丁顿在他们的畅销书中进行过这样的解释。

　　对爱因斯坦来说，宗教既是一种对宇宙规律的神秘感，也是一种对他人的道德责任感。然而，他思想严格的逻辑经验特性阻止他认为这两种感觉之间存在一种科学的或显然是科学的联系。这一点我们可以在音乐中得到暗示，因为音乐表达了无法用语言表达的东西。

　　然而，爱因斯坦从不强调宗教的重要性，他因此受到了一些人的误解。令人吃惊的是，即使在物理学中，爱因斯坦也轻易地用"上帝"这个词来做比喻。我们记得，他曾多次用一句话拒绝了物理学统计概念——上帝不可能和人类玩掷骰子游戏。可以肯定的是，"上帝"这个词在这里只是作为一种修辞，而不是神学意义上的。然而，其他物理学家并没有以同样的角度来理解这个比喻。爱因斯坦最精彩的一句话，记录在普林斯顿高级研究所的墙上，用同样的语言表达了爱因斯坦对物理科学本质概念的理解。爱因斯坦想说，从数学的角度来看，物理定律体系是非常复杂的，要理解它，需要非常强大的数学能力。尽管如此，他还是希望，自然能遵循一系列数学规律，如果人类的思维能够被科学的判断所引导，那么它就能找到这些规律。上述所有解释都可表达为：

　　"上帝是精于计算的，但他并无恶意。"

　　1940年秋天，纽约召开了一次会议，讨论科学、哲学和宗教对美国民主事业的贡献。爱因斯坦被要求在会议上发言。起初他不想写任何东西，因为他不喜欢引起公众对他自己的关注，特别是在政治问题上。然而，由于会议的主题吸引了他，即使没有出席和发言，他还是写下了一篇题为《科学和宗教》的书面文稿。他在其中写道：

"当今宗教和科学领域冲突的主要根源在于将上帝这一概念人格化。科学的目的是建立确定时间和空间中物体相互概念的一般规律……它主要是一个程序，原则上对其实现的可能性的信心只建立在部分成功的基础上。但几乎没有人会否认这部分成功，并将其归因于人类的自欺欺人……

"一个人对所有事件的规律性越有把握，他的信念就会越坚定，有序规律背后的原因就越难被发现。对他来说，无论是个人意志还是神的意志，都不能作为自然事件存在的独立原因。人格化的上帝干扰了自然事件，这件事没法从科学上得到反驳，因为这个学说总是在那些尚未建立科学知识的领域中寻求庇护……

"宗教属于信仰的范畴：他们相信世界的规则是合理的，这也是可以理解的。我无法想象一个真正的科学家内心没有这种虔诚的信仰。这种情况可以这样形象表达：没有宗教的科学是瘸子，没有科学的宗教是瞎子。"

这些话显然不那么耸人听闻，也不太令人震惊。那些愿意承认宗教在人类生活中占有重要地位的科学家们普遍发现，爱因斯坦提出了他们的想法。另一方面，确实有许多科学家认为爱因斯坦甚至将宗教和灵性与科学相提并论，这是错误的。然而，突然，一些人中出现了这样的叫喊："爱因斯坦想剥夺我们对上帝的信仰。""上帝是个人的一部分，"他们说，"这对人类来说是最宝贵的。"爱因斯坦收到了无数封信，其中许多信含有强烈的指责，大意是他想剥夺人们这种有益的信仰。还有一些人写信给报社编辑，他们在信中用"难民爱因斯坦"一词想干涉他们对上帝的信仰。

有一些基督教神职人员声称，"个人的上帝"的表达是基督教上帝的特征，与犹太教上帝截然不同，而爱因斯坦则对基督教的上帝概念进行了激烈的争论。实际上，爱因斯坦对基督教和犹太神学的微妙之处一无所知。相反，他想强调自由犹太教和自由基督教在上帝概念上的共同点。但在这里，和之前许多情况下一样，他的善意又将他卷入了无法预见的可憎和恶意的争论之中。

与大多数其他观点一样，爱因斯坦主张实证主义的观点，即关于精确科学和一般科学与人类行为之间的关系。对于人类生活的目标是否只能从科学中得到的问题，爱因斯坦和实证主义一样，断然回答说"不能"。就像逻辑实证主义一样，爱因斯坦认为，无论自然法则在数学上表现得多么简单美丽，无论它们如何很好地反映观察结果，它们都无法告诉我们人类生活的目标应该是什么。从自然规律中，我们只学习自然的行为方式，如何利用这些力量来实现人类的目标，而不是这些目标应该是什么。

这些目标只有通过例证和教化才能学习。爱因斯坦认为教会的任务应该是教化，而不是去宣扬自然概念。

因为爱因斯坦深信，即使是最高度发展的科学，也不能为人类提供一个目标，所以他对教会组织的作用一点也不怀疑。他不关心宗教仪式，但他认识到教会和宗教服务作为教育手段的价值；而且，只要仪式增加了教化的效果，他就学会了欣赏宗教仪式的价值。

爱因斯坦关于教会对道德教育的责任的观点，也许可以从他1939年夏天在普林斯顿的神学研讨会上的演讲中看出，演讲的题目是《目标》。他说：

"毫无疑问，原则并不能只建立在经验主义和思考之上。在这一点上，我们必须完全同意极端理性主义者的观点。然而，这一概念的弱点在于，我们的行动和价值判断所必需的决定性原则，不能只通过这种科学的方法来获得。科学方法只能教给我们对事实之间相互关系的概念理解。努力获得这种客观的知识是人类所能实现的崇高的愿望之一，你肯定不会怀疑我低估了人类在这一领域所做的英勇努力和取得的成就。然而，另一方面，很明显，没有一条道路能从对'现在'的认识通向'应该'有的认识。无论我们对当前的存在有多么清楚和完善的认识，我们人类的目标都无法从中推断出来。无论真理本身的知识有多么丰富多彩，作为一种指导，它是如此无能为力，以致它无法建立正当的理由和价值，而这种正当的理由和价值正是为真理而奋斗的……

"理性告诉我们目标和价值观是相互依存的。思想本身不能给我们制定最终的和最基本的目标，在这方面，次要的目标才是有针对性的。在我看来，宗教在人的社会生活中所起的最重要的作用，就是确立个人生活中最基本的目标和价值。如果一个人问这些基本目标是从哪里获得权威的，由于它们不是由理性建立的，也不能建立在它之上，人们只能回答，它们不是因为论证和证据而存在，而是通过启示和强有力的个人行为而存在的。人们不应该试图证明它们，而应该尽可能清楚和纯粹地认识它们的本质。

"在犹太教、基督教传统中，最基本的原则就是我们的愿望和价值观。这是一个崇高的目标……当一个人放弃这一宗教形式的目标，只考虑纯粹的人类这一方面时，可以这样表示：'如果人们拥有自由和自我责任感，就会更愿意把自己的精力投入人类社会的服务中。如果注意内容而不是形式，那么相同的词语也可以视为基本民主原则的表达。真正的民主党人对他的国家的神化程度，并不亚于我们所理解的宗教人士。'"

爱因斯坦对宗教与科学之间关系的看法与美国自由新教教会的观点非常相似。举个例子，我们只需要引用美国科学界的杰出代表罗伯特·米利肯的观点，根据这一观点，科学永远不会受到宗教的批评或指导，因为它涉及人类生活许多不同的方面。米利肯曾经说过：

"让我来说明为什么在事物的本质中不会发生冲突。这是一个试图确定宗教在人生活中的地位的过程。科学的目的是在对事实和自然法则没有偏见的情况下发展。另一方面，宗教更重要的任务是发展人类的良知、理想和愿望。"

这种宗教观念完全抛弃了任何具体科学事实或历史事实的要求，把宗教看作是一种社会机构，其目的是在我们的日常生活中提倡某种生活态度和某种行为方式。爱因斯坦的宗教观念与这种普遍的态度是完全一致的。因此，我们可以理解为什么英国和美国的神职人员对爱因斯坦特别感兴趣。

6. 原子时代的开端

第二次世界大战因原子弹而结束的戏剧性高潮再次引起了公众的注意。爱因斯坦在1905年从狭义相对论中得出的结果——质量和能量是相等的——以几乎不可思议的影响力向世界证明了这一点。

如第三章第7节所述，存在这样的核转变，即原子核的一部分质量转化为能量。科学家们发现了许多这样的反应，但在所有情况下，进行转化所需的能量远远大于从反应中获得的能量。因此，实际使用核转换作为动力源似乎是不可行的。

然而，随着奥托·哈恩和莉斯·梅特纳发现铀的裂变，整个情况发生了变化。柏林的威廉皇帝科学研究所的科学家们发现，当铀受到中子的轰击时，其原子核有时会分裂成大致相等的部分，释放出巨大的能量。当这个消息传达给其他实验室时，这种令人震惊的结果得到了证实。此外，从法西斯政权逃到美国的意大利物理学家恩利克·费米指出了一种可能性，即铀原子核的分裂伴随着几个中子的产生，这种可能性很快被发现是正确的。这最后一项发现的重要意义在于，这一被称为铀"裂变"的过程可以自我维持。一旦这个过程开始，一个铀原子核裂变所产生的中子会导致其他原子核的分裂，而这些原子核的中子又会反过来导致其他原子核裂变。因此，一种自我延续的核

"链式反应"成为可能。在这种反应中，大量的核分裂，随之释放出巨大的能量。计算表明，一磅铀的裂变所释放的能量与燃烧数千吨煤所释放的能量一样多。

许多科学家很快就发现，这种能量的释放几乎是瞬间发生的，因此，可以制造出具有普通炸药数百万倍破坏力的铀炸弹。他们也很清楚，如果这样的工具落入法西斯国家的手中，他们会在侵略战争中使用它，人类的文明就会灭亡。那些逃离本国迫害的科学家更加感到忧虑。哥伦比亚大学的两位物理学家，一位是逃离柏林大学的匈牙利人利奥·西拉德，一位是前面提到的费米，开始相信美国的军事当局应该知道这种可能性。此外，西拉德意识到，除非把这个问题交给一个地位很高的政府官员，否则他们的话是不会得到重视的。他在柏林与爱因斯坦相识，在西拉德看来，爱因斯坦作为拥有崇高声誉和全世界的认可的物理学家，可以用来说服当局认识到这个问题的重要性。因此，西拉德与另一位匈牙利物理学家尤金·维格纳取得了联系，当时他在普林斯顿大学任教。1939年7月，他们与爱因斯坦进行了磋商。

在那个时候，无论是普通的工程师、平民还是军人，都认为相对论是一种非常书本化的东西，只有不切实际的大学教授才会谈论它，而且永远不会有任何工业应用。至于核物理，他们甚至没有听说过。因此，很明显，让政府对原子能的实际使用感兴趣，并为其发展筹集资金是一个困难的问题。在这些科学家看来，如果有人会对这样的建议做出回应，那就是罗斯福总统。他从一开始就知道纳粹的侵略政策，他充分认识到这是对国家未来安全的威胁。罗斯福与大多数政客不同，他愿意相信大学教授。

鉴于这些情况，西拉德和费米建议爱因斯坦直接向总统求助。

正如我们已经看到的，爱因斯坦不喜欢参与公共事务，他特别不愿意就军事事务提出建议，不愿意鼓励开发人类迄今发现的最具毁灭性的武器。另一方面，他相信纳粹将在不久的将来拥有原子能，并将利用它征服世界其他国家。作为这个国家最著名的科学家，他在自己的特殊地位上感到有责任，他意识到自己的责任是什么。

1939年8月2日，爱因斯坦给罗斯福总统写了一封信，信的开头是：

"费米和西拉德最近的一些工作已经在手稿中传达给我，我预测在不久的将来铀元素可能成为一种新的、重要的能源，一枚这种类型的炸弹在一个港口爆炸，很可能会将整个港口包括周围的地方都化为废墟……"

此外，爱因斯坦向总统指出，德国在这一领域的研究可能会取得很大进展，并强调如果纳粹掌握了这样一枚核弹，美国将面临巨大的危险。爱因斯坦建议成立一个专门的组织，由一群致力于核研究的科学家组成，对铀的实际使用进行研究。

这就是著名的"曼哈顿计划"，众所周知，这个计划最后非常成功，就不用我在这里多说了。

不久之后，美国就向日本广岛和长崎投下了两枚原子弹。接着，日本就宣布了投降。至此，第二次世界大战宣告结束。美国的科学地位因为此事而在国际上遥遥领先。

然而，研究原子弹发展的科学家们却从中看到了一种政治暗示，这让他们感到恐慌。战争已经结束，民主国家取得了辉煌的胜利，但和平的建立似乎导致了僵局。同盟国之间出现了一种不信任的气氛，很容易为另一场战争播下种子。此外，原子弹的出现使侵略国有可能发动突然袭击，在几分钟内将其敌人全部消灭。科学家们感到了他们所肩负的全部责任，并开始采取行动教育国会和公众。他们希望全国人民都意识到形势的严重性。原子弹的"秘密"是在于短时间内巨大的杀伤性，并且目前还没有足够的防御措施。

对爱因斯坦来说，他为原子弹的发明提供了理论基础，也给罗斯福总统提供了很关键的建议，所以他的责任是双重的。他完全同意奥本海默和莎普利等科学家的观点，他们尽最大努力向政界人士和军方当局解释新武器的全部含义。然而，爱因斯坦一直不喜欢卷入政治，他从不愿意在即将到来的麻烦中妥协。他完全同意埃默里·勒维斯在《和平的解剖》一书中所表达的观点，我们在书中读到："我们必须认识到，限制国家主权和建立一个世界政府是必要的，它将通过法律来规范国家间的关系，例如现在美国控制着国家之间的关系。"因此，爱因斯坦不满意把原子弹的秘密交给联合国主要成员国，甚至交给联合国组织本身的建议。

然而，由于目前还没有世界政府存在，爱因斯坦的观点似乎表明，这个秘密应该暂时保留在最初的制造商，即美国、英国和加拿大。因此，一些人指责他理想主义、不切实际，另一些人则指责他反动、站在高级军官的一边。

最近，当我与爱因斯坦讨论对原子弹国际问题的看法时，他强烈反对这些对他观点的解释。他确切地认识到，"控制原子能"主要不是一个技术问题，而是一个政治问题，只有大国之间和平相处才能解决。每一项"控制"都需要一项国际协议，授权代理人监督所有国家的战争研究和工业发展。这样一项协议的前提是高度的相互信任，如果存在这种信任，就不会有战争，也不会有原子弹爆炸的危险。

爱因斯坦认识到，这种恶性循环不能通过单独指出"原子能的控制"来打破，只有各个国家之间签订全面的领土和经济协议才能实现对原子能的控制。他希望，各国人民和政府应该做好关于核安全的准备，不然将面对牺牲国家主权等更大程度上的威胁。

7. 普林斯顿的生活

爱因斯坦的妻子爱尔莎于1936年去世。她对自己的祖国——德国有着强烈的感情依恋。妻子去世后，爱因斯坦与美国的联系更加密切。他的第一任妻子从未离开过瑞士，他们的大儿子出生在伯尔尼，那时候爱因斯坦刚有了第一次伟大的发现，现在他的大儿子成了一名美国工程师。爱因斯坦的两个继女中，有一个在离开德国后去世；另一个是玛格特，一位才华横溢的女演员，与丈夫离婚后大部分时间和爱因斯坦一起住在普林斯顿。

1939年，爱因斯坦唯一的妹妹马嘉从意大利的佛罗伦萨搬到普林斯顿。她嫁给了亚劳州学校的温特勒老师的儿子，爱因斯坦对他很有吸引力。由于纳粹在意大利的影响越来越大，她感到不安。她丈夫暂时返回瑞士，而她则奔赴美国找她的哥哥。她的说话声音和方式，都像极了爱因斯坦，包括她说话时候显露出纯真和怀疑的神态，也与爱因斯坦十分相似。听她说话真是太棒了，人们心中总有一些不安，因为他们觉得自己看到了天才的复制品，同时，人们又会觉得很安心，因为即便是天才，也与普通人有着很相似的神态。

1928年以来，爱因斯坦的秘书都是海伦·杜卡斯小姐，她后来成了爱因斯坦的管家。杜卡斯小姐身材很好，非常聪明，精力充沛。她出生在爱因斯坦的家乡斯瓦比亚，与爱因斯坦的妻子爱尔莎·爱因斯坦来自同一个小地方。妻子爱尔莎、妹妹马嘉以及秘书兼管家杜卡斯三个女人是爱因斯坦一生接触最密切的女性。

1933年，当爱因斯坦来到美国时，他只有一张游客签证。根据美国移民法，在美国境内没有任何地方可以获得成为美国永久居民的许可。这种许可只能由美国领事给予，而这些领事馆又都设置在国外。因此，爱因斯坦前往英国殖民地百慕大，向那里的美国领事申请。爱因斯坦的百慕大之行非常顺利，当地的领事为他举办了一次晚宴，并且给他颁发了永久居民许可证，从此，他可以在美国永久居住。

直到那时，爱因斯坦才能够宣布他已成为美国公民，并收到他的第一张身份证。但是，要成为美国的永久居民，他还要再等五年。在这段时间里，他必须为美国的政治审查做准备：要遵守美国的宪法，行使美国公民的权利和义务。他对此充满热情。1941年，爱因斯坦和他的继女玛格特以及他的秘书杜卡斯小姐一起获得了美国公民身份。他被要求向公众传播他当时的想法和情感。

就这样，这棵参天大树被连根移到了美国。他会在这片土地上发生什么样的故事呢？

爱因斯坦把他从柏林公寓里带来的各种东西都搬进了新别墅，这栋别墅坐落在郊区街道的一个大花园中央。这些都是装饰在富裕的柏林家庭客厅里的稀有物品，例如，来自俄罗斯的拜占庭图标，其金色背景神秘地被熏香熏黑。事实上，爱因斯坦在普林斯顿的生活就像他在柏林的中上产阶级家庭一样，犹如一个陌生的访客。1939年，爱因斯坦在普林斯顿庆祝了他的60岁生日，他那放荡不羁的性格，直到那时候都没有改变。

他没有传统意义上的社交生活。他不参加由大学社区的教职员工举办的一系列晚宴和招待会。然而，这并不代表他不喜欢与人接触。相反，他喜欢接待他能给出建议或帮助的人，与他们讨论一些有趣的话题，他最喜欢的就是与他们一起演奏音乐。他喜欢那些充满音乐热情，并且愿意用低音提琴、大提琴或钢琴为他的小提琴伴奏的人。他的大多数来访者并不是普林斯顿大学或高级研究所的成员。他的思想总是集中在遥远的事物上，而不是眼下那些小事。所以，几乎每天下午都会有一个从外地来的客人和他交谈。

在这些来访者中，首先是物理学家、哲学家，甚至是神学家，他们来到普林斯顿，希望利用这个机会，对这位给他们所处的领域带来新思想的人留下一些印象。还有许多来自欧洲的难民向他寻求建议和帮助。有时一些欧洲朋友会因为穷困潦倒，在他那里住上几天。有些犹太复国主义者想听听他在某些政治问题上的立场。甚至耶路撒冷大学的教员也来找他，因为他们想让他帮忙。有作家、记者、艺术家想让他对他们的作品感兴趣，希望借此找到更多的读者或观众。希望见到他的人太多了，所以杜卡斯小姐竭尽全力进行合理安排，尽量维持别墅中的正常秩序，给爱因斯坦营造一个安宁的环境。

他在这件事上的态度和社会生活中的所有问题的态度是一样的，他觉得自己和别人很不一样，他永远不能把自己和别人很好地联系在一起。他总是有一种陌生感，甚至渴望被孤立。然而，另一方面，他对人类的一切都有极大的好奇心和幽默感，他能够从一切奇怪甚至不愉快的事物中获得某种，也许是艺术上的乐趣。他非常善良，平等对待所有人。他经常自言自语，他告诉自己，没有人愿意交谈就是最痛苦的事情。

所以，经常会有那些遭遇挫折、怀才不遇的天才来找爱因斯坦。自从他在伯尔尼专利局工作以来，他一直对听那些毫无意义的项目保持着一定的兴趣。这些发明都展示了人类的创造能力，即便有些处于被曲解的状态，他也会关注。对于天资聪慧的爱因斯坦来说，为这些混乱的发明理清思路，发现其中的错误并解决，就是最大的乐趣。

偶尔也会有一些物理学家来拜访他，他们的研究相悖于当下的物理学权威研究。这些异于常人的科学家既可能是重要创新的先驱，也可能只是头脑糊涂。爱因斯坦比其他人更愿意听取这些物理学家的意见，并仔细考虑他们的想法，因为他总是乐于看到未来想法可能的萌发。无论如何，对他来说，在一开始就不确定是否能得出任何合理或有用的结论的情况下，进行一系列逻辑推论，是一种愉快的思想锻炼。

然而，有时候，如果爱因斯坦不接受这些发明家和科学家认为正确的观点和结论，他们中的一些人会觉得受到了侮辱。他们认为爱因斯坦是唯一一个愿意倾听并考虑他们想法的著名物理学家，但是当他们得不到认可，就会恼羞成怒，转而攻击爱因斯坦。这导致了一个矛盾的结果，爱因斯坦有时会受到他最关心的人的严厉的攻击和谴责。

移居美国以来，爱因斯坦很少在公开会议上发言。各种组织都劝他多讲话，但他只回答一些自己感兴趣的问题。他不经常参加科学会议，也很少在专业界讨论自己的实际研究。他也不是很容易地做到这一点，因为他经常觉得自己的工作不符合大多数物理学家喜欢的研究趋势。多年来，他的工作一直致力于构建"统一场论"，最终也解释了亚原子现象。他常常认为，那些认为他不应该把注意力转移到今天物理学的核心任务，用玻尔的量子理论或他的互补原则理论解释原子现象的人，不会对他所从事的研究感兴趣。有时候，爱因斯坦也会在科学大会上就他对物理科学的当前和未来的总体看法发表演讲。一个罕见的例子是他在费城发表的演讲《论物理现实》，这次的演讲内容也成了这本书的重要内容。

爱因斯坦发表了他的第一个发现后，他周围的世界发生了很大的变化。他在德皇时期开始创作，创作环境具有德国和瑞士小资产阶级的特点；"二战"期间，他生活在民主的最后堡垒——美利坚合众国。他能够为更早结束战争做出比预期更大的贡献，现在急于使和平成为持久的和平。但他对周围世界的态度并没有改变。他仍然是一个放荡不羁的人，对人类生活的事实有着幽默，甚至看似怀疑的态度，同时他还是一个先知，有《圣经》中先知对世人持有的悲悯之心。他仍然是一个个人主义者，他更不愿受社会关系的束缚，同时也是争取社会平等和人类博爱的斗士。他一直相信用简单的方式来表达宇宙规律的可能性，即使是巧妙的数学形式，但同时他又怀疑所有现成的形式，声称是人类在私生活和政治生活中行为的正确解决方案。

当一个他在家乡认识的客人来到普林斯顿的家中时，爱因斯坦经常说："我的声誉响彻世界，报纸上天天大惊小怪地报道我，而我却独自住在这栋静谧的别墅里，这种差异不会让你感到非常惊讶吗？我一辈子都希望拥有这种孤独，现在我终于在普林斯顿实现了。"

许多著名的学者住在这个大学城，但是没有人会简单地把爱因斯坦和其他许多著名的人相提并论。他不仅是一位伟大的学者，更是20世纪的传奇人物之一。爱因斯坦的行为和言语不仅作为事实被记录和评判，而且都有其象征意义——象征着他的时代、他的民族和他的职业。

普林斯顿的人讲了很多关于爱因斯坦的轶事。据说他的一个邻居，一个10岁女孩的母亲，注意到她的孩子经常去爱因斯坦家。母亲对此感到奇怪并问她，孩子说："我算术作业做得不好。有人说在112号住着一个非常伟大的数学家，他是一个很好的人。我去找他，请他帮我解决作业上的难题。他很乐意帮助我，把所有难题都解释得很清楚。他比我们老师讲得更容易理解。他让我遇到困难就去问他。"孩子的母亲对孩子的大胆行为感到震惊，她去找爱因斯坦为她女儿的行为道歉。但是爱因斯坦说："你不必感到抱歉。我和孩子谈话的过程中，在她身上学到很多东西，这绝对比她从我这里学到的多。"

我不知道这个故事是否属实，也没有去核实。人们谈论这些小事都有着不同的版本，人们经常会在夏天看到爱因斯坦在普林斯顿的街道边散步，他穿着凉鞋，不穿袜子，有时候还会穿着毛衣，边走边吃甜筒。学生们看到他会感到非常欣喜，但是那些教授们却觉得非常惊讶。这本书不仅描述了爱因斯坦的性格，还写了他所处的时代和环境，所有这些故事都是真实的。即使有些人不会告诉我们任何有关爱因斯坦的故事，但是他们的存在就是对爱因斯坦时代的一个真实描述，是对爱因斯坦生活过的世界的一个真实描述。

1945年，爱因斯坦辞去了高等研究所教授的职务。然而，他官方地位的改变并不意味着他实际工作会发生任何改变。他还住在普林斯顿，并在研究所继续进行研究。